RÉUSSITE CONCOURS FONCTION PUBLIQUE

SOUS-OFFICIER DE GENDARMERIE

Concours externe, interne, Catégorie B

Philippe Alban
Officier supérieur de la gendarmerie nationale, chargé de formations

Valérie Béal
Formatrice en écoles de préparation aux concours

Véronique Saunier
Professeure de français

FOUCHER

Les ressources numériques

Au fil des pages, des QR codes à flasher vous renvoient à de nombreuses ressources : corrigés, schémas, presse, documents, vidéos, enregistrements audio…

Mode d'emploi

foucherconnect.fr

Votre Réussite Concours Foucher s'enrichit de ressources numériques

Lorsque je rencontre un pictogramme ressource au fil des pages :

vidéos
Simulations d'entretiens avec le jury
foucherconnect.fr/23rcgend01

Des FLASHCODES permettent aussi d'accéder aux ressources depuis un smartphone

1. Je vais sur **www.foucherconnect.fr**
J'enregistre cette page dans mes favoris pour les prochaines fois.
2. Je saisis **le code de la ressource** indiqué dans le pictogramme.
3. **Je visualise** ma ressource.

ISBN 978-2-216-16817-0

SOMMAIRE

Partie1
LE CONCOURS ET LE MÉTIER

Partie 2
LES ÉPREUVES D'ADMISSIBILITÉ

Partie 3
LES ÉPREUVES D'ADMISSION

VIDÉOS d'entretiens avec le jury

vidéos
Simulations d'entretiens avec le jury
foucherconnect.fr/23rcgend01

Partie 4
LES CONNAISSANCES INDISPENSABLES

 # QCM
Des QCM interactifs pour s'entrainer
foucherconnect.fr/23rcgend07

MÉMO DU CANDIDAT

Partie 1

LE CONCOURS ET LE MÉTIER

1. Les concours de sous-officier de gendarmerie (SOG)
2. La sélection de gendarme adjoint volontaire (GAV)
3. Dix questions pour connaître le métier

✔ **FAITES LE POINT !**

1 LES CONCOURS DE SOUS-OFFICIER DE GENDARMERIE (SOG)

Avant de vous lancer dans la préparation des épreuves de sélection, assurez-vous que vous satisfaites aux conditions d'accès et que rien ne s'oppose à la constitution de votre dossier.

1 Les conditions pour s'inscrire

- La réglementation en vigueur depuis le 1er janvier 2012 prévoit que la sélection pour devenir gendarme se fait par concours et instaure **trois concours différents**, définis par la nature de la population autorisée à concourir.
- Peuvent ainsi postuler :
  - pour le **concours externe (ou 1er concours)** : les titulaires du baccalauréat ou d'un titre classé au moins au niveau 4 au RNCP (registre national de la certification professionnelle), âgés de 18 à 35 ans ;

 # info
Les différents niveaux de certification
foucherconnect.fr/23rcgend08

  - pour le **concours interne (ou 2e concours)** : les gendarmes adjoints volontaires (GAV) avec 1 an de service au 1er janvier de l'année du concours, les policiers adjoints (appelés adjoints de sécurité ou ADS jusqu'en 2021) avec 1 an de service au 1er jour du concours, les militaires avec 4 ans de service et encore sous contrat ainsi que les réservistes de la gendarmerie âgés de 18 à 35 ans ;
  - pour le **3e concours** : les personnes justifiant de 3 ans d'expérience professionnelle, âgés de 18 à 35 ans.
- Pour les trois concours, il faut également :
  - être de nationalité française ;
  - être en règle au regard des dispositions du code du service national ;
  - présenter une moralité et avoir un comportement compatibles avec l'exercice de la fonction de sous-officier de gendarmerie ;
  - ne pas avoir bénéficié d'un congé de reconversion qui entraîne la cessation définitive de l'état militaire (candidats militaires ou ex-militaires).

- Un candidat réunissant les conditions relatives à plusieurs concours (par exemple, un GAV titulaire du baccalauréat) peut se présenter à plusieurs concours. Il dispose ainsi de plus de possibilités pour devenir gendarme. Si les épreuves des différents concours sont organisées le même jour, le candidat doit choisir et s'inscrire à un seul des concours. Il conserve la possibilité de postuler à l'autre concours ultérieurement, sous réserve de remplir les conditions requises à ce moment-là.

2 Les documents à préparer

Avant de passer les épreuves, pensez à vous munir des pièces suivantes : la convocation ; une pièce d'identité ; un certificat médical de moins de 1 an précisant l'aptitude à subir les épreuves sportives (le jour de l'épreuve physique) ; un *curriculum vitae*, pour l'entretien avec le jury ; pour les candidats du concours interne, une copie de la dernière notation pour l'entretien avec le jury.

3 Les épreuves

A| Les différentes épreuves selon le concours

	1er concours (externe)	2e concours (interne)	3e concours
Ouvert aux…	Titulaires du baccalauréat	- GAV (gendarmes adjoints volontaires) - ADS (adjoints de sécurité) - Militaires avec 4 ans d'ancienneté - Réservistes de la gendarmerie	Personnes justifiant de 3 ans d'expérience professionnelle
Épreuves écrites d'admissibilité (1/2 journée)	Composition de culture générale	Épreuve de connaissances professionnelles	Examen d'un dossier mettant en exergue les acquis de l'expérience professionnelle du candidat
Épreuves d'admission (2 j., y compris l'entretien avec le psychologue, voir infra)	- Épreuve physique gendarmerie - Évaluation de l'aptitude professionnelle (tests psychométriques) - Entretien avec un jury - Épreuve d'évaluation numérique	- Épreuve physique gendarmerie - Évaluation de l'aptitude professionnelle (tests psychométriques) - Entretien avec un jury à partir d'un dossier professionnel - Épreuve d'évaluation numérique	- Entretien avec un jury - Épreuve pratique d'aptitude professionnelle

- Une première sélection se fait au niveau des épreuves d'admissibilité : seuls les candidats les mieux classés à l'issue des épreuves d'admissibilité sont convoqués pour les épreuves d'admission.
- Notez que, en plus de ces épreuves, les candidats sont soumis à deux tests de personnalité et sont reçus par un psychologue au moment de l'admissibilité.

B| Les épreuves d'admissibilité

1| Le 1er concours (concours externe)

Composition de culture générale : il s'agit de la rédaction d'un devoir sur un sujet d'ordre général, ayant pour objectif d'évaluer les qualités rédactionnelles des candidats.

Durée : 3 heures ; coefficient 7 ; note éliminatoire : note inférieure à 6/20.

2| Le 2e concours (concours interne)

Épreuve de connaissances professionnelles : il s'agit de répondre à une ou plusieurs questions portant sur des problématiques relevant de la sécurité intérieure ou de la défense.

Durée : 3 heures ; coefficient 7 ; note éliminatoire : note inférieure à 6/20.

C| Les épreuves d'admission

- La liste des candidats admissibles est diffusée sur www.lagendarmerierecrute.fr. Dès qu'ils ont connaissance de leur admissibilité, les candidats doivent envoyer au centre de sélection et de concours les pièces suivantes :
  - copie du baccalauréat (concours externe) ;
  - copie de la pièce autorisant l'inscription au concours (concours interne) ;
  - copie des pièces justificatives de la participation, de la dispense ou du sursis au service national, à la JAPD ou à la JDC ;
  - copie recto-verso de la carte nationale d'identité ; pour les candidats nés à l'étranger, un extrait d'acte de naissance ;
  - une photographie récente en couleur avec le nom au dos.
- **Évaluation de l'aptitude professionnelle (tests psychométriques)** : elle se déroule sous forme de QCM.
- **Entretien avec un jury (externe)** : il s'agit d'un entretien sur un sujet d'ordre général, portant principalement sur les grandes questions d'actualité et les motivations du candidat ; le candidat doit apporter un *curriculum vitae*.
  Durée : 10 minutes de préparation et 20 minutes d'entretien ; coefficient 7 ; note éliminatoire : 6/20.

- **Entretien avec un jury (interne) à partir d'un dossier professionnel** : il s'agit d'un entretien basé sur les activités que vous avez décrites dans votre dossier ; il n'y a donc pas de surprise et vous pouvez facilement le préparer.
  Durée : 25 minutes d'entretien ; coefficient 7 ; note éliminatoire : 6/20.
- **L'épreuve physique gendarmerie (EPG)** : cette épreuve est composée de trois ateliers : un parcours d'obstacles (chronométré), une simulation d'un combat (chronométrée) et un transport de poids (évalué : échec ou réussite). Elle est dotée d'un coefficient 3.
- **Épreuve d'évaluation numérique** : il s'agit d'évaluer les connaissances et de mesurer les compétences numériques du candidat avec un QCM.

  Durée : 30 minutes ; coefficient 1 (pas de note éliminatoire).

IMPORTANT

Les modalités des épreuves évoluent à chaque session. Consultez régulièrement le site www.lagendarmerierecrute.fr.

 # info
Les épreuves du concours
foucherconnect.fr/23rcgend02

4 Après le concours

La liste des candidats admis est diffusée sur le site www.lagendarmerierecrute.fr.

A| Les formalités

- Avant l'intégration en école, les candidats admis sont convoqués par le centre de sélection et de concours pour passer une **visite médicale** auprès d'un médecin militaire (munissez-vous de tous les documents médicaux en votre possession). Ce médecin déclare le candidat :
  - apte ;
  - inapte temporaire (le départ en école ne sera décidé qu'après une nouvelle visite médicale) ;
  - inapte définitif.
- Les premières intégrations en école peuvent avoir lieu dans le mois suivant la publication des résultats. La convocation indique la date exacte et le lieu de l'école de formation.
- Le **contrat d'engagement** est signé :
  - le jour de l'arrivée en école pour les candidats métropolitains ;
  - lors de la mise en route auprès du commandement de la gendarmerie pour les candidats d'outre-mer.

- Ce contrat est d'une durée de **6 ans** afin de vous permettre de réunir les conditions nécessaires pour accéder au statut de sous-officier de carrière (4 ans de service militaire dont au moins 1 en tant que sous-officier de gendarmerie).
- À l'arrivée en école, vous subissez la **visite médicale d'incorporation**, ultime contrôle dans ce domaine, réalisée par le médecin de l'école.

B| La formation

- Le programme est découpé en **trois modules** : deux ont lieu en école et un est un stage en unité. Le premier module est consacré à la **formation militaire**. Vous devez réussir les tests de ce module pour poursuivre la formation. Dans le cas contraire, vous devrez recommencer ce module. Le second module est consacré à l'appropriation territoriale et notamment à la **transposition des savoir-faire militaires aux missions de sécurité** ; de même que pour le premier module, un échec aux tests vous obligerait à recommencer cette seconde partie de la formation. Le choix de l'affectation se fait à l'issue de ces deux modules.
- Le **stage en unité** constitue le module de spécialisation et son contenu dépend de l'affectation choisie. Ce stage ne fait pas l'objet d'une évaluation.
- À l'issue de la formation, l'élève-gendarme ayant satisfait aux tests est nommé gendarme et reçoit le **certificat d'aptitude à la gendarmerie** (CAG, homologué niveau IV de l'enseignement technologique, soit une équivalence au baccalauréat).

IMPORTANT

La détention en fin de formation du permis de la catégorie B (voiture) est indispensable pour être nommé gendarme. Il vous appartient de passer le permis pendant la scolarité si vous ne le détenez pas en arrivant à l'école.

- Une fois en unité, les gendarmes préparent le **certificat d'aptitude technique** (CAT). Ce certificat est le diplôme obligatoire pour devenir sous-officier de carrière.
- Pendant la scolarité, tous les élèves-gendarmes reçoivent une **formation PIX**. Vous pouvez vous familiariser avec cette formation directement sur le site dédié, www.pix.fr. Sachez que la gendarmerie investit tout particulièrement le champ du numérique.

 # info

www.pix.fr, le service public en ligne pour évaluer, développer et certifier ses compétences numériques

foucherconnect.fr/ 23rcgend09

- À ce titre, en 2021, la gendarmerie a pour la première fois formé une **compagnie dite « numérique »**. Cette compagnie a suivi un programme spécifique avec environ 25 % de cours à dominante informatique. Il s'agit de former un vivier de militaires aptes soit à œuvrer dans le domaine de la lutte contre les infractions liées au numérique, soit à rejoindre ultérieurement la spécialité SIC (système d'information et de communication, qui regroupe les spécialistes en réseaux informatiques et téléphoniques). Ils sont affectés dans les mêmes unités que leurs camarades en sortie d'école, puis sont réorientés vers d'autres unités ou fonctions selon leurs desiderata.
- En 2022 ont été formées 3 compagnies numériques. L'intégration se faisait sur volontariat et la formation a été aménagée pour augmenter la part dédiée aux nouvelles technologies.
- Désormais, la part dévolue à la maîtrise des technologies du numérique et la lutte contre la cybercriminalité augmente pour l'ensemble des élèves-gendarmes afin de s'adapter aux nouvelles formes de délinquance.
- Tous les élèves-gendarmes sont également soumis au test PIX. Vous pouvez vous entraîner sur le site www.pix.fr.
- De plus, à la suite du Beauvau de la sécurité (concertation menée en 2021 par les ministres de l'intérieur et de la justice avec la police et la gendarmerie), il est envisagé une évolution de la formation avec :
  - un nouveau découpage du temps de formation (durée en école et durée du stage) ;
  - l'ajout de la formation au diplôme d'officier de police judiciaire (OPJ).
- Cependant, les enjeux de recrutement et de formation ne permettent pas à ces réformes d'aboutir rapidement du fait de la saturation de la capacité d'accueil des écoles.

 # test
Test PIX
foucherconnect.fr/23rcgend10

2 LA SÉLECTION DE GENDARME ADJOINT VOLONTAIRE (GAV)

Après la suppression du service national, les gendarmes adjoints ont suppléé la disparition des gendarmes auxiliaires. Ils bénéficient désormais d'un contrat de 2 ans pouvant être prolongé par un contrat de 3 ans puis par un contrat de 1 an, les services accomplis sous ce statut étant limités à 6 ans. Les gendarmes adjoints sont sous statut militaire, et donc soumis aux mêmes devoirs que les autres militaires de la gendarmerie nationale (discipline, réserve, secret professionnel). Ils perçoivent une solde, une indemnité d'alimentation et sont logés gratuitement.

1 La sélection

A| Les conditions d'admission

1. Être de nationalité française.

2. Présenter une moralité et avoir un comportement compatibles avec l'exercice de la fonction de GAV.

3. Avoir 17 ans au moins et 25 ans au plus au moment de la demande.

4. Satisfaire au profil médical (visite médicale devant un médecin du service de santé des armées).

5. Présenter les aptitudes physiques, psychologiques et morales exigées pour la fonction.

6. Ne pas avoir été candidat plus de trois fois aux épreuves de sélection.

7. Être en règle en ce qui concerne les obligations du service national (incluant la JAPD et la JDC).

8. Pour les anciens militaires, ne pas avoir bénéficié d'un congé de reconversion entraînant cessation définitive de l'état militaire.

B| Les conditions spécifiques liées au type de recrutement

- **Aspirant de gendarmerie issu du volontariat (AGIV) :**
  - être titulaire au minimum d'un diplôme de fin de premier cycle de l'enseignement supérieur (bac + 2) ou avoir suivi la préparation militaire supérieure gendarmerie (avec réussite) et être déclaré apte officier ;
  - satisfaire à des épreuves de sélection (tests psychométriques, questionnaire de connaissances générales, test de compréhension de texte, suivre un entretien avec un officier de gendarmerie).

IMPORTANT

Ces informations sont données à titre indicatif, la gendarmerie ne recrutant actuellement plus d'AGIV ; regardez cependant régulièrement le site lagendarmerierecrute.fr au cas où ce type de recrutement serait à nouveau utilisé.

- **Gendarme adjoint volontaire (GAV) – Agent de police judiciaire adjoint (APJA) :**
  - aucun diplôme n'est demandé ;
  - satisfaire à des épreuves de sélection (tests psychométriques, questionnaire de connaissances générales, test de compréhension de texte).
- **Gendarme adjoint destiné à occuper un emploi particulier (GAV EP) :**
  - justifier d'une qualification du niveau d'un certificat d'aptitude professionnelle (CAP), du brevet d'études professionnelles (BEP) ou d'une expérience professionnelle en rapport direct avec l'emploi sollicité ;
  - passer un test psychométrique et un entretien mené par un officier de gendarmerie.
- Pour les trois statuts GAV : les dossiers doivent être renseignés directement sur le site lagendarmerierecrute.fr.

C| Les tests de sélection

- À la suite de votre candidature sur Internet, vous êtes convoqué par un référent recrutement gendarmerie (il y en a dans tous les départements sauf à Paris et en petite couronne où le centre d'information et de recrutement joue ce rôle) à une session d'information et d'entretien. Cette session comprend deux phases :
  - une phase d'information destinée à vous éclairer dans vos choix, articulée autour de la projection d'un DVD « Le volontariat en gendarmerie » et d'un libre échange avec le référent recrutement ;
  - un entretien individuel de recrutement avec le référent recrutement.

- Après cette première étape, vous êtes convoqué au centre de sélection pour les épreuves de sélection. Sachez que la lettre de motivation est désormais réalisée lors de ce passage au centre de sélection. N'oubliez pas de vous munir d'un certificat médical au moment de votre convocation au centre de sélection !
- La direction générale de la gendarmerie adresse un courrier dans le mois qui suit les épreuves de sélection : soit la demande est agréée et vous intégrez une école rapidement, soit elle est rejetée, soit elle est ajournée (vous pouvez vous présentez à nouveau après un temps qui vous est précisé ; trois présentations maximum).

2 La formation

- Elle est principalement assurée à l'école de gendarmerie de Tulle (19). En fonction des besoins, elle peut également se dérouler sur d'autres sites.
- Pour les aspirants, la formation se déroule à l'École des officiers de la gendarmerie nationale (EOGN), à Melun (77).
- La formation initiale en école diffère en fonction du recrutement :
  - aspirant : durée 3 mois ;
  - gendarme adjoint APJA : durée 13 semaines ; ils sont tous formés en école ;
  - gendarme adjoint emploi particulier : durée 2 semaines, suivies de 6 semaines de tutorat dans l'affectation. Les GAV EP devant rejoindre les organismes centraux (direction générale par exemple) sont formés en école ; les autres sont formés dans les régions.
- Le diplôme de GAV APJA est homologué au niveau niveau III de l'enseignement technologique (niveau CAP – BEP).

3 L'emploi et les perspectives d'avenir

A| L'affectation

- Elle est définie en fonction des postes disponibles, du rang de classement à l'issue de la formation et des desiderata en matière de localisation géographique et d'emploi.
- L'aspirant est affecté dans un poste en relation directe avec ses compétences.
- Le GAV APJA est associé à l'exécution de toutes les missions de la gendarmerie (prévention de la délinquance, assistance aux enquêtes judiciaires, police de la route...) et participe à la prévention et à l'accueil du public.

- Le gendarme adjoint emploi particulier (EP) est affecté dans un poste correspondant à la qualification qu'il détient. Il a ainsi l'assurance de servir dans sa spécialité. Le plus souvent, les GAV EP connaissent dès leur recrutement le poste qu'ils vont occuper.

B| La reconversion

À partir de 4 ans de service, tout militaire, y compris les gendarmes-adjoints, a droit à une aide à la reconversion. Les centres orientation reconversion (COR) sont des organismes de la gendarmerie spécialisés dans ce domaine. Il en existe dans toutes les régions de gendarmerie. Ils aident les GAV pour l'établissement de leur dossier de reconversion et entretiennent un réseau avec les entreprises pour offrir des emplois aux militaires souhaitant quitter la gendarmerie.

3 DIX QUESTIONS POUR CONNAÎTRE LE MÉTIER

1 Quelles sont les missions de la gendarmerie ?

L'institution militaire qu'est la gendarmerie nationale veille à la sécurité publique, assure le maintien de l'ordre et l'exécution des lois et participe à la défense. Elle agit au profit de la quasi-totalité des ministères et des grands services de l'État. C'est la seule institution de l'État qui assure plus de 400 missions différentes dans le cadre des trois grands ordres : l'administratif, le judiciaire, le militaire. La gendarmerie classe ces missions en 4 grands domaines :

- rassurer et protéger ;
- enquêter et interpeller ;
- sécuriser et maintenir l'ordre ;
- intervenir et défendre.

» Les missions d'ordre administratif (rassurer et protéger)

L'objet de la police administrative est d'assurer la sécurité publique (surveillance générale, sécurité routière, recherche de renseignements, missions de secours et d'assistance, etc.). La gendarmerie effectue cette mission sur 95 % du territoire, au profit de 50 % de la population.

» Les missions d'ordre judiciaire (enquêter et interpeller)

La gendarmerie traite plus du quart des crimes et délits commis en France. Cette action comprend la constatation des infractions, le rassemblement des preuves et la recherche de leurs auteurs, en liaison constante avec les magistrats.

» Les missions de gendarmerie mobile (sécuriser et maintenir l'ordre)

- Les escadrons de gendarmerie mobile constituent une réserve générale à la disposition du gouvernement. Près du tiers de leur temps est consacré au renfort des unités de la gendarmerie départementale.

- La gendarmerie mobile dispose de véhicules blindés à roues de la gendarmerie (VBRG), lesquels sont en cours de remplacement par des ARVIE de Soframe (appelés CENTAURE en gendarmerie).
- Présents sur l'ensemble du territoire français, ils ont pour mission de veiller au respect de l'ordre public et interviennent à la demande des autorités civiles. Ils participent également au secours des personnes sinistrées en métropole, dans les départements et collectivités d'outre-mer, mais aussi à l'étranger.

» Les missions d'ordre militaire (intervenir et défendre)

- Outre son rôle de prévôté aux armées, la gendarmerie joue un rôle important dans le domaine de la défense. Dans ce cadre, elle dispose d'équipements nombreux, de l'armement léger jusqu'aux véhicules de l'avant-blindé (VAB) qui furent engagés en Afghanistan.
- En temps de paix, elle répond à quatre missions essentielles : la dissuasion, la prévention, la protection et la projection. Elle intervient en tous lieux du monde où le gouvernement décide de son action : Côte-d'Ivoire, Liban, Haïti, ex-Yougoslavie, Mauritanie, Mali…
- En cas de crise ou de conflit, elle organise sa propre mobilisation, et, avec les armées, participe à la défense du territoire. Dans ce cadre, elle effectue des missions de recherche du renseignement, de protection des principaux points sensibles du domaine civil et, grâce à son implantation sur le territoire, intervient immédiatement en cas de menace.

À NOTER

Le livre blanc sur la sécurité, rédigé en 2020, couvre des domaines plus larges que les seules missions puisqu'il aborde également la gestion des ressources humaines et les moyens dédiés aux forces de l'ordre.

 # info

Le livre blanc de la sécurité intérieure

foucherconnect.fr/23rcgend11

2 Quels sont les métiers dans la gendarmerie ?

- Actuellement, la gendarmerie comprend plus de 300 métiers qui évoluent au gré des avancées légales et technologiques.
- Aux côtés des enquêteurs spécialisés en nouvelles technologies servent, par exemple, des enquêteurs subaquatiques ou des moniteurs en techniques d'intervention.

3 Quels sont les droits et devoirs des gendarmes ?

Être gendarme, c'est :

- être militaire, « soldat de la loi », par un comportement irréprochable appliqué dans un contexte humain ;
- porter un uniforme qui vous distingue du « tout un chacun » et, de ce fait, vous accorde des droits (faire preuve de coercition, bénéficier d'une protection en cas de mise en cause, être logé par l'État...) mais vous impose aussi des devoirs (agir en accord avec la déonotologie de la gendarmerie et notamment veiller au respect de la personne humaine quelle que soit la situation).

4 Est-ce un métier physique ?

Être gendarme, c'est présenter et entretenir les qualités physiques inhérentes à la condition de militaire. Ne jamais oublier que protéger la population et faire exécuter les lois nécessitent parfois, dans l'instant, au péril de sa vie, une bonne condition physique : défendre une personne agressée, porter secours au milieu de graves intempéries...

5 Quelles sont les particularités du métier ?

Être gendarme, c'est :

- recevoir une instruction de 12 mois, dont un stage en unité, avec des formations physique, militaire, judiciaire, administrative et de relations humaines ;
- dès la première affectation, choisie selon le classement à la sortie de l'école, se voir concéder gratuitement par nécessité absolue de service un logement adapté à la situation familiale et avoir l'obligation de l'occuper ;
- percevoir une solde d'environ d'environ 1 400 € en école et 1 800 € en début de carrière (pour un célibataire) ;
- suivant ses capacités et ses diplômes, pouvoir préparer une carrière de gradé, voire d'officier ;
- accomplir des missions valorisantes pour la protection des personnes et des biens, la sécurité, la tranquillité, la salubrité publiques et l'exécution des lois ;

6 Quels sont les « avantages » du métier ?

- 45 jours de permission par an en sus des fêtes légales et des permissions exceptionnelles pour événements familiaux.
- Une affiliation à la Sécurité sociale et à une caisse mutualiste et une importante action sociale (secours, colonies de vacances, maisons familiales...).
- Une réduction sur le réseau SNCF (75 %).
- Être reconnu dans ses œuvres au travers des décorations civiles et militaires.
- Une possibilité de pension de retraite après 17 ans de service (27 ans pour les officiers).
- Une possibilité d'aide à la reconversion en milieu civil.

7 Qui dirige la gendarmerie ?

- Force militaire, la gendarmerie nationale dépend du ministère de l'Intérieur depuis la loi du 3 août 2009. Elle est dirigée par un officier général : le directeur général de la gendarmerie nationale. Son adjoint porte le titre de major général.
- Elle s'articule en grands commandements territoriaux ou techniques et comprend notamment la gendarmerie départementale ; la gendarmerie mobile ; les formations spécialisées ; les écoles.

8 Quels sont les offices dépendants de la gendarmerie ?

Elle est présente dans tous les offices centraux de lutte contre la délinquance et en dirige quatre :

- l'Office central de lutte contre les atteintes à l'environnement et à la santé publique (OCLAESP) ;
- l'Office central de lutte contre le travail illégal (OCLTI) ;
- l'Office central de lutte contre la délinquance itinérante (OCLDI) ;
- l'Office central contre les crimes contre l'humanité et les crimes de haine (OCLCH), anciennement appelé Office central contre les crimes contre l'humanité, les génocides et les crimes de guerre (OCLCHGCG).

9 Où se déroule la formation ?

- Pour former l'ensemble de ses 100 000 hommes et femmes, la gendarmerie nationale dispose d'écoles et de centres de formation qui dépendent du commandement des écoles sis à Rochefort (17).
- Les écoles se situent à : Châteaulin (Finistère), Chaumont (Haute-Marne), Melun (l'école des officiers, Seine-et-Marne), Montluçon (Allier), Rochefort (Charente-Maritime), Tulle (Corrèze) et Dijon (Côte-d'Or).
- Les centres de formation sont à : Antibes (Alpes-Maritimes) pour l'entraînement nautique ; Chamonix (Haute-Savoie) pour la formation montagne ; Fontainebleau (Seine-et-Marne) pour les motocyclistes ; Gramat (Lot) pour la formation des maîtres de chiens ; Saint-Astier (Dordogne) pour l'entraînement des forces (et en particulier la gendarmerie mobile) ; Rosny-sous-Bois (Seine-Saint-Denis) pour l'informatique, le renseignement et la police judiciaire.

10 La gendarmerie est-elle présente à l'étranger ?

- La gendarmerie contribue, dans le cadre de l'**assistance technique**, à la formation des personnels des gendarmeries ou forces de sécurité étrangères, en mettant à leur disposition ses propres personnels.
- La gendarmerie engage des **détachements prévôtaux** lorsque des unités de l'armée française interviennent à l'étranger : Afghanistan, Côte-d'Ivoire, guerre du Golfe, ex-Yougoslavie, etc.
- Elle est présente dans les **ambassades** et les détachements dans les **organismes internationaux**.

FAITES LE POINT !

Connaissez-vous bien la gendarmerie ?

1. À quelle période de l'histoire la gendarmerie fait-elle remonter ses origines ?

❑ A. après la Seconde Guerre mondiale en 1945
❑ B. après la Révolution de 1789
❑ C. au XIIe siècle

2. La gendarmerie est un corps de l'État :

❑ A. civil
❑ B. militaire
❑ C. mixte : civil et militaire

3. Où travaillent les gendarmes ?

❑ A. partout dans le monde
❑ B. en France métropolitaine
❑ C. sur l'ensemble du territoire français : métropole et outre-mer

4. Qu'est-ce qu'une brigade ?

❑ A. le plus petit élément de la structure géographique de la gendarmerie
❑ B. le régiment à cheval placé à Paris
❑ C. la direction de la gendarmerie

5. Quel est le ministre de tutelle de la gendarmerie ?

❑ A. le ministre de l'Intérieur
❑ B. le ministre des Armées
❑ C. le ministre chargé de l'Environnement

6. La gendarmerie fait partie :

❑ A. de l'armée de terre
❑ B. de la marine nationale
❑ C. de l'armée de l'air
❑ D. d'aucune armée citée en A, B et C ; elle est autonome

7. La gendarmerie comporte :

❑ A. uniquement des unités terrestres
❑ B. des unités aériennes, marines et terrestres

8. Combien gagne un élève-gendarme débutant ?

❑ A. environ 500 euros par mois
❑ B. environ 1 600 euros par mois
❑ C. environ 2 300 euros par mois

9. Les femmes sont interdites en gendarmerie.

❑ A. vrai
❑ B. faux
❑ C. cela dépend des postes

10. La gendarmerie ne dispose pas de blindés.

❑ A. vrai
❑ B. faux

11. La gendarmerie est aux ordres des commissaires de police.

❑ A. vrai
❑ B. faux

12. Tous les Européens peuvent servir dans la gendarmerie.

❑ A. vrai, puisqu'ils sont européens
❑ B. faux : il faut être de nationalité française

13. Quelle formation ne fait pas partie des composantes de la gendarmerie nationale ?

❑ A. la gendarmerie départementale
❑ B. la gendarmerie mobile
❑ C. la patrouille de France
❑ D. les écoles de gendarmerie

14. De quand date l'attribution du droit de justice aux ancêtres des gendarmes ?

❑ A. 1945
❑ B. 1536
❑ C. 2002

15. Relèvent de la gendarmerie les missions :

❑ A. de type administratif
❑ B. de type judiciaire
❑ C. de sauvetage en montagne

16. Quelles sont, parmi ces unités spécialisées, celles que l'on ne trouve pas au sein de la gendarmerie départementale ?

❑ A. les unités de recherches : sections, brigades, équipes
❑ B. les brigades départementales de renseignements et d'investigations judiciaires
❑ C. les unités de sécurité routière sur routes et autoroutes
❑ D. les pelotons de gendarmerie de haute montagne

❏ E. les pelotons de surveillance et d'intervention de la gendarmerie
❏ F. les sections aériennes
❏ G. les unités nautiques
❏ H. les brigades de prévention de la délinquance juvénile
❏ I. toutes les unités spécialisées citées appartiennent à la gendarmerie départementale

17. De quelle année date le découpage du territoire en brigades ?

❏ A. 1945
❏ B. 1720
❏ C. 2002

18. Dans les missions de police judiciaire, les gendarmes agissent-ils sous la direction des magistrats ?

❏ A. oui
❏ B. non

19. Tous les gendarmes vivent à la campagne.

❏ A. vrai
❏ B. faux

20. Les gendarmes peuvent travailler en civil.

❏ A. vrai
❏ B. faux

21. En gendarmerie, l'avancement est automatique.

❏ A. vrai
❏ B. faux

22. Un gendarme ne peut se servir de son arme que dans le cas de légitime défense.

❏ A. vrai
❏ B. faux

23. On peut être marin et gendarme.

❏ A. vrai
❏ B. faux

24. Le grade de gendarme est un grade de sous-officier.

❏ A. vrai
❏ B. faux

25. Comment s'appelle le lieu de vie des gendarmes ?

❏ A. une résidence
❏ B. une caserne
❏ C. un arsenal

CORRIGÉS

1. C

2. B

3. A

4. A

5. A. Mais les gendarmes dépendent du ministre des Armées lorsqu'ils participent à des opérations extérieures (en Côte-d'Ivoire par exemple).

6. D

7. B

8. B

9. B. Tous les postes sont ouverts aux femmes.

10. B

11. B

12. B

13. C

14. B

15. A B C

16. I

17. B

18. A

19. B

20. A. Les actes établis par un gendarme sont valables même s'il travaille en civil.

21. B. Il faut réussir des examens internes. Il existe également plusieurs concours pour devenir officier.

22. B

23. A. En gendarmerie maritime.

24. A. Il se situe entre sergent et sergent-chef.

25. B. Le gendarme suit sa formation sous le régime de l'internat, puis il est logé par la gendarmerie pendant toute sa carrière.

Partie 2
LES ÉPREUVES D'ADMISSIBILITÉ

La composition de culture générale
(concours externe)

L'épreuve de connaissances professionnelles
(concours interne)

La composition de culture générale (concours externe)

Coefficient 7

Durée : 3 heures

Méthode

1. Présentation de l'épreuve
2. Méthode de l'épreuve
3. Entraînement guidé

Entraînement

- Annales corrigées 1
- Annales corrigées 2

 # annales
Sujets de composition générale
foucherconnect.fr/23rcgend03

1 PRÉSENTATION DE L'ÉPREUVE

1 Le texte officiel

« Cette épreuve consiste en la rédaction d'un devoir sur un sujet d'ordre général, ayant pour objectif d'évaluer les qualités rédactionnelles des candidats. Il est notamment attendu qu'ils aient une bonne culture générale et qu'ils présentent de bonnes aptitudes à exposer leur point de vue grâce à une argumentation pertinente. Le devoir devra être soigneusement organisé (introduction, parties, conclusion) et une attention particulière sera portée à la maîtrise de la langue française. » (Arrêté du 14 mars 2018).

2 Des sujets de portée générale

- On attend de vous une culture générale sur les sujets de société. Il s'agit de montrer vos connaissances sur les **grands problèmes de l'actualité**, mais aussi de prouver votre capacité à éclairer de manière personnelle le fait étudié.
- Ainsi, préparer le concours suppose que vous lisiez régulièrement la **presse** : quotidiens nationaux (*Le Monde* est un journal indispensable) ; magazines (*L'Express*, *Le Nouvel Observateur*, *Le Point*...), tous disponibles sur Internet.
- Les **journaux télévisés ou radiodiffusés** sont intéressants, voire essentiels, mais tout à fait insuffisants pour se construire une bonne culture générale. En revanche, suivez les émissions et reportages se rapportant aux thèmes d'actualité, et n'hésitez pas à prendre des notes.

ATTENTION
Méfiez-vous des blogs et autres Twitter, Facebook, etc. qui ne donneront que des informations très parcellaires voire erronées sur un sujet.

Exemples

Sujets donnés au concours 2021 de SOG externe (au choix)
L'homme peut-il maîtriser la nature ?
Quels sont les enjeux et les conséquences d'une transition vers l'agriculture biologique ?

3 Les attentes du jury

- L'épreuve vise avant tout à évaluer vos compétences d'écriture, autrement dit votre **bonne maîtrise de la langue**. Les correcteurs attachent de l'importance à la syntaxe et à l'orthographe. Une composition émaillée de fautes d'orthographe et de grammaire est particulièrement préjudiciable. Révisez les bases de la grammaire et de l'orthographe.
- Il convient avant tout d'écrire un français « standard », qui exclut les fautes les plus courantes, les barbarismes (mots qui n'existent pas, mots étrangers...), les pléonasmes, les mots grossiers, une syntaxe relâchée.
- La richesse de la réflexion s'exprime aussi à travers la **richesse de la langue**. Pour s'exprimer aisément, il faut travailler : recourir souvent au dictionnaire, observer l'écriture des auteurs, des journalistes... Lorsque l'on prépare une épreuve d'expression écrite, il faut d'abord se mettre dans une posture particulière de lecteur.

4 L'évaluation

- L'évaluation porte sur votre capacité :
  - à situer la problématique dans l'actualité ;
  - à argumenter de manière cohérente, en montrant vos connaissances, votre ouverture d'esprit, votre curiosité ;
  - à donner votre avis, sans préjugés ou jugements de valeur (des propos racistes par exemple seraient absolument inadmissibles...). Toute opinion doit s'appuyer sur de solides arguments ;
  - à rédiger : orthographe et syntaxe correctes, vocabulaire riche et précis.
- La qualité de votre exposé écrit sera donc jugée à travers :
  - le **fond** : une définition claire du sujet à traiter ; une « idée maîtresse » : la prise de position personnelle de l'auteur ;
  - la **forme** : une justification de la prise de position articulée en plusieurs points s'enchaînant avec la logique et la rigueur d'une démonstration mathématique, rédigée dans un style clair, sobre, respectant les règles d'usage de la langue française.
- Dans un devoir, la **note attribuée** au candidat résulte de la moyenne des deux notes partielles s'appliquant à :
  - valeur et clarté des idées, étendue des connaissances, ouverture d'esprit ;
  - composition : présentation, plan, introduction, développement et qualité des transitions, conclusion ;
  - style : vocabulaire, orthographe, syntaxe, grammaire...
- En général, les compositions rédigées sans méthode donnent lieu aux remarques suivantes :
  - la question posée n'est pas clairement reformulée dans l'introduction ;

– le rédacteur est hors sujet, c'est-à-dire qu'il ne répond pas, ou en partie seulement, à la question posée, la discussion (démonstration) est absente ou mal conduite ;
– les arguments sont présentés sans ordre ;
– la conclusion fait défaut, est imprécise ou expose une autre thèse, voire est contraire à la thèse défendue tout au long du devoir ;
– le plan suivi n'est pas annoncé (ou s'écarte de celui annoncé) dans l'introduction ;
– le style laisse à désirer : phrases trop longues ou sans verbe, termes employés impropres, répétitions nombreuses ;
– l'orthographe et la ponctuation laissent à désirer.

5 La gestion du temps

- Il est conseillé de répartir les 3 heures ainsi : lecture du sujet, recherche et prise de notes des idées : 1 h 15. Plan détaillé : 15 min. Rédaction, relecture : 1 h 30.
- La moitié du temps imparti doit être consacrée à la réflexion.

6 Le brouillon

Lors d'un examen ou d'un concours, le temps imparti ne permet pas de rédiger entièrement la composition au brouillon. Avant la rédaction du devoir et, outre les feuilles portant le jet des idées, les documents suivants doivent apparaître sur le bureau :
– une feuille faisant apparaître les thèmes associés au sujet ;
– une feuille portant l'introduction conçue et rédigée de façon soignée ;
– une feuille contenant la conclusion rédigée complètement et correctement, de façon à n'avoir plus qu'à la recopier. Cela est primordial, car, à ce moment-là, il ne vous restera que peu de temps ;
– la ou les feuilles présentant le plan détaillé qui doit apparaître de façon claire, les transitions étant entièrement rédigées.

IMPORTANT

- **L'épreuve est anonyme**, donc aucun signe ne doit permettre d'identifier votre copie : nom, signature... Tout signe distinctif entraîne l'annulation de la copie.
- Utilisez un stylo d'une seule couleur et rendez une copie propre (évitez toute rature importante et, si vous devez rayer quelques mots, faites-le proprement avec une règle). N'abusez pas du « blanco » ni de l'effaceur.
- **Aérez votre copie** : laissez une marge et des interlignes, créez des paragraphes afin que le correcteur visualise immédiatement l'organisation de votre composition.

2 MÉTHODE DE L'ÉPREUVE

Pour réussir votre composition, vous devez vous entraîner à suivre une méthode précise pour bien analyser le sujet et ensuite rédiger votre devoir.

1 Repérer les mots-clés du sujet

A| Qu'est-ce qu'un mot-clé ?

Un mot ou une expression-clé donnent le thème du sujet (de quoi s'agit-il ?) et, éventuellement, la thèse (ou opinion) défendue ou la problématique.

Exemple

Voici deux sujets sur le même thème présentant des points de vue différents.

Sujet A : En France, trois adolescents sur quatre ont un profil sur Facebook. Mais ils ne réalisent pas qu'ils sont vulnérables face aux harceleurs et aux séducteurs. Et vous, pensez-vous que Facebook représente un danger pour les jeunes ?

Sujet B : En France, trois adolescents sur quatre ont un profil sur Facebook. À un âge où la communication est parfois délicate, Facebook permet de se parler directement sans craindre le regard des autres. Et vous, pensez-vous que Facebook est un outil de communication formidable qui permet de traverser plus facilement la période de l'adolescence ?

Les deux sujets concernent le rapport qu'ont les adolescents à Facebook. Dans le sujet A, l'accent est mis sur les dangers de Facebook. Dans le sujet B, Facebook a une influence positive et aide les adolescents à communiquer, à prendre confiance en eux. Dans ces deux sujets, vous pourriez défendre les mêmes arguments, mais votre problématique et votre plan seraient différents. Dans le sujet A, vous mettriez l'accent sur les dangers dans la première partie (contre Facebook). Vous développeriez des contre-arguments (pour Facebook) dans la seconde partie, avant de donner votre opinion. Pour le sujet B, ce serait l'inverse.

B| Le sens des mots ou expressions-clés

Il est important de bien réfléchir au sens des mots et à ce qu'ils impliquent.

- Le mot-clé n'a pas toujours son sens premier.

Exemple

La culture est le ciment de la société.
Le mot « ciment » est utilisé au sens figuré, dans le sens de « la culture unit la société ».

- Les mots ou expressions-clés sont à interpréter dans leur contexte. Des mots valorisants ou dévalorisants peuvent exprimer des émotions, des jugements...
- L'expression-clé peut être une expression toute faite (utilisée au sens figuré) ou une image.

Exemples

1. Nous produisons des tonnes de déchets, laissant à nos successeurs le soin d'affronter les conséquences, en hypothéquant leur avenir.
Hypothéquer un bien, c'est prendre le risque de le perdre pour obtenir un avantage immédiat. Cette expression imagée montre que notre mode de consommation, qui satisfait nos besoins d'aujourd'hui, met en péril l'avenir de nos enfants.

2. Une certaine société se régale de on-dit.
« Se régale » est une image qui signifie que certains adorent les ragots, les rumeurs.

2 Comprendre et énoncer la problématique

A| Qu'est-ce que la problématique ?

- Voici quelques définitions du mot « problématique » :
  - « Une problématique est un ensemble de questions posées dans un domaine de la science, de la philosophie, de la politique... » (*Le Robert méthodique.*) ;
  - « Problématiser, ce n'est pas discuter de son opinion : problématiser nécessite de se situer dans un champ de questions intellectuellement légitimes, il faut avoir des connaissances pour se poser des problèmes et cet ensemble de problèmes est une problématique. » (*La Problématique d'une discipline à l'autre*, Éditions ADAPT.) ;

- « Dans l'examen d'une question fondamentale, la problématique permet de penser ensemble des éléments hétérogènes et contradictoires. Elle appelle une argumentation, une validation d'hypothèses et une réponse originale. » (Pierre Desplanques)

- Après lecture de ces trois définitions, il est clair qu'**il ne faut pas confondre « problématique » et « problème »**. Voici les définitions données par *Le Robert méthodique* pour le mot « problème » :
  - « Question à résoudre qui prête à discussion, dans une science... » ;
  - « Difficulté qu'il faut résoudre pour obtenir un résultat : situation instable ou dangereuse exigeant une décision. »
- **Problématiser**, c'est être capable de discuter de divers aspects d'une question, d'argumenter, de poser des hypothèses, de prendre en compte des éléments contradictoires... Le tout en faisant appel à des savoirs ! Aucune question n'appelle une réponse simple et tranchée.

Exemples

Voici de vraies et de fausses problématiques. Vous allez constater qu'écrire une phrase interrogative ne signifie pas obligatoirement qu'un sujet est problématisé.

1. Quel téléphone portable faut-il choisir ? *Cette question appelle une étude comparative et ne correspond en rien aux définitions du mot « problématique ».*
2. Comment se déroule une éruption volcanique ? *Cette question appelle seulement une explication.*
3. La cigarette est-elle un moyen de socialisation pour le jeune ? *Cette question peut être une problématique puisqu'elle pose le problème de la socialisation des jeunes, de l'intégration dans le monde adulte, de la reconnaissance par le groupe, etc.*
4. Vidéosurveillance : quelle efficacité ? Pour quel coût ? *Cette question est une problématique puisqu'elle oblige à établir des constats, à considérer des causes et des conséquences, à prendre en compte des aspects positifs et négatifs, etc.*

B| Comprendre la problématique

- La problématique met en avant les **enjeux d'un sujet**. C'est la question que vous poserez (de façon directe ou indirecte) dans votre introduction et qui constitue votre axe de recherche, le fil directeur de votre argumentation et votre angle d'approche.
- Pour bien **analyser la problématique**, il faut :
  - repérer les mots clés ;
  - se demander pourquoi la question est intéressante, importante (en général, la question concerne l'ensemble de la société) ;
  - chercher le plan que l'on peut en déduire ;
  - se poser les questions qui font débat ;
  - chercher les différents points de vue sur le sujet...

Exemple

La mondialisation est-elle une chance ou un handicap pour l'avenir ?

Ce sujet oblige à définir ce qu'est la mondialisation aujourd'hui, à envisager ses avantages et ses inconvénients, à donner une réponse personnelle ; au terme de votre analyse, vous devez être capable de formuler un avis.

Les mots-clés donnent le thème et permettent déjà de dégager un plan de type « pour » et « contre ».

3 Mobiliser ses connaissances

A| Trouver des idées *ex nihilo*

- Il serait étonnant que, sur un thème donné, vous n'ayez strictement aucune idée. Dans un premier temps, notez au brouillon tout ce qui vous passe par la tête à propos d'un sujet, en différenciant les idées des exemples.
- Puis regroupez ces notes autour de la problématique que vous avez énoncée : certaines idées alimentent un point de vue, certains exemples un autre.
- À ce stade, on ne vous demande pas votre opinion, mais de prendre en compte l'ensemble des opinions.

Exemple

Le voyage peut-il être un apprentissage de la différence ?

Spontanément, vous pouvez répondre affirmativement et trouver des exemples dans votre expérience ou dans la littérature. Mais vous devez aller plus loin en vous demandant ce qui peut s'opposer au tourisme.

Oui		Non	
Arguments	Exemples	Contre-arguments	Exemples
Le voyage permet le contact entre des cultures. Chacun apprend de l'autre, prend conscience de ses spécificités culturelles et s'enrichit de ses différences	Ainsi, en logeant chez l'habitant, le touriste découvre un quotidien que son hôte lui propose de partager : un mode et un rythme de vie particuliers, une nourriture différente, le respect de traditions…	Le voyage est un leurre. Le touriste est au mieux un observateur, mais le plus souvent il ne « voit » pas grand-chose du pays qu'il visite	Les « tour-operators » proposent des voyages tout-prêts sans rencontre véritable avec les populations dont les traditions risquent d'être folklorisées

B| Varier les points de vue

Vous pouvez inverser le sujet ou le questionner autrement.

Exemple

Sujet proposé : « Les femmes sont-elles encore aujourd'hui en retrait dans le monde du travail et la vie publique ? »

Problème inversé : Les femmes se mettent en avant dans le monde du travail et la vie publique. *Vous devrez ainsi prendre en compte l'évolution de la situation des femmes.*

Questions possibles : Pourquoi les femmes sont-elles en retrait ? Dans quels domaines les femmes sont-elles en retrait ? Existe-t-il des domaines où les femmes sont mises en avant ? Etc. *En questionnant autrement, vous considérez les différents aspects du problème.*

C| Partir de l'exemple

- Pensez à des cas concrets, notez-les.
- L'exemple est une preuve ou un support de la réflexion, mais ce n'est pas un argument. Il faut donc aller du particulier au général. Accumuler les exemples sans prendre de hauteur risque de faire très « café du commerce ».

Exemple

Les pics de pollution surviennent lors d'une importante circulation automobile couplée à une forte chaleur [*cas concret*] → dans les sociétés de consommation, les quantités de polluants ne cessent d'augmenter → la pollution accélère le réchauffement de la Terre → des mesures radicales de lutte contre la pollution doivent être prises [*déroulement de la réflexion*].

D| Combiner des questions

On peut recourir à des notions fonctionnant par couple et se demander :
- Comment était-ce avant/comment cela sera-t-il après ?
- Quelles sont les ressemblances/les différences ?
- Quels sont les avantages/les inconvénients ? le positif/négatif ?
- Quels objectifs ?/Quels moyens ?

4 Élaborer le plan

A| À quoi sert le plan ?

- Le plan reflète le **cheminement de votre pensée**. Il permet de :
  - s'appuyer sur une démarche logique et progressive, apte à convaincre le correcteur du bien-fondé de votre thèse ;

– présenter les arguments favorables à votre thèse, mais également ceux qui lui sont contraires. Cela prouve que vous avez complètement analysé le sujet et que vous êtes parvenu à ce point de vue en toute connaissance de cause.

- Concernant la forme, **les parties du plan doivent être équilibrées**.

B| Comment établir le plan ?

- Dans la vie, nous pesons souvent le « pour » et le « contre » (« j'ai envie d'aller au cinéma avec mes amis, mais il faut que je révise mon concours… »). Les questions du concours exigent que vous vous engagiez. Vous devez :
  – dégager les grandes étapes de votre raisonnement (idées directrices) ;
  – donner votre opinion (défendre une thèse) ;
  – et, en outre, examiner les positions adverses avec le plus d'objectivité possible.
- La discussion se bâtit selon un plan qui examine le « pour » et le « contre » ; c'est le plan type avantages-inconvénients. En général, on examine d'abord les arguments adverses pour mieux défendre son opinion.

Exemple

On vous propose la question suivante : Que pensez-vous de la réflexion d'André Malraux : « Une vie ne vaut rien, mais rien ne vaut une vie » ?

Idées directrices	Arguments	Exemples/preuves
I. Face aux exigences de la collectivité, la vie individuelle paraît vaine et dérisoire	1. La collectivité, pour assurer sa sauvegarde, peut demander la vie de chacun	a. En cas de guerre b. Au nom de la solidarité, en cas d'épidémie
	2. Certaines sociétés nient les individus	a. Esclavage b. Colonialisme c. Dictatures
II. La condition humaine peut paraître vaine et absurde	1. La vie peut sembler n'avoir aucun but	Routine du quotidien
	2. La vie est absurde et désespérante	a. L'humanité est souvent mauvaise b. À l'échelle de l'univers, nous ne sommes que d'infimes particules
III. Cependant, nous savons que la vie a une valeur inaliénable	1. La collectivité peut mettre tout en œuvre pour sauver un seul individu	Sauvetage de personnes en danger (alpinistes, otages…)
	2. Le respect de l'individu fonde l'idéal de la civilisation	a. La Déclaration des droits de l'homme b. Les débats entourant les lois de bioéthique

- Une **démonstration** est une suite d'idées et d'arguments qui vont tous dans le sens de la thèse défendue. Le plan est progressif : on peut décliner les différents aspects de la question du moins important au plus important.
- Un **plan analytique** consiste à constater une réalité, avant d'étudier ses causes, ses conséquences, puis les solutions au problème ou les perspectives qu'il offre.

ATTENTION
Les questions posées au concours amènent en général une argumentation contradictoire et c'est le plan de la discussion que vous devez adopter, car il permet de répondre à une problématique.

5 Exprimer son opinion

A| Défendre son opinion, ce n'est pas parler de soi

- L'épreuve de composition exige de vous un certain niveau d'abstraction. On vous demande de produire un texte argumenté et non de parler de vous. Si vous utilisez un exemple de la vie quotidienne qui vous concerne, n'utilisez pas le « je » pour autant.
- Employez le « nous » ou le « on ». Que vous choisissiez le pronom impersonnel (on) ou le pronom personnel (nous), assurez-vous de poursuivre à la même personne : si vous commencez par « on », continuez à la 3e personne du singulier, ne passez pas subitement au « nous ».
- Maniez les **tournures impersonnelles** et maîtrisez la **voix passive**.

Exemples

Il est intéressant de ..., il est surprenant de ...
Différents points de vue peuvent être entendus.
Ces décisions ont été suivies d'effets...

B| Refuser l'arbitraire

- Aucun jugement à « l'emporte-pièce » non étayé n'est acceptable. Toute opinion doit s'appuyer sur des arguments vérifiés. Interrogez-vous : est-ce que je n'exprime pas une idée toute faite ? Est-ce que mes propos sont cohérents ? Ce que j'avance est-il vérifié ? Etc.
- **Refusez les idées reçues, les préjugés.** Les idées transmises sans aucun contrôle sont souvent le fruit d'une idéologie (racisme, sexisme, conservatisme...) ou d'une prétendue sagesse populaire non étayée.

Exemples

Tant qu'on n'a pas fait son service militaire, on n'est pas un homme [*le fait même que le service militaire n'existe plus prouve à quel point cette idée était injustifiée*].

Les scientifiques sont unanimes [*est-ce vrai ?*].

Les fonctionnaires sont des bureaucrates qui ne travaillent pas [*est-ce prouvé ?*].

- **Évitez d'être partial.** Ne prendre en compte qu'un seul aspect du problème retire toute objectivité et peut vous entraîner dans de graves contre-sens.

Exemples

Le monde est en paix depuis un demi-siècle [*la France, mais pas le monde entier*].

Les jeunes refusent le travail manuel [*cet argument ne prend pas en compte que l'économie a de plus en plus besoin de main-d'œuvre dans les bureaux, les commerces...*].

- **N'avancez pas de certitude très personnelle.** Vous pouvez être intimement convaincu que votre point de vue est le bon, mais si vous ne faites pas appel à la raison, c'est irrecevable.
- **Ne généralisez pas.** Vous ne devez pas étendre à toute une catégorie ce qui ne concerne que des cas particuliers.

Exemples

La télévision rend violent [*heureusement pas tout le monde*].

C'est la faute des syndicats [*c'est très partial*].

Les Américains vivent dans l'opulence [*pas tous !*].

- **Ne faites pas d'amalgame.** Ne juxtaposez pas des faits qui n'ont rien à voir les uns avec les autres, comme s'ils étaient liés.

Exemple

Sur le marché du travail, les baby-boomers partant à la retraite libèrent leur place pour les jeunes [*c'est évidemment plus complexe ; les plans gouvernementaux de pré-retraite des années 1980 ont montré que c'était un leurre*].

C | Comment nuancer son opinion ?

- Vous devez être capable de montrer que vous maîtrisez votre discours, que vous pouvez rapporter des idées d'autrui sans les faire vôtres, que vous cherchez à être le plus objectif possible. Il existe différents moyens pour nuancer votre opinion, et la rendre ainsi plus pertinente et plus efficace.

- Les **termes modalisateurs** :
  - des **locutions** telles que : peut-être, sans doute, dans une certaine mesure… ;
  - des **verbes et locutions verbales** : sembler, paraître, pouvoir, il est possible de, il est envisageable de…

Exemples

Peut-être notre société a-t-elle peur du lendemain…
Il peut être intéressant de se demander…
Il semble qu'on ne s'interroge pas assez sur ce que deviendra le monde de demain.
Il paraît excessif d'affirmer que la planète n'a aucun avenir.

- Le **conditionnel** permet d'exprimer le doute et montre que l'on n'adhère pas au propos.

Exemple

La violence serait née au XXe siècle, avec l'avènement de la télévision.

- Les **fausses questions ou questions rhétoriques** interpellent le lecteur sans donner de solution. Elles évitent d'être péremptoire.

Exemples

La prévention est-elle pour autant inutile ?
La justice serait-elle injuste ?

- L'emploi de **mots valorisants ou dévalorisants** peut impliquer un jugement de manière discrète.

Exemple

Les moyens de communication ont proliféré [*connotation négative*] ; se sont démocratisés [*connotation positive*].

- La **concession** : vous pouvez concéder à ceux qui soutiennent des opinions différentes, voire adverses, qu'ils ont en partie raison.

Exemple

Sans doute des efforts ont-ils été faits en matière d'égalité de salaire entre les hommes et les femmes, mais les chiffres montrent que la situation est encore loin d'être idéale.

MÉTHODE

Vous voudrez parfois affirmer avec force certaines idées. Vous pouvez utiliser des termes tels que : « il est avéré », « il est certain », « il est prouvé », « sans conteste », « sans nul doute », etc. Mais n'en abusez pas. Et surtout, employez ces formules lorsque vous êtes absolument sûr de vous.

D| Rédiger un paragraphe cohérent

- Chaque paragraphe contient une idée principale. Vos arguments doivent être classés par ordre d'importance :
  - formulez l'idée principale dans une première phrase ;
  - développez des arguments pour en expliquer le sens ;
  - illustrez les arguments par un ou plusieurs exemples ;
  - assurez des transitions entre les arguments.

Exemple

S'il est donc vrai que… [*rappel de l'argument 1*], nous constatons toutefois… [*annonce de l'argument 2*].

- À l'intérieur du paragraphe, reliez les différents éléments pour en assurer sa cohérence :
  - marquez les étapes du raisonnement avec des liens logiques : d'abord, ensuite, en effet, certes, mais, donc… ;
  - introduisez les exemples avec des mots ou des tournures comme : ainsi, par exemple, comme, on peut citer en guise d'exemple… ;
  - insérez d'éventuelles citations en utilisant des guillemets et en rappelant le nom de l'auteur et de l'œuvre.

6 Introduire et conclure

A| L'introduction

Elle comporte toujours **trois parties**, dans un paragraphe unique. Elle se rédige entièrement au brouillon, et toujours après avoir terminé la recherche des idées. Si vous n'êtes pas sûr de vous, laissez de la place sur votre copie, rédigez votre développement, puis revenez sur l'introduction.

1| L'accroche

Dès la première ligne, vous devez stimuler la curiosité de votre lecteur. Pour trouver l'accroche, posez-vous la question : quel est l'intérêt de ce sujet ? Replacez le sujet dans un ensemble plus vaste, par exemple dans une perspective historique, ou dans un grand problème de société… Votre culture générale et vos lectures sont indispensables pour construire le début de votre introduction.

Ne recourez pas à des formules éculées comme : « De tous temps... », « Depuis que l'homme... », « L'homme en tant qu'être humain... », etc. En débutant ainsi, vous seriez amené à dire des banalités et vous provoqueriez l'agacement du correcteur.

2 | Le sujet

La plupart du temps, vous pouvez reprendre le sujet tel qu'il vous a été proposé, puisqu'en général il est problématisé.

3 | L'annonce du plan

Annoncez clairement votre démarche. Même si c'est un peu scolaire, n'hésitez pas à utiliser des mots de liaison comme : d'abord, ensuite, enfin. Mais évitez des expressions trop lourdes comme : « dans un premier temps », « dans un second temps ».

B | La conclusion

Elle comporte toujours **trois parties**, dans un paragraphe unique. Elle se rédige entièrement au brouillon. Ne la négligez pas : c'est la dernière impression que vous laissez à votre correcteur. Faites d'abord un rapide bilan de votre réflexion. Apportez clairement la réponse à la question, sans être péremptoire. Ouvrez votre réflexion : prenez du recul en replaçant le problème dans une nouvelle perspective.

IMPORTANT

La conclusion est une réponse à la question de l'introduction. Vous devez pouvoir lire l'introduction et la conclusion et retrouver la cohérence de la réflexion. Certains correcteurs lisent l'introduction, puis la conclusion, avant de s'intéresser au développement. C'est un bon moyen de juger de la cohérence d'une copie.

7 Bien rédiger et se relire

Pour parvenir à rédiger élégamment, entraînez-vous. Voici le rappel de quelques conseils pour écrire une copie qui sera agréable à lire. À la fin des 3 heures de l'épreuve, consacrez quelques minutes à la relecture, en particulier pour chasser les (dernières) fautes d'orthographe, de grammaire, de conjugaison et de syntaxe.

A | La graphie et la présentation

- Surveillez votre écriture : ni trop petite, ni trop grosse, ni trop serrée, ni trop informe. Là encore, pensez à vous entraîner. Une écriture illisible engendre découragement et irritation chez le correcteur.

- Sautez des lignes (après l'introduction et entre chaque partie) et laissez des marges.
- Privilégiez l'encre bleue et l'effaceur, plutôt que le « blanc correcteur », et, évidemment, évitez les ratures.

B| La typographie

- N'oubliez pas les majuscules et les accents, les cédilles et les points sur les i, etc.
- Mettez entre guillemets les citations, les titres des articles.
- Soulignez les titres (de journaux, de livres...).
- Orthographiez convenablement les noms propres.
- Ponctuez !

C| La grammaire

- Faites des phrases courtes. Ne multipliez pas les subordonnées, qui rendent le raisonnement difficile à suivre.
- Ménagez des liens logiques.
- Employez plutôt la forme affirmative.
- Évitez les sujets inversés.
- Veillez à la concordance des temps et à ne pas mélanger les temps verbaux.

D| Le vocabulaire

- Utilisez le registre courant.
- Ne multipliez pas les adverbes qui alourdissent la phrase.
- Utilisez des mots précis.
- Utilisez des figures de style avec parcimonie. Une image peut rendre une idée plus claire, mais on ne vous demande pas d'être poète !

E| La relecture

- Lors de la relecture, il est trop tard pour avoir des regrets, mais vous pouvez encore changer un mot quand vous constatez une répétition, quand vous trouvez un terme plus juste. L'effaceur est alors précieux.
- Vérifiez tous les verbes : sont-ils bien accordés avec le sujet ? Et les participes passés ? Faites la même vérification avec les adjectifs.
- Lisez votre texte « à haute voix », dans votre tête. Y a-t-il des incohérences ? La ponctuation est-elle suffisante pour assurer la lisibilité ?
- Et, bien sûr, éliminez les étourderies impardonnables : a/à ; son/sont ; on/ont ; ces/c'est/ses.

3 ENTRAÎNEMENT GUIDÉ

Épreuve de composition de culture générale
Concours externe

Coefficient 7

Durée : 3 heures

1 Le sujet

L'énergie nucléaire est-elle une solution d'avenir ?

2 Le travail préparatoire

A| L'analyse du sujet

- La question est une **problématique** qui n'appelle pas une réponse simple. Il ne s'agit pas ici de discuter de son opinion, mais bien de se situer dans un champ de questions intellectuellement légitimes.
- Il faut avoir des connaissances pour considérer les **différents aspects du sujet** : l'énergie est indispensable à la vie des hommes ; le nucléaire est-il réellement moins dangereux que d'autres sources d'énergie ? Peut-on se passer du nucléaire ? Comment développer d'autres sources d'énergie ? Notre modèle de développement ne doit-il pas être remis en cause ? (La société de consommation a ses limites)...

B| Les arguments possibles

Pour	Contre
Une solution contre le réchauffement climatique	Une énergie que l'on ne maîtrise pas
Une électricité économique	Dans les calculs, le coût du démantèlement des vieilles centrales n'a été pas pris en compte
Une indépendance énergétique	La France a très peu d'uranium, elle doit donc acheter le combustible à d'autres pays
Une production en grande quantité	L'énergie nucléaire connaît une très grande déperdition
Une filière créatrice d'emplois	Le nucléaire recrute beaucoup de « petites mains », ce sont des ouvriers qui mettent leur santé en danger
On ne peut pas revenir à la bougie, et le nucléaire peut répondre aux besoins de tous	À l'échelle de la planète, le nucléaire est très marginal
Les progrès scientifiques sont constants et assurent de plus en plus de sécurité	La recherche sur les énergies renouvelables devrait être une priorité politique

C| Les exemples possibles

- Se référer à l'accident de 1986, à **Tchernobyl** est évidemment nécessaire. 26 avril 1986, catastrophe de Tchernobyl, en Ukraine. Accident de niveau 7 selon l'échelle INES (échelle de gradation établie par l'Agence internationale de l'énergie atomique). L'accident est survenu dans la centrale nucléaire Lénine située à environ 15 km de Tchernobyl et 110 km de Kiev, près de la frontière avec la Biélorussie. Suite à une série d'erreurs humaines et en raison de défauts de conception, le réacteur n° 4 subit une fusion du cœur, puis une explosion provoquant la libération de grandes quantités d'éléments radioactifs dans l'atmosphère. Les autorités évacuent environ 250 000 personnes de Biélorussie, de Russie et d'Ukraine.
- Un autre accident est très connu : 28 mars 1979, centrale nucléaire de **Three Mile Island**, en Pennsylvanie, aux États-Unis. Suite à une panne des pompes d'alimentation en eau du circuit secondaire de l'un des réacteurs, un enchaînement de défaillances mécaniques, d'erreurs humaines et de défauts de conception entraîne la fusion du cœur. L'enceinte de confinement étant restée intègre, le relâchement de produits radioactifs dans l'environnement est resté faible. Cet accident nucléaire est classé au niveau 5 sur l'échelle INES.
- Le 11 mars 2011, un nouvel accident nucléaire a lieu à **Fukushima** (Japon) après un séisme et un tsunami. Cet accident est également – comme celui de Tchernobyl – classé au niveau 7 sur l'échelle INES. Les répercussions aux niveaux économique et environnemental sont majeures.

D| La construction du plan

Idées directrices	Arguments	Exemples/preuves
I. Dans les pays développés, le nucléaire semble être une source d'énergie indispensable	1. Le nucléaire assure l'indépendance énergétique	En France, elle répond à 78 % de nos besoins en électricité
	2. Le nucléaire est plus sûr et plus économique que d'autres énergies	a. La technologie est très sophistiquée et bien maîtrisée b. Pétrole, gaz et charbon sont bientôt épuisés, et seront de plus en plus chers
	3. C'est une filière de haut niveau, créatrice d'emplois	La France est un pays phare dans ce secteur et exporte ses centrales
	4. Le nucléaire est une solution contre le réchauffement climatique	Elle pollue peu, car elle dégage peu de CO_2
II. Mais le nucléaire n'est pas une solution d'avenir	1. L'uranium n'est pas une énergie renouvelable	L'uranium est rare. La France en possède très peu et doit s'approvisionner ailleurs, en particulier au Niger
	2. L'énergie coûte en réalité très cher	Le coût du démantèlement des vieilles centrales n'est pas pris en compte dans le prix du kW/h
	3. À l'échelle de la planète, le nucléaire est très marginal	Tous les pays n'ont pas accès à ce niveau de technologie, or tout le monde a besoin d'énergie pour se développer
	4. Le nucléaire est très dangereux, c'est une énergie que l'on ne maîtrise pas	a. Tchernobyl b. Fukushima c. Que fait-on des déchets ?
III. Il existe des solutions alternatives pour sortir du nucléaire	1. On peut réduire la part de l'énergie nucléaire et augmenter celle de l'éolien, du solaire, de l'hydroélectricité	Les énergies renouvelables ne représentent que 15 % de notre production
	2. Il faut consacrer de l'argent aux énergies renouvelables	a. Les Allemands ont fait de la recherche sur ces énergies une priorité b. Taxe sur les énergies renouvelables et aide plus importante pour aider au financement d'installations solaires, éoliennes, etc. c. Secteur créateur d'emplois
	3. Il faut changer nos modes de consommation	a. Construire autrement pour limiter le chauffage b. Privilégier les transports en commun

3 Le corrigé

[Introduction]

Depuis les années 1970, le nucléaire civil a constitué, en France notamment, un vrai projet de société, s'appuyant sur les progrès scientifiques pour assurer sa croissance. C'est aujourd'hui le pays le plus « nucléarisé » au monde : plus de 75 % de l'électricité produite y est d'origine atomique. Pourtant, au regard aussi de l'ampleur de la catastrophe de Tchernobyl en 1986 et celle de Fukushima en 2011, il faut bien se poser la question : l'énergie nucléaire est-elle une solution d'avenir ?

Certes, le nucléaire a permis de fournir une électricité abondante, d'améliorer les conditions de vie et de garantir l'indépendance nationale, mais le nucléaire présente aussi un risque sans équivalent de par la complexité technologique, l'invisibilité des radiations, les durées en jeu qui posent la question d'une transmission entre générations, voire entre civilisations.

[Partie 1]

Pour beaucoup, l'énergie nucléaire est indispensable : non seulement elle permet l'indépendance énergétique, mais encore elle est réputée pour être économique. Elle assurerait donc au consommateur une énergie à un prix abordable. Elle permettrait ainsi le maintien du niveau de vie des Français. Le monde va en effet au-devant d'une grave crise énergétique puisque les ressources en gaz, charbon et pétrole se raréfient et sont appelées à disparaître à plus ou moins court terme (cinquante ans ? Cent ans ?). Alors, le nucléaire pourrait être considéré comme une solution d'avenir.

Les pro-nucléaires ajoutent que c'est une filière de haut niveau, créatrice d'emplois, et que la France est un pays à la pointe dans ce domaine, capable d'exporter cette technologie sophistiquée. Ce serait donc une énergie sûre, très surveillée par un personnel compétent et constituant un secteur indispensable de l'économie.

Mais, surtout, le nucléaire permettrait de lutter contre le réchauffement climatique et de réduire l'effet de serre. En effet, le nucléaire émet très peu de CO_2, contrairement aux énergies fossiles, très polluantes.

Quand on parle de la dangerosité du nucléaire, ses défenseurs avancent qu'il tue moins que le charbon par exemple, et a moins d'impact sur l'environnement. « Plusieurs milliers de mineurs meurent chaque année dans les coups de grisou, sous les galeries effondrées ; les mines de houille à ciel ouvert ravagent les paysages, exproprient les paysans, étêtent les montagnes, consomment et détruisent les terres arables… », écrit Stéphane Foucart dans *Le Monde* du 9 avril 2011. En outre, « une fois sorti de terre, le charbon aggrave le changement climatique en cours, dont l'inertie rendra irréversibles – aux échelles de temps humaines – les dégâts qu'il occasionnera sur l'ensemble de la biosphère et sur les sociétés ».

Certes, les tenants du nucléaire ont des raisons de défendre cette énergie, mais la catastrophe de Fukushima a remis en question les choix énergétiques des sociétés dites développées.

[Partie 2]

Indéniablement, le nucléaire fait *a priori* moins de dégâts. Mais les dangers du nucléaire sur l'homme sont prouvés : lors d'une catastrophe telle que celle de Fukushima, les populations résidant à proximité reçoivent des niveaux de radiation tels qu'ils entraînent sans doute des risques importants de cancers ; il est donc nécessaire de procéder à des évacuations le plus rapidement possible. La chaîne alimentaire est gravement contaminée par les retombées radioactives. Or si les doses absorbées par l'homme sont importantes, sa santé peut être en danger. Même au quotidien, une centrale nucléaire rejette de la radioactivité. En faible quantité, il est vrai, et si certains prétendent que c'est sans risque, d'autres, au contraire, observent un taux plus élevé de cancers autour des centrales.

Faut-il alors continuer à exploiter cette source d'énergie dont on connaît si mal les effets ? Multiplier les centrales dans le monde, c'est aussi multiplier les risques d'accidents. En cas de catastrophe, des zones entières deviennent inhabitables, et ce pour des dizaines d'années, comme nous le montre l'exemple de Tchernobyl. Comment ne pas se demander si l'industrie nucléaire n'occulte pas certaines réalités, si les intérêts économiques ne passent pas avant l'intérêt sanitaire ?

Le nucléaire serait une énergie bon marché. Toutefois, les enquêtes qui se sont multipliées après Fukushima ont prouvé que, dans le prix du kW/h, on ne prenait pas en compte le coût du démantèlement des vieilles centrales. De même, a-t-on calculé ce que coûte le traitement des déchets ? Ces déchets ont, pour certains, une durée de vie de plusieurs centaines d'années ; comment alors s'assurer qu'ils resteront en « lieu sûr » ?

En France, le nucléaire a été perçu au cours du XXe siècle comme « la » solution. Cependant, sur la planète, c'est une énergie très marginale : les coûts des investissements sont trop élevés pour des pays en développement, et la complexité technologique place le nucléaire hors de portée de beaucoup de pays. Finalement, malgré la crise énergétique, le nucléaire ne « décolle pas ». En outre, cette énergie fait peur et au sein des populations, des voix s'élèvent, de plus en plus nombreuses, pour demander la « sortie du nucléaire ».

[Partie 3]

Fukushima a rappelé que la suprématie de la technologie était un leurre : « Dans la centrale japonaise, c'est la promesse de maîtrise du monde et de contrôle de la nature qui part en fumée… Les maîtres de l'atome ignorent ce qui se déroule précisément dans les lieux clés de la centrale – les réacteurs – puisque nul ne peut s'en approcher sans périr aussitôt », écrit Stéphane Foucart, dans *Le Monde* du 9 avril 2011. C'est la notion occidentale de progrès qui doit aujourd'hui être repensée pour envisager des solutions alternatives.

Et ces solutions existent ! Les énergies renouvelables (soleil, vent…) devraient avoir un bel avenir. On peut réduire la part de l'énergie nucléaire et augmenter celle de l'éolien, du solaire, de l'hydroélectricité. Il faut, dans ce cas, faire d'autres choix politiques et privilégier la recherche concernant les énergies renouvelables. Les Allemands en ont fait une priorité et se sont engagés à « sortir du nucléaire ». On peut aussi imaginer des taxes sur les énergies fossiles et une aide plus importante pour financer des installations écologiques.

Mais il semble qu'aucune solution ne sera la panacée si nous ne changeons pas nos modes de consommation. Il faut construire autrement par exemple. À Stockholm, ville où il fait pourtant bien froid, la priorité donnée à l'écologie a permis de limiter de manière très importante les dépenses de chauffage. Une autre façon d'assurer son indépendance énergétique ! Il est possible également de privilégier les transports en commun, de cesser de consommer sans compter des produits inutiles... C'est le mode de vie occidental qu'il faut modifier et c'est à ce prix que l'on pourra réellement protéger l'environnement et limiter les besoins en énergie.

[Conclusion]

En conclusion, il existe un vrai dilemme entre les risques spécifiques à la filière nucléaire et les émissions de CO_2 provenant des énergies fossiles. Pourtant, d'autres solutions existent et peuvent être mises en œuvre. Nos pays, gros consommateurs d'énergie, doivent penser autrement. Car, malgré la crise énergétique, le nucléaire, trop complexe, trop dangereux, ne semble pas être une solution d'avenir. Le soleil et le vent peuvent, avec la volonté de tous, représenter une alternative viable au nucléaire. C'est un autre choix de société qu'il faudra faire dans l'avenir.

Annales corrigées 1

Épreuve de composition de culture générale
Concours externe, 2019

Coefficient 7

Durée : 3 heures

1 Le sujet

Les smartphones renforcent-ils le lien social ?

2 Le corrigé

[Introduction]

Objets technologiques incontournables qui équipent 75 % de la population française, les smartphones font partie de notre quotidien. Leur facilité d'utilisation et leur ergonomie permettent l'accès à une mine d'informations et le partage d'informations en temps réel, ce qui paraissait impensable il y a encore une vingtaine d'années. Outils indispensables de la communication, ils suscitent néanmoins de nombreuses interrogations sur les relations sociales. Certes, ils permettent de communiquer plus facilement, mais peut-on dire pour autant qu'ils renforcent les liens entre les individus ?

[I. Un outil de communication incontournable]

Depuis les années 2000, l'usage du téléphone portable s'est largement démocratisé. De nos jours, la majorité des individus possèdent un smartphone, c'est-à-dire un téléphone avec accès à Internet. C'est indéniablement un moyen incontournable pour communiquer.

Sa fonctionnalité première, qui est de téléphoner, est peu à peu gommée par les multiples usages qu'il permet : naviguer sur Internet, avoir accès à de multiples applications, consulter ses mails, publier sur les réseaux sociaux, photographier et diffuser toute sorte de contenus… Le smartphone crée un sentiment de liberté, d'ouverture aux autres et offre la possibilité de s'exprimer. Il permet en effet à certains individus de maintenir un lien social et intergénérationnel. Par exemple, il n'est pas rare aujourd'hui de voir des personnes âgées se servir de leur smartphone pour recevoir des photos de leurs petits-enfants. Ils participent ainsi à la vie familiale à distance, se sentent moins seuls et isolés. Dans le cas de parents divorcés, le lien entre le parent et l'enfant se maintient plus facilement. Même dans le cas d'une famille unie, le smartphone donne le sentiment aux membres de la famille qu'ils sont toujours ensemble. Ils peuvent s'adresser des photos, des vidéos, créer des groupes familiaux grâce aux applications de messagerie groupée…

Dans un autre contexte, le smartphone permet un certain décloisonnement entre les individus. Les nombreux sites de rencontres accessibles à partir de simples applications a totalement bouleversé le rapport entre les individus dans le cadre des relations amoureuses. Certaines personnes, isolées géographiquement ou socialement, ont désormais la possibilité de se rencontrer et de communiquer plus facilement. Ces liens ne se seraient jamais créés si ces applications, accessibles sur les smartphones, ne le permettaient pas.

Pour les jeunes de 15-20 ans qui ont toujours connu le téléphone portable et sont habitués aux smartphones depuis leur enfance, ces objets sont tout simplement nécessaires à leur vie quotidienne. Férus d'applications et plus particulièrement d'applications de réseaux sociaux, l'usage du smartphone est naturel, il est un instrument qui fait partie intégrante de leur quotidien. Par exemple, l'application Snapchat, créée en 2011, permet le partage temporaire de photos et de vidéos avec la possibilité d'insérer du texte sur ces contenus très facilement. Grâce à son succès, l'application s'est de plus en plus développée et instaure régulièrement des nouveautés : créer des « stories »… mais surtout d'échanger des messages avec ses amis. En effet, l'application fonctionne également comme une sorte de messagerie instantanée. L'application permet à ses utilisateurs d'échanger entre eux par le biais de photos ou de messages, mais les incite également à être toujours plus actifs sur la plateforme par un système de points et de trophées. En effet, chaque snap envoyé rapporte un certain nombre de points et l'utilisateur gagne des trophées symboliques au fur et à mesure de son ascension sur l'application. Par ailleurs, des émojis amis sont également présents à côté de chaque conversation et ceux-ci disparaissent si deux utilisateurs ne se parlent pas pendant plus d'une journée, ce qui peut inciter les adolescents à utiliser l'application quotidiennement.

[II. Un outil qui modifie le lien social]

Cependant, les relations entre les individus ont tendance à changer de nature, surtout depuis la multiplication de ces objets qui permettent d'être connectés en permanence. Les codes du comportement se sont modifiés. Le lien entre les individus se fait plus distant puisque désormais, ils n'éprouvent plus le besoin d'une proximité physique.

Parfois, l'usage des smartphones isole. Qui n'a pas observé, à l'occasion d'un dîner entre amis, tous ceux qui utilisent leur téléphone au lieu de communiquer avec ceux qui sont autour de la table ? Les relations peuvent ainsi se détériorer et devenir moins chaleureuses. Un nouveau concept a même vu le jour, le « phubbing », qui met en lumière les dérives de l'utilisation des smartphones et leur impact sur les liens sociaux. Mot valise de « phone » et « snubbing » (téléphone et snober), le phubbing est une expérience désagréable de plus en plus souvent vécue. « Télésnober » consiste à consulter son téléphone (jouer en ligne, envoyer des textos ou juste errer d'appli en appli) en plein milieu d'une conversation, d'un dîner ou pire, d'un tête-à-tête. Au delà de l'impolitesse totale du geste et de son versant insupportable pour celui qui la subit, le phubbing serait révélateur de l'omniprésence d'internet dans nos vies, et de son vecteur social qui empiéterait dangereusement sur les relations.

Dans le cas des jeunes, le smartphone est un outil qui permet de se connecter à l'autre avant tout mais, en réalité, certains jeunes peuvent également se sentir isolés derrière leur écran. Cela remet en cause des questions aussi importantes que : Qu'est-ce qu'un ami ? Qu'est-ce que le lien social ? Qu'est-ce qu'une relation ? Ces liens digitalisés amènent finalement à des relations qui interrogent. De plus, certains adolescents vivent très mal leur rapport à l'image et les relations toxiques qui peuvent se nouer sur les réseaux (diffusion de photos ou vidéos non souhaitées, insultes, dénonciation, etc.). Le dialogue ne se fait qu'à travers écrans interposés et moins en face-à-face. Certains peuvent également se sentir exclus du groupe. Le lien social avec leurs relations semble être ce qui importe le plus pour ces jeunes, les conversations virtuelles signifient pour eux qu'ils ont une vie sociale. La plupart des jeunes ont sûrement peur d'être exclus d'un groupe s'ils ne sont pas présents sur les réseaux sociaux et ne participent pas aux discussions en ligne. Cela peut déboucher sur une « pression à la connexion permanente » : le smartphone nous a habitués à avoir tout tout de suite et l'immédiateté de la réponse à un message semble être un prérequis dans l'utilisation du smartphone chez les jeunes, d'où ce besoin de l'avoir tout le temps sur soi et à n'importe quel moment de la journée, par peur de manquer un message et de se retrouver exclu d'un événement en cas de réponse tardive.

Les réseaux sociaux semblent être également le moyen d'affirmer et de montrer sa vie sociale, de prouver aux autres que l'on n'est pas seul et que l'on s'amuse, ce qui peut provoquer une forme d'envie et de jalousie envers ceux qui sont les plus isolés.

[Conclusion]

Les smartphones participent activement à l'amplification du lien social entre les individus qui autrefois pouvaient se sentir isolés. D'une certaine manière, ils renforcent donc les liens sociaux mais ceux-ci sont parfois uniquement virtuels. Dans certains cas, les smartphones peuvent nuire à la qualité des relations sociales si les individus ne prennent pas soin de profiter des personnes qui les entourent physiquement.

Annales corrigées 2

Épreuve de composition de culture générale
Concours externe, 2019

Coefficient 7

Durée : 3 heures

1 Le sujet

La protection de l'environnement est-elle une priorité ?

2 Le corrigé

[Introduction]

La question de la protection de l'environnement est aujourd'hui sur toutes les lèvres et interpelle chaque génération, les jeunes comme les moins jeunes. Depuis peu, cette question fait d'ailleurs partie des trois préoccupations majeures des Français. Le concept « d'éco-anxiété » a ainsi émergé ces dernières années, révélateur de l'inquiétude où se trouvent bon nombre de personnes lorsqu'elles considèrent les enjeux liés au changement climatique.

« La protection de l'environnement est-elle une priorité ? » La réponse à cette question semble être affirmative, mais surtout, quels en sont précisément les enjeux ?

[I. La situation : la dégradation de l'environnement et l'épuisement des ressources naturelles]

L'activité humaine est à l'origine de nombreux dérèglements dans l'environnement : augmentation des températures moyennes provoquant la fonte des glaces et la hausse du niveau de la mer, pollution de l'air, des sols ou des eaux, destruction de l'habitat naturel de bon nombre d'espèces...

Ce sont des écosystèmes entiers qui sont bouleversés par ces changements. Par exemple, la hausse de la température de l'eau, aux abords de la grande barrière de corail en Australie, est à l'origine du blanchiment des coraux, voire de leur calcification. Les espèces animales ou végétales qui y vivent, en dépendent pour s'abriter ou se nourrir, se voient touchées par ce phénomène. Un changement dans un écosystème, même infime, a ainsi des conséquences à plus grande échelle.

Par ailleurs, l'augmentation exponentielle de la quantité de déchets non dégradables dans l'environnement, et notamment des déchets plastiques dans les milieux naturels comme l'océan, est un fléau pour de nombreux écosystèmes.

Les scientifiques du monde entier sont unanimes : la question du réchauffement climatique est sans précédent, et il est primordial d'en ralentir les effets avant la fin du XXIe siècle. Nous vivons d'ores et déjà une des plus grandes extinctions massives des espèces animales et végétales de l'histoire.

L'activité humaine est également à l'origine de l'épuisement des ressources naturelles : les énergies fossiles (pétrole, charbon) ne sont pas éternelles et libèrent, entre autres, de nombreux gaz nocifs dans l'air, l'exploitation des forêts primaires pose question...

La question environnementale devient ainsi une priorité, en ce qu'elle concerne le vivant dans son ensemble. Les conséquences du réchauffement climatique et de la pollution, quelle qu'elle soit, ont des répercussions à très grande échelle. Les espèces animales, végétales ou minérales ne sont pas les seules touchées : la question environnementale a également une incidence sur l'humanité en général.

[II. Une question qui a une incidence sur l'humanité entière]

Les enjeux sur la santé humaine sont multiples. On observe ainsi depuis quelques années une augmentation du nombre de pathologies dues à la dégradation de notre environnement : mauvaise qualité de l'air dans les villes à l'origine de pathologies cardio-respiratoires, voire des décès, augmentation du nombre de cancers dus à la mauvaise alimentation, lorsque les aliments sont traités chimiquement (engrais pour les végétaux, usage d'antibiotiques sur les animaux d'élevage...), qualité de l'eau dégradée par la présence de micro-plastiques, de molécules non filtrées issues des médicaments...

La question de l'alimentation est elle aussi majeure : comment nourrir 7 milliards d'hommes sur terre, à l'heure où les espaces naturels se réduisent au profit de la culture et de l'élevage intensifs ? Question problématique à l'heure où de plus en plus d'hommes sur terre consomment de la viande, denrée très énergivore.

De plus, on assiste à une aggravation des événements climatiques : catastrophes naturelles sur tous les continents, avec une recrudescence des cyclones, des tempêtes hivernales, qui sont de plus en plus nombreuses et violentes, une augmentation des feux de forêt et de leur étendue (Amérique du Sud, Australie), la destruction des forêts primaires, des sécheresses meurtrières (pour les récoltes et le bétail), des épisodes caniculaires de plus en plus longs et intenses.

Ces dérèglements climatiques sont à l'origine de l'augmentation du nombre de réfugiés climatiques.

[III. Une prise de conscience mondiale]

Depuis quelques années, on assiste à une mobilisation mondiale en faveur du climat. Outre les sommets politiques mondiaux dédiés à la protection de l'environnement (COP 21...), de nombreuses initiatives individuelles et citoyennes émergent : marches pour le climat, incitations citoyennes à se mobiliser, multiplication des procès intentés par les citoyens envers l'État (avec le mouvement « L'Affaire du siècle », les citoyens ont saisi la justice pour que leurs droits fondamentaux soient garantis face aux changements climatiques). À l'échelle nationale, des initiatives sont prises dans tous les domaines : chacun devient acteur pour protéger l'environnement. Des événements suivis par toute une communauté sur les réseaux sociaux (Zéro déchet, Juillet sans plastique…) voient le jour.

On remarque également l'émergence de figures charismatiques, porteuses d'un même message à travers le monde, à l'instar de Greta Thunberg, porte-parole d'une jeunesse mobilisée pour l'avenir de la planète.

Une question essentielle est posée : quel monde laisserons-nous aux générations futures ? Cette question, pourtant essentielle, inquiète devant des institutions qui paraissent souvent lentes à réagir, et qui tardent à légiférer devant l'urgence de la situation (pression des lobbies sur les organismes politiques, retrait de Donald Trump des accords sur le climat…).

[Conclusion]

Ces dernières années, la prise de conscience envers les dangers liés au réchauffement climatique et à la dégradation de notre environnement a permis l'émergence de nombreux mouvements politiques, citoyens ou individuels. La mobilisation s'est accrue devant l'urgence climatique. La protection de l'environnement est une nécessité dans la mesure où elle implique le respect et la préservation du vivant, au sens large (augmentation de la qualité de vie de chacun, de l'espérance de vie en bonne santé, préservation de l'avenir des futures générations). Même si les actions mises en place semblent parfois dérisoires au regard de la gravité et de l'urgence de la situation, la prise de conscience n'en est pas moins réelle, et s'est soldée par une multiplication des actions, collectives ou individuelles.

Entraînez-vous à partir d'autres sujets d'annales corrigées à télécharger sur le lien suivant :

 # annales
Sujets de composition générale
foucherconnect.fr/23rcgend03

L'épreuve de connaissances professionnelles

(concours interne)

Coefficient 7

Durée : 3 heures

 # annales

Épreuves de connaissances professionnelles

foucherconnect.fr/23rcgend04

1 PRÉSENTATION DE L'ÉPREUVE

Cette épreuve évalue deux compétences : votre connaissance du travail des agents de police judiciaire adjoints (APJA) et la maîtrise de la langue française. De plus, elle prouve votre intérêt et votre motivation pour le métier de gendarme : un bon résultat ne peut que séduire le jury lors des épreuves d'admission.

1 Des questions

- Cette épreuve dure **3 heures** et porte sur **une ou plusieurs questions** abordant des problématiques relevant de la sécurité intérieure ou de la défense.
- **Toute note inférieure à 6 est éliminatoire.**

ATTENTION

Compte tenu de la durée de l'épreuve, vous aurez entre 30 et 40 minutes pour répondre à chaque question. Cela vous laisse peu de temps pour réfléchir et vous impose de disposer d'éléments de réponse déjà élaborés.

2 Le programme

- Il est attendu des candidats qu'ils connaissent les textes régissant l'emploi des GAV, APJA, et leur environnement professionnel. Ils doivent également montrer une bonne maîtrise de la langue française.
- D'autre part, gardez à l'esprit que les candidats potentiels sont tous acteurs de la sécurité. Il est donc attendu des réponses précises qui montrent à la fois vos connaissances et votre intérêt pour les questions de sécurité.
- Dans le **programme**, on peut distinguer quelques grands thèmes. Cela correspond aux fiches de la **partie 4**. Le programme APJA est le plus simple à maîtriser. Technique, voire complexe, puisqu'il fait appel à des références légales, notamment en police judiciaire, il ne varie guère.

2 MÉTHODE DE L'ÉPREUVE

Pour réussir cette épreuve, vous devez connaître l'environnement de la gendarmerie nationale et vous entraîner à rédiger les réponses. Pour une épreuve de 3 heures, il n'est pas attendu le même travail selon que le sujet comporte une ou plusieurs questions. Cependant, la manière de se préparer à ces deux hypothèses est sensiblement la même.

1 Connaître le programme

- L'environnement de la gendarmerie, les questions de sécurité et de défense : le domaine est vaste. Il est vraisemblable que, compte tenu de la nature de l'épreuve, les questions soient proches du programme de GAV APJA.
- Pour autant, il est possible de dégager des thèmes faisant fréquemment l'objet de questions dans les divers concours comme la gendarmerie et les opérations extérieures.

Exemple

Expliquez en quoi la gendarmerie est une force armée.

- Remarquez que vous disposez dans le programme APJA de notions permettant de répondre à la plupart de ces thèmes. Comme pour les questions purement professionnelles, établissez des fiches.
- Vous pouvez compléter votre documentation assez facilement :
  - le site **www.legifrance.fr** constitue une source inégalée pour les aspects juridiques : tous les codes ainsi que l'ensemble des textes faisant l'objet de publications officielles y sont répertoriés ;
  - la parution ***GENDinfo***, disponible dans toutes les unités de gendarmerie, permet de connaître l'actualité de la gendarmerie et traite dans chaque numéro un thème en profondeur (www.gendinfo.fr) ;

– d'un niveau plus élevé, la ***Revue de la gendarmerie nationale*** fournit des articles de qualité sur la sécurité au sens large et les perspectives d'avenir de la gendarmerie. Elle demande cependant un temps d'étude plus important.

2 La méthode à suivre

Se lancer immédiatement dans la rédaction d'une réponse de manière désordonnée reste la meilleure manière d'échouer. Il faut **procéder en quelques étapes**, même rapidement, pour fournir au correcteur des éléments de réponse ordonnés, liés entre eux par une idée maîtresse (le fil conducteur de votre réponse).

A| L'analyse du sujet

- Même si le sujet paraît évident, analysez-le : que recouvre-t-il exactement ? A-t-il connu une évolution notoire ? S'agit-il d'une mission partagée avec d'autres entités que la gendarmerie ?...
- Vous devez aboutir à la rédaction d'une idée maîtresse.

B| La recherche des thèmes à développer

- Poursuivez la recherche avec votre idée maîtresse comme fil conducteur et indiquez sur une feuille de brouillon tous les thèmes s'y rapportant, puis ordonnez-les logiquement.
- Qu'il s'agisse d'un devoir descriptif (vous montrez vos connaissances dans un domaine) ou démonstratif (vous vous appuyez sur des connaissances pour démontrer l'hypothèse que vous avez retenue), il faut donner au correcteur un ensemble agréable à lire, dans lequel les idées s'enchaînent naturellement.
- Ne notez au brouillon que les idées elles-mêmes ! La rédaction se fait directement sur les feuilles du concours pour gagner du temps.
- Vous devez aboutir à une réponse en deux ou trois parties regroupant l'ensemble des idées que vous avez choisies de faire figurer dans le devoir.

C| La rédaction de l'introduction

- Vous disposez désormais des deux éléments essentiels : l'idée maîtresse et le plan du devoir. Il vous faut ensuite rédiger une introduction, même brève, dans laquelle se trouvent :
  - l'annonce du thème étudié ;
  - l'idée maîtresse ;
  - l'annonce du plan.

- Trois phrases suffisent, surtout si vous disposez de 30 à 40 minutes par question pour répondre.
- Cependant, accordez de l'importance à ces phrases : elles permettent au correcteur de jauger immédiatement la qualité du devoir. De plus, l'introduction est toujours valorisée dans les barèmes de notation. C'est donc la seule partie du devoir que vous devez préparer au brouillon pour ensuite la recopier.

D| La rédaction du corps du devoir

Suivez le plan que vous vous êtes fixé ! Vous gagnez ainsi du temps et évitez les digressions ; elles sont par définition inutiles et ne permettent parfois plus de revenir au plan initial, avec le risque d'aboutir à un devoir désordonné et une démonstration ne correspondant plus à l'idée maîtresse.

E| La rédaction de la conclusion

- Même si le temps presse, écrivez une conclusion. Il est généralement attendu (au moins) deux éléments : la reprise de l'idée maîtresse et une ouverture.
- *A minima*, reprenez l'idée maîtresse et apportez une réponse générale.
- S'agissant de l'ouverture, mieux vaut s'en passer plutôt que d'écrire à la va-vite une idée sans intérêt ou non fondée.
- Dans tous les cas, n'indiquez pas une idée qui remet en cause votre démonstration !

3 Les pièges à éviter

- GAV APJA et réservistes de la gendarmerie, attention :
  - votre formation peut être ancienne ; connaissez-vous encore parfaitement le contenu du programme ?
  - on a souvent tendance à aborder des questions professionnelles avec le travail en unité comme référence ; or, il s'agit d'un concours et l'à-peu-près ne pardonne pas.
- ADS :
  - outre les pièges communs avec les GAV APJA, connaissez-vous réellement la gendarmerie ?
  - certaines notions, comme l'intervention professionnelle, sont différentes entre police et gendarmerie.
- Vous reposer sur vos connaissances serait une grave erreur : préparez des fiches récapitulant l'essentiel à connaître dans chaque grand domaine (police judiciaire, sécurité routière...).

Annales corrigées 1

Épreuve de connaissances professionnelles
Concours interne, 2020

Coefficient 7

Durée : 3 heures

1 Le sujet

L'ensemble des questions doit être traité par les candidats. Il est attendu des candidats un développement de 20 à 30 lignes par question.

1. Après avoir défini la COB et la BTA, vous détaillerez leurs missions et capacités opérationnelles.
2. Exposez les qualités fondamentales qu'exige l'état de militaire, puis citez les sanctions qui relèvent du troisième groupe.
3. Donnez la définition du cadre légal du contrôle d'identité ainsi que les personnels habilités à procéder à ce type de contrôle.
4. Dans le cadre d'une procédure radio, donnez la définition du terme « collationner » et donnez un exemple. Épelez le mot « WALKYRIE » en utilisant l'alphabet phonétique.

2 Le corrigé

1. Les brigades territoriales de la gendarmerie ont été créées en 1720 pour aboutir à un modèle d'une unité par canton. C'est ce qu'on appelle le maillage territorial.

Plusieurs réorganisations ont amené à la structure actuelle avec des COB, ou communautés de brigades, qui sont composées de brigades de proximité, et des BTA, ou brigades territoriales autonomes.

Ces unités doivent pouvoir intervenir sur l'ensemble du territoire, appelé circonscription, qui leur est confié dans des délais appropriés. Elles assurent des missions très diverses qui découlent de celles de la gendarmerie : rassurer et protéger, enquêter et interpeller, sécuriser et maintenir l'ordre, intervenir et défendre.

Elles ont tout d'abord pour mission l'accueil, ce qui inclut notamment l'assistance aux victimes (conventions avec les intervenants sociaux par exemple).

La mission de sécurité publique est la plus connue. Elle consiste à assurer la paix, la tranquillité et la sécurité. Il s'agit autant que possible d'empêcher la survenance des infractions ; c'est le concept de prévention de proximité. Elle inclut la fonction d'intervention.

La mission de police judiciaire consiste à enquêter sur les infractions pénales, en rechercher les auteurs et les présenter à l'autorité judiciaire.

La mission de sécurité routière vise à limiter le nombre d'accidents et de victimes sur l'ensemble des axes de la circonscription hors autoroutes, lesquelles sont sécurisées par des unités dédiées.

La mission de renseignement est également permanente.

Enfin, il appartient à ces unités d'entretenir un contact étroit avec la population et ses représentants.

En termes de capacités opérationnelles, ces unités disposent en premier lieu de leurs moyens humains et matériels. Tous les échelons de gendarmerie mettent en œuvre le principe de subsidiarité qui consiste à laisser œuvrer un échelon lorsque le niveau supérieur ne peut le faire avec une meilleure efficacité.

Logiquement, les COB et BTA font appel au niveau compagnie lorsqu'elles en ont besoin, pour recevoir le renfort d'unités spécifiques (PSIG et brigade de recherches). Elles peuvent également être épaulées par d'autres unités de niveau groupement ou supérieur (section de recherches, détachements aériens ou nautiques par exemple).

De même, un niveau supérieur peut se saisir directement d'une mission lorsqu'il estime que la situation l'exige.

Le maillage territorial et le principe de subsidiarité permettent à la gendarmerie d'assurer pleinement ses missions sur 95 % du territoire au profit de 50 % de la population, grâce à l'autonomie laissée aux unités et en opérant en permanence des bascules de forces.

MÉTHODE

Vous disposez des éléments dans les fiches 13 (avec la charte du gendarme) et 4 (sur les sanctions en gendarmerie). Le corrigé est proposé pour vous montrer comment les mettre en valeur.

2. La gendarmerie est une force armée exerçant des missions de sécurité. Les gendarmes sont des militaires qui exercent un métier noble mais exigeant. À ce titre, ils partagent des valeurs fortes et s'exposent à des punitions en cas de manquement à leurs obligations.

La charte du gendarme met en exergue les valeurs fondamentales induites par l'état de militaire : « Être militaire, c'est surtout adopter un comportement marqué de la manière la plus intense par le sens de l'honneur, la discipline, le courage et l'abnégation. »

« Membre à part entière de la communauté militaire » (article 1), les gendarmes partagent ces valeurs avec leurs camarades militaires et, s'agissant du courage, jusqu'au sacrifice suprême si nécessaire. Ils les vivent bien sûr également au quotidien dans leur mission de service public.

Dans le cadre de son action, le militaire de la gendarmerie peut faire l'objet de sanctions, qu'il s'agisse de récompenses ou de punitions.

Les punitions pouvant être infligées figurent dans le code de la défense et sont classées en trois groupes d'importance croissante. Le troisième groupe recense les punitions les plus graves. Il s'agit du retrait d'emploi et de la radiation des cadres (pour les militaires de carrière) ou de la résiliation de contrat.

Au vu de la sévérité de ces punitions, le code de la défense impose une procédure particulière avec la réunion d'un conseil d'enquête et une décision du ministre. De plus, le militaire dispose bien évidemment de garanties pour assurer sa défense, telles que la possibilité de s'exprimer oralement ou par écrit, ou de prendre connaissance du dossier disciplinaire par exemple.

La gendarmerie est une des plus anciennes institutions du pays ; elle fut la première force armée créée en France. Les valeurs militaires imprègnent l'ensemble de son action et font la noblesse de l'engagement de ses hommes et femmes. L'exigence de la population et des autorités à son égard est forte et les manquements peuvent être durement sanctionnés.

3. Vous disposez des éléments de réponse dans la fiche 30.

4. La procédure radio impose l'usage de règles strictes pour garantir la rapidité et la bonne compréhension des échanges. L'utilisation d'un vocabulaire et d'un alphabet spécifiques fait partie de ces règles.

En particulier, le mot « collationner » signifie qu'on veut s'assurer de la bonne compréhension par l'interlocuteur et qu'on lui demande de répéter l'intégralité de la transmission. Par exemple :

- Bravo ici Zoulou ; nous sommes intervenus ; nous avons interpellé une personne ; nous rentrons à la brigade ; collationnez !
- Zoulou ici Bravo ; je collationne : vous êtes intervenu ; vous avez interpellé une personne ; vous rentrez à la brigade.

Beaucoup de personnes utilisent à tort ce verbe. Il faut faire attention et ne pas confondre ce terme avec ceux de :

- « Répétez » : il signifie qu'on demande de répéter uniquement la dernière transmission et non l'ensemble de la conversation ;
- « Récupérer » ou « rassembler », souvent entendus dans le langage courant.

En ce qui concerne l'alphabet phonétique, on épelle « WALKYRIE » de la manière suivante : W Whisky ; A Alpha ; L Lima ; K Kilo ; Y Yankee ; R Roméo ; I India ; E Echo.

Annales corrigées 2

Épreuve de connaissances professionnelles
Concours interne, 2019

Coefficient 7

Durée : 3 heures

1 Le sujet

L'ensemble des questions doit être traité par les candidats. Il est attendu des candidats un développement de 20 à 30 lignes.

1. Il existe plusieurs cadres d'enquête. Après avoir défini l'enquête préliminaire, vous énumérerez les missions de l'APJA dans le cadre de cette enquête.

2. Après avoir donné une définition détaillée de l'intervention graduée, vous citerez dans l'ordre les quatre phases qui la composent.

3. Le militaire qui fait l'objet d'une sanction disciplinaire du premier groupe bénéficie de garanties. Expliquez en quoi consistent ces sanctions et développez les garanties dont dispose le militaire concerné.

4. La loi et le règlement confèrent à l'APJA des missions en matière de police de la route. Définissez les principes d'action de la police route et développez les limites de compétences de l'APJA.

2 Le corrigé

1. L'enquête préliminaire est déclenchée d'office ou sur instruction des chefs hiérarchiques ou du procureur de la République et donne des moyens d'actions limités.

Elle est diligentée par les OPJ est les APJ, sous contrôle des OPJ, pour tout type d'infraction.

Dans ce cadre, les APJA peuvent seconder l'OPJ ou l'APJ dans les phases suivantes :
- le transport sur les lieux ;
- le gel des lieux ;
- le recueil de l'identité des contrevenants (Art 78-6 CPP) ;

– la rédaction d'un compte rendu d'infraction ;
– la visite d'un véhicule, en assistance d'un OPJ ;
– l'apport d'une aide matérielle lors de l'enquête.

2. L'intervention graduée est la maîtrise de l'adversaire par la négociation, la médiation, la dissuasion puis l'emploi du strict niveau de force nécessaire en acquérant un avantage mental et tactique tout en gardant la capacité de rompre ou de renforcer la riposte. Elle se compose de 4 phases qui sont, dans l'ordre :
– la coercition sans contact physique ;
– l'emploi de la force avec contact physique par un moyen corporel ;
– l'usage des armes de force intermédiaire ;
– l'usage des armes à feu à projectiles perforants.

3. Le statut général des militaires définit 3 groupes de sanctions disciplinaires. Le premier comprend les punitions suivantes :
– l'avertissement ;
– la consigne ;
– la réprimande ;
– le blâme ;
– les jours d'arrêt ;
– le blâme du ministre.

Lorsqu'il fait l'objet d'un dossier disciplinaire, le militaire dispose des garanties suivantes :
– il a le droit de s'expliquer, par oral ou par écrit, seul ou accompagné d'un militaire de son choix ;
– il peut prendre connaissance de son dossier disciplinaire ;
– la sanction doit être motivée, avec l'énoncé exact des faits justifiant la sanction ;
– il est fait application d'un barème ;
– il dispose d'un droit de recours ;
– l'autorité supérieure à celle qui prend la décision exerce un droit de contrôle.

4. La police de la circulation routière a pour objet de faciliter la circulation, d'assurer la sécurité des personnes par la prévention, d'intervenir en cas d'accident et de réprimer les infractions.

Elle se fonde sur les principes d'actions suivants : prévenir, éduquer, renseigner, aider, secourir, réprimer.

Dans ce cadre, les APJA peuvent :
– seconder les OPJ ;
– contrôler les usagers ;
– rendre compte à leurs chefs de toutes les infractions dont ils ont connaissance ;
– constater les infractions au code de la route (sauf celles énumérées dans l'art. R130-1-1 CR) selon les ordres reçus ;
– relever les contraventions par quittance ou PVE.

Annales corrigées 3

Épreuve de connaissances professionnelles
Concours interne, 2019

Coefficient 7

Durée : 3 heures

1 Le sujet

L'ensemble des questions doit être traité par les candidats. Il est attendu des candidats un développement de 20 à 30 lignes.

1. Après avoir énoncé les qualités fondamentales qu'exige l'état de militaire, vous donnerez pour chacune d'entre elles une définition précise.

2. Dans le cadre de la sécurité des casernes, indiquez les raisons d'être d'un service de garde en précisant les menaces possibles et les objectifs des parades applicables.

3. Après avoir énoncé les quatre phases de l'intervention graduée, vous énumérerez les trois principes fondamentaux qui doivent guider toute mise en œuvre d'une contrainte.

4. Après avoir donné la définition de la légitime défense des personnes puis de celle des biens (article 122-5 alinéas 1 et 2 du Code Pénal), vous donnerez celle de l'état de nécessité tel que prévu à l'article 122-7 du Code Pénal.

2 Le corrigé

1. Les qualités fondamentales exigées par l'état de militaire sont la discipline, la loyauté, la disponibilité, l'esprit de corps, la moralité, le sens du service public et l'esprit de sacrifice, lesquels peuvent être définis de la manière suivante :
- **discipline** : suivre les règles communes à un corps ou une institution afin de faire régner l'ordre et d'agir avec efficacité ;
- **loyauté** : fidélité à tenir ses engagements ; il est rappelé que le serment du gendarme est un serment de fidélité (« je jure d'obéir à mes chefs… ») ;

- **disponibilité** : capacité à accepter les contraintes liées à l'exécution du service, en tout temps et en tout lieu (Art L4121-5 du code de la défense : « *Les militaires peuvent être appelés à servir en tout temps et en tout lieu* ») ;
- **esprit de corps** : faire preuve de cohésion et de camaraderie, respecter la tradition ;
- **moralité** : agir conformément à la morale, c'est-à-dire à l'ensemble des règles habituellement admises par la société (mœurs...) ;
- **sens du service public** : servir pour le bien commun, ou bien de tous, sans discrimination ; se mettre à la disposition des personnes et de leurs attentes ;
- **esprit de sacrifice** : abandon volontaire de ses intérêts et de son confort pouvant aller jusqu'au sacrifice ultime en vue de l'accomplissement de la mission.

Il est rappelé que l'Art L4111-1 du code de la défense dispose que : « L'état militaire exige en toute circonstance esprit de sacrifice, pouvant aller jusqu'au sacrifice suprême, discipline, disponibilité, loyalisme et neutralité ».

La neutralité s'entend à l'égard des questions politiques, philosophiques ou religieuses qui ne peuvent être exprimées qu'en dehors du service.

2. Le service de garde se justifie pour protéger le casernement lui-même, l'armement, les moyens de transmissions, ainsi que les documents et les cachets d'autorité.

Les menaces comprennent les intrusions de personnes, le tir d'objets, des détériorations et des actions de neutralisations.

Il faut s'en prémunir grâce à la connaissance des renseignements d'ensemble (plan de la caserne et ses points sensibles), des mesures de protections permanentes et des mesures de renforcement de la protection.

3. L'intervention graduée se compose de 4 phases qui sont, dans l'ordre :
- la coercition sans contact physique ;
- l'emploi de la force avec contact physique par un moyen corporel ;
- l'usage des armes de force intermédiaire ;
- l'usage des armes à feu à projectiles perforants.

Elle se fonde sur les principes suivants :
- le **discernement** : la contrainte ne peut s'exercer que sur une personne présumée auteur d'une infraction ;
- la **nécessité** : la contrainte cesse dès lors que l'individu ne présente plus de danger (par exemple lorsqu'il est menotté) ;
- la **proportionnalité** : la contrainte exercée doit être proportionnelle à l'acte commis.

4. L'art. 122-5 Al 1 CP dispose que « n'est pas pénalement responsable la personne qui, devant une atteinte injustifiée envers elle-même ou autrui, accomplit, dans le même temps, un acte commandé par la nécessité de la légitime défense d'elle-même ou d'autrui, sauf s'il y a disproportion entre les moyens de défense employés et la gravité de l'attaque ».

L'art. 122-5 Al 2 CP dispose que « n'est pas pénalement responsable la personne qui, pour interrompre l'exécution d'un crime ou d'un délit contre un bien, accomplit un acte de défense, autre qu'un homicide volontaire, lorsque cet acte est strictement nécessaire au but poursuivi dès lors que les moyens employés sont proportionnés à la gravité de l'infraction ».

L'art. 122-7 CP dispose que « n'est pas pénalement responsable la personne qui, face à un danger actuel ou imminent qui menace elle-même ou autrui ou un bien, accomplit un acte nécessaire à la sauvegarde de la personne ou du bien, sauf s'il y a disproportion entre les moyens employés et la gravité de la menace ».

Entraînez-vous à partir d'autres sujets d'annales corrigées à télécharger sur le lien suivant :

 # annales

Épreuves de connaissances professionnelles

foucherconnect.fr/23rcgend04

Partie 3
LES ÉPREUVES D'ADMISSION

Évaluation de l'aptitude professionnelle
(tous concours)

L'entretien avec le jury
(tous concours)

L'épreuve physique gendarmerie
(tous concours)

L'épreuve d'évaluation numérique
(tous concours)

Évaluation de l'aptitude professionnelle
(tous concours)

Méthode

1. Présentation de l'évaluation
2. Méthode de l'évaluation
3. Entraînement guidé

Entraînement

- Annales corrigées 1
- Annales corrigées 2

✔ **FAITES LE POINT !**

 # annales

Des annales corrigées supplémentaires à télécharger

foucherconnect.fr/23rcgend06

1 PRÉSENTATION DE L'ÉVALUATION

À tout niveau de recrutement, la gendarmerie nationale fait passer des tests aux candidats dont le métier exigera de porter une arme de service. L'évaluation de l'aptitude professionnelle permet de déceler des comportements qui seraient un handicap pour exercer un métier à responsabilités spécifiques (port de l'arme, intervention sur des publics fragiles, en difficulté ou à risque) qui s'accomplit dans des conditions pénibles, voire dangereuses.

1 L'évaluation

- Les tests psychométriques visent « à évaluer le potentiel intellectuel général des candidats et notamment leur capacité à comprendre et s'adapter à une situation avec rapidité et justesse, par le développement d'un système de raisonnement logique ».
- Cette évaluation se présente sous forme de **questions à choix multiple** (QCM) avec possibilité de choisir entre plusieurs réponses proposées (4 ou plus). Cette évaluation est destinée à préparer l'entretien individuel avec un ou plusieurs psychologues. Elle n'est pas à proprement parler une épreuve du concours.

TÉMOIGNAGE

Paroles de candidat

Lors de mon concours, il y avait beaucoup de suites : des lettres, des nombres, parfois les deux mélangés, des mots, des figures bizarres. Nous avons aussi eu droit à des pliages qu'il fallait réaliser mentalement. Cela passe trop vite !

Damien, 20 ans

- Ces QCM portent sur des **suites ou des ensembles logiques à résoudre**. Le texte officiel ne formule pas précisément les types de questions. Le candidat doit donc rester ouvert à toute nouvelle question, en sachant que la nouveauté est valable pour tous les candidats !
- L'objectif de ces tests est de mesurer les capacités de compréhension des consignes, d'analyse, de mémorisation et d'observation. Sont aussi appréciées la rapidité et la maîtrise que le candidat a de lui-même, comme la gestion du stress face à de nouveaux exercices ou au temps qui passe.
- L'épreuve de tests se présente exclusivement sous la forme de QCM avec possibilité de choisir entre plusieurs réponses proposées.

MÉTHODE

- Ne « bloquez » jamais sur un exercice : passez rapidement à l'exercice suivant car le temps est précieux. De plus, la solution des exercices suivants vous révélera peut-être le moyen de résoudre la difficulté sur laquelle vous vous êtes arrêté.
- Avec les QCM, vous pouvez vous servir des réponses proposées pour découvrir la solution. Essayez parfois de procéder par élimination successive lorsque vous ne trouvez pas immédiatement la réponse.

2 L'aptitude logique

- Dans le cadre de votre concours, il s'agit essentiellement d'aptitude logique au sein de laquelle vous pouvez retrouver plusieurs types de questions : suites logiques ; dominos ; cartes ; figures logiques ; séries graphiques ; logique spatiale ; logique numérique ; déductions logiques. Ces différents types de tests sont présentés dans la partie 4.

TÉMOIGNAGE

Paroles de candidat

« Pour cette évaluation, j'ai eu un test de logique, comme un test de QI, qui présentait des suites logiques, des figures à compléter, des déductions à partir d'affirmations, des cartes et des dominos. Il ne faut pas chercher à aller trop vite. Il faut répondre juste au maximum. Franchement, ça reste de la logique. J'ai réussi mais j'avais révisé ! »

Julian, 27 ans

- Les questions de logique sont variées ; elles peuvent comporter des suites de nombres et/ou de lettres, des dominos, des cartes à jouer, des séries de figures, des formes géométriques, des carrés à remplir, etc.

- Ces questions sont destinées à mesurer l'aptitude à raisonner sur des chiffres, des lettres, des mots ou des figures, à travers une multitude d'exercices aussi variés et déconcertants que l'imagination des concepteurs peut en créer.
- Les **méthodes de résolution** comportent peu de difficultés et ne requièrent pas de connaissances particulières. Nombreux sont les exercices qui appréhendent l'esprit logique par l'intermédiaire de suites de chiffres et/ou de lettres, et il suffit toujours de dégager la loi qui régit ces séries.
- Enfin, certaines questions font appel aux **quatre opérations de base**, à la **logique de déduction**, au **bon sens**, à la **perspicacité**, voire à l'**intuition**.

3 Les conditions de l'évaluation

- Le candidat fournit ses réponses sur une feuille destinée à une correction par lecture optique afin d'éviter les erreurs de correction.
- La note attribuée n'est pas « absolue » : elle permet de situer vos résultats par rapport à un étalonnage de référence.

MÉTHODE

Lisez attentivement les consignes figurant sur la première page de l'épreuve et vérifiez toujours le numéro de la question à laquelle vous répondez. Répondez aux questions dont vous êtes certain de la réponse. Le fait de n'avoir pas résolu tous les exercices ne signifie pas que vous avez échoué.

TÉMOIGNAGE

Paroles de candidat

Je suis tombé sur des tests de logique qui ressemblaient à des tests de QI. Surtout ne perdez pas votre temps. Si vous ne trouvez vraiment pas la logique, zappez la question. Il y a des questions de pure logique et des questions improbables. Surtout ne perdez pas de temps, soyez rapide et concentré car l'épreuve est très courte.

Karim, 30 ans

- Les résultats de cette évaluation sont utilisés, à l'admission, à l'épreuve d'entretien. En effet, le jury d'oral comprend en son sein un psychologue qui interprète le résultat de ce test. Ce dernier est chargé d'évaluer si le candidat possède les dispositions pour s'adapter au métier.

2 MÉTHODE DE L'ÉVALUATION

Vous préparer et vous entraîner est un passage obligé si vous voulez réussir cette évaluation. Un candidat non familiarisé avec ces questions a peu de chances de réussir. Voici la marche à suivre afin de vous préparer méthodiquement et avec succès.

1 Une préparation indispensable

- Découvrir le jour du concours des questions que l'on n'a jamais rencontrées entraîne une perte de temps, des erreurs et de la panique ! Or, la durée de l'évaluation est courte et chaque minute doit être optimisée. Savoir comment fonctionne un type de tests fait gagner de précieuses minutes, qui seront consacrées à leur résolution et non à la compréhension de leur logique.
- Avec une préparation rigoureuse et un entraînement régulier, l'ensemble des aptitudes logiques peuvent s'acquérir et être améliorées.

CONSEIL
Il convient de maîtriser toutes les familles d'exercices de logique car, chaque année, les jurys ont recours à des types d'exercices spécifiques.

- Vous préparer sérieusement est primordial, car vous allez :
  - vous familiariser avec les questions à choix multiple (QCM) ;
  - assimiler les stratégies, les méthodes et les logiques de résolution correspondant à chaque type de question ;
  - éviter de paniquer face à la durée de l'évaluation ;
  - acquérir les comportements requis lors de cette évaluation :
    - choisir une méthode plutôt qu'une autre,
    - passer rapidement à la question suivante si vous ne trouvez pas la réponse,
    - procéder par élimination,
    - ne pas vous laisser impressionner par les questions numériques.

TÉMOIGNAGE

Paroles de candidat

J'ai travaillé la méthode et fait des dizaines d'exercices. Je me suis souvent mise en condition de concours, sans calculatrice, sans être dérangée, téléphone éteint, etc. Alors, je n'ai qu'un conseil à vous donner : révisez et entraînez-vous !

Thaïs, 22 ans

2 Une méthode pas à pas

A| Étape 1 : connaître l'épreuve et les aptitudes évaluées

- La première chose à faire est de **se familiariser avec les types de questions** et les multiples exercices qui peuvent être proposés.
- Commencez par étudier la fiche 1 de cette partie, qui présente l'évaluation et les connaissances indispensables, afin de planifier votre travail. Pour cela, nous avons découpé par fiches (voir partie 4), de manière progressive, l'ensemble des notions à acquérir. Suivez l'ordre d'avancement pédagogique de ces acquisitions.
- Prenez ensuite conscience des capacités évaluées afin de vérifier que vous avez acquis les compétences requises. Identifiez bien ce qui vous sera demandé.
- Il s'agit de l'**aptitude logique** basée sur la réflexion, la logique, la déduction, la représentation dans l'espace.

CONSEIL

Ne vous découragez pas ! Avec de l'entraînement, une logique intellectuelle se met en place et permet d'acquérir les compétences nécessaires pour résoudre bien des questions.

B| Étape 2 : acquérir les connaissances et faire des exercices

- Pour acquérir les connaissances nécessaires à votre concours, nous vous conseillons :
  - de commencer par les suites logiques ;
  - d'alterner tous les exercices comprenant des figures (figures logiques, logique spatiale, séries graphiques) ;
  - de travailler ensuite la logique numérique ;
  - de terminer par les déductions logiques.

- Retenez l'essentiel au travers de la fiche 1 répertoriant toutes les connaissances et compétences à acquérir. Chaque type de tests est décrypté et illustré par des exemples. Voici un **exemple de découpage par semaine** afin d'acquérir les connaissances indispensables :

Semaine 1	Suites logiques
Semaine 2	Figures
Semaine 3	Logique numérique
Semaine 4	Déductions logiques
Semaine 5	Entraînements

- Terminez par vous entraîner : le sujet corrigé et l'entraînement guidé permettent de prendre connaissance des énoncés des questions, d'assimiler les notions étudiées et de prendre conscience des questions à retravailler.

TÉMOIGNAGE

Paroles de jury

Prenez le temps de lire attentivement les consignes, qui peuvent varier et parfois induire en erreur. En général, tout est dit explicitement et précisément dans la consigne. Il n'y a pas de question piège.

- Enfin, l'entraînement est essentiel pour :
  - repérer les questions souvent posées ;
  - acquérir des automatismes. Chaque exercice demande une approche légèrement différente mais certaines règles s'appliquent à tous. Même si les exemples peuvent varier à l'infini, les raisonnements qui permettent de les résoudre sont relativement répétitifs ;
  - diminuer les risques de se laisser surprendre par une question plus ou moins insolite.

MÉTHODE

Ne négligez aucun des exercices proposés : ils balayent, sous différentes formes tous les types de tests abordés lors du concours, d'autant plus que les annales du concours sont quasi inexistantes et que la variété des questions possibles est importante. Multipliez les entraînements sur les tests où vous vous sentez faible et travaillez à fond cette partie logique.

- Vous pouvez également vous entraîner en vous amusant :
  - jouez avec les lettres en faisant des **mots croisés**, des **mots fléchés**, des **anagrammes** ;

– jouez avec les chiffres en remplissant des grilles de **Sudoku**, de **Fubuki** ;
– jouez avec les figures géométriques grâce à des jeux interactifs sur Internet.

IMPORTANT

Ayez bien en tête tout au long de votre préparation que **la calculatrice est interdite**. Donc entraînez-vous à calculer mentalement. Ne soyez pas paresseux, toute activité quotidienne peut être prétexte au calcul mental.

C | Étape 3 : s'entraîner dans les conditions du concours

- Afin d'appréhender tous les types de raisonnement, de vous familiariser avec chaque type de question et de ne pas être surpris le jour du concours, une seule méthode : l'entraînement.

TÉMOIGNAGE

Paroles de jury

« En temps limité, comme au concours, ou illimité (chez vous lors de la préparation au concours), ne restez jamais bloqué sur une question : passez rapidement à la suivante. Vous reviendrez à celles que vous jugez moins évidentes par la suite, lorsque les plus « faciles » auront été résolues. »

- Vous familiariser avec ce type de questions est primordial, car la logique utilisée lors des concours est toujours la même. La réponse à des questions qui peuvent paraître incongrues doit devenir une routine : vous devez finir par ne plus avoir besoin de réfléchir.
- À force de faire et refaire les exercices, vous vous créerez des automatismes qui seront utiles le jour du concours où le temps vous fera défaut. Grâce à la pratique en temps réel, vous allez être de plus en plus rapide ; acquérir plus d'assurance ; faire l'expérience du stress ; et contrôler le temps disponible pour finir votre épreuve.

MÉTHODE

Quels que soient votre niveau et vos résultats, mettez-vous en situation de concours :
– assurez-vous une certaine tranquillité afin de respecter le temps de l'épreuve. Isolez-vous : prenez soin de ne pas être dérangé ;
– rassemblez un crayon de papier, une gomme, des feuilles de brouillon et une montre ;
– effectuez scrupuleusement un sujet sans interruption et surtout sans autre support que les connaissances que vous avez acquises ;
– après avoir terminé le sujet, et seulement à ce moment-là, consultez le corrigé du sujet.

3 Surmontez les obstacles

A| Soyez positif

La nervosité, la peur et la pression causées par le temps représentent les principaux obstacles à cette évaluation.

MÉTHODE

- Commencez par dédramatiser cette évaluation et restez concentré. L'unique difficulté de ces tests réside dans la diversité des questions.
- Traitez les questions sans vous préoccuper des précédentes car elles sont indépendantes les unes des autres. Ne cherchez pas de réponses trop complexes ; faites appel à votre bon sens.
- Ne vous placez pas d'emblée dans une situation d'échec en imaginant que vous ne réussirez pas ou que vous ne comprendrez pas : positivez !

B| Soyez méthodique

- Lisez attentivement les consignes car elles varient d'un exercice à l'autre, voire d'une question à l'autre au sein d'un même exercice.
- Exercez vos facultés d'observation ainsi que votre mémoire, ces aptitudes étant les plus sollicitées.
- Ayez conscience, en permanence, que le temps vous est compté et respectez impérativement le temps imparti. Gagnez du temps sur les questions faciles : cela vous donnera une marge pour traiter les questions plus difficiles.

TÉMOIGNAGE

Paroles de jury

« Le temps revêt une importance considérable car la moindre hésitation peut devenir pénalisante si vous vous attardez trop longtemps sur une question ou une partie de l'épreuve. Ne « bloquez » surtout pas sur une question. Pour tous les tests limités dans le temps, et plus particulièrement lorsque les questions sont nombreuses, il est toujours préférable de passer sans attendre à la question suivante si la solution ne vous apparaît pas immédiatement. »

- Il n'existe pas de méthode type pour aborder cette évaluation. Le plus simple pour vous est de trouver vos propres repères et manières d'aborder les questions en vous exerçant. Tout de même, comme il s'agit de QCM, questions pour lesquelles vous avez des propositions de réponses, deux types de méthode de résolution sont possibles :
  - vous partez de l'énoncé de la question et vous l'analysez pour trouver la logique qui préside ;
  - vous partez des propositions de réponses.
- Nous vous déconseillons cette seconde méthode qui est plus difficile car elle ne tient pas immédiatement compte de la question. En revanche, les propositions peuvent vous servir à faire des estimations ou à vérifier votre réponse.

TÉMOIGNAGE

Paroles de candidat

Pour les questions non résolues, ne répondez pas au hasard. Faites très attention : lisez attentivement les consignes générales situées en première page du livret de l'épreuve d'évaluation professionnelle. Ne vous précipitez pas !

Kilian, 31 ans

3 ENTRAÎNEMENT GUIDÉ

Évaluation de l'aptitude professionnelle

1. Laquelle des cinq figures complète la série logique ?

❑ A. 
❑ B. 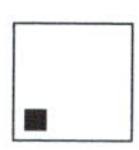
❑ C. 
❑ D. 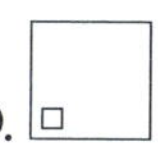
❑ E. 

D'une figure à l'autre, le carré noir se déplace aux quatre coins de la figure dans le sens antihoraire (sens inverse des aiguilles d'une montre). Dans la 4e figure, il est donc en bas à gauche. Le carré blanc n'est présent qu'une figure sur deux : il n'est donc pas présent dans la 4e figure.
La réponse est **B**.

2. Quel nombre complète la suite ?
101 – 96 – 92 – 89 – ?

❑ A. 90
❑ B. 87
❑ C. 88
❑ D. 100

Observez l'écart entre deux nombres. L'écart entre chaque nombre est de -5, -4, -3 et -2.

-5 -4 -3 -2
101 – 96 – 92 – 89 – 87

La réponse est **B**.

3. **Quelles valeurs remplacent les points d'interrogation ?**

❑ A. 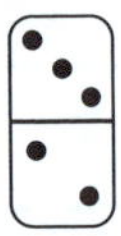

❑ B. 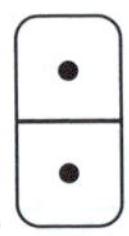

❑ C. 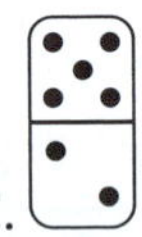

❑ D. 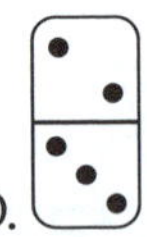

Pour les parties supérieures des dominos, la valeur du 3e domino moins la valeur du 1er domino donne la valeur du 2e domino. Pour les parties inférieures, la valeur du 1er domino moins la valeur du 3e domino donne la valeur du 2e domino.
La réponse est **A**.

4. **Un nénuphar, dont la surface double tous les jours, met 100 jours pour couvrir la surface d'un étang. Combien de temps mettront deux nénuphars pour couvrir cet étang ?**

❑ A. 50 jours
❑ B. 75 jours
❑ C. 99 jours
❑ D. 100 jours

Le nénuphar double sa surface chaque jour. L'étang est totalement recouvert le 100e jour. Donc la veille, le 99e jour, il recouvre la moitié de l'étang. S'il y a deux nénuphars, il leur faut seulement 99 jours pour que l'étang soit totalement couvert.
La réponse est **C**.

5. **Quelle proposition doit venir en lieu et place du point d'interrogation ?**
AC2 – EG4 – IK8 – MO16 – ?

❑ A. PR32
❑ B. QS32
❑ C. PR64
❑ D. QS64

On distingue une suite de deux lettres et un nombre. Le nombre est multiplié par 2 : $2 \times 2 = 4$, $4 \times 2 = 8$, $8 \times 2 = 16$ et $16 \times 2 = 32$. Les lettres augmentent de 2 : A, C, E, G, I, K, M, O : O + 2 lettres = Q et Q + 2 lettres = S.
La réponse est **B**.

6. Quel mot complète la suite suivante ? BOIRE – NAÎTRE – POURRIR – ?

❑ A. RAMASSER
❑ B. STIGMATISER
❑ C. TRANSPLANTER
❑ D. VALORISER

Le nombre de lettres composant les mots de la suite augmente de 1. BOIRE (5 lettres), NAÎTRE (6 lettres) et POURRIR (7 lettres). Le mot à découvrir doit comporter 8 lettres, seul RAMASSER convient.
La réponse est **A**.

7. On suppose que :
Tous les livres sont des ouvrages de référence.
Aucun des ouvrages de référence n'est une encyclopédie.
Quelle conclusion découle des affirmations ci-dessus ?

❑ A. Aucun des livres n'est une encyclopédie.
❑ B. Tous les livres sont des encyclopédies.
❑ C. Aucun des livres n'est pas une encyclopédie.
❑ D. Aucune conclusion valide n'est possible.

Il s'agit d'un syllogisme, c'est-à-dire un mode de raisonnement logique qui consiste en deux propositions dont on déduit une troisième. À partir d'affirmations, vous devez retrouver une affirmation soit qui découle des premières soit qui les contredit. La modélisation des différentes propositions sous forme d'ensembles vous aidera souvent à résoudre plus facilement un syllogisme. En effet, en représentant par des ensembles chaque groupe, vous pouvez visualiser les liens qui les unissent ou pas.
Ce syllogisme peut se traduire par les ensembles suivants :

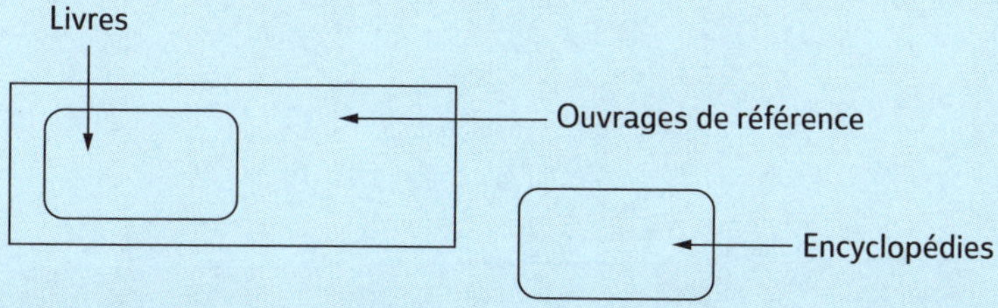

Grâce au schéma, on s'aperçoit qu'il n'y a aucun élément en commun entre les ouvrages de référence et les encyclopédies.
La réponse est **A**.

8. Dans une course, vous doublez le 3e, vous êtes maintenant :

❑ A. 1er
❑ B. 2^{e}
❑ C. 3^{e}
❑ D. 4^{e}

Si vous doublez le 3e, vous prenez sa place et devenez 3e du classement.
La réponse est **C.**

9. Combien de triangles au total comptez-vous dans cette forme ?

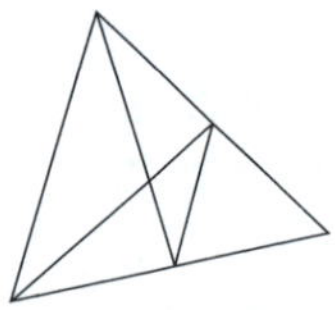

❑ A. 8
❑ B. 10
❑ C. 12
❑ D. 14

On compte 5 petits triangles :

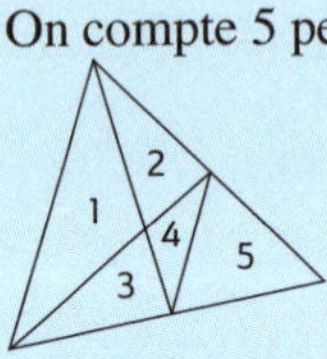

La réunion de ces petits triangles forme d'autres triangles : 1 + 2 = 6^{e} triangle, 3 + 4 = 7^{e} triangle, 1 + 3 = 8^{e} triangle, 2 + 4 = 9^{e} triangle, 2 + 4 + 5 = 10^{e} triangle, 3 + 4 + 5 = 11^{e} triangle et 1 + 2 + 3 + 4 + 5 = 12^{e} triangle.
La réponse est **C**.

10. Quel nombre remplace le point d'interrogation ?

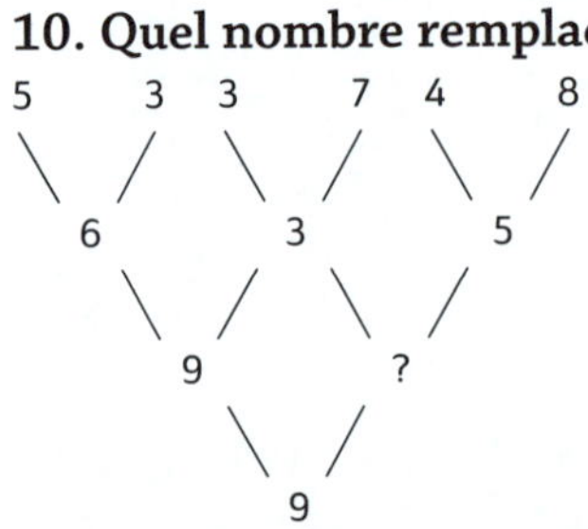

❑ A. 6
❑ B. 3
❑ C. 5
❑ D. 11

Sur chaque ligne, on multiplie les nombres puis on additionne les chiffres du résultat. Première ligne : 5 × 3 = 15 puis 1 + 5 = 6 ; 3 × 7 = 21 puis 2 + 1 = 3 ; 4 × 8 = 32 puis 3 + 2 = 5. Deuxième ligne : 6 × 3 = 18 puis 1 + 8 = 9 ; 3 × 5 = 15 puis 1 + 5 = 6. Troisième ligne : 9 × 6 = 54 puis 5 + 4 = 9.
La réponse est **A**.

11. Retrouvez la carte manquante.

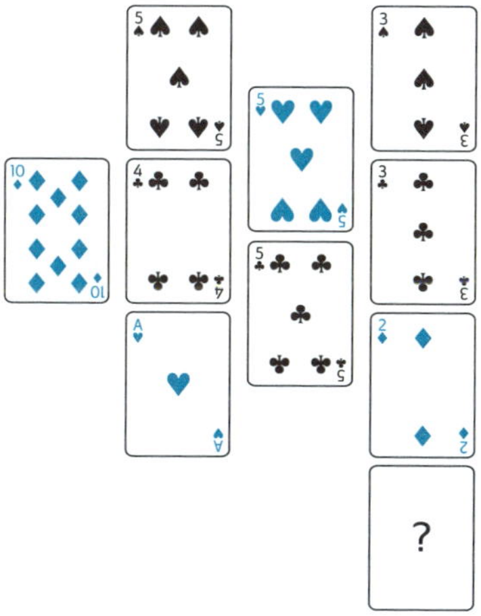

❑ A. Deux de carreau
❑ B. Deux de trèfle
❑ C. Neuf de pique
❑ D. Deux de cœur

Travaillez en colonne pour cette question. Les cartes de chaque colonne sont de couleur différente. La somme de chaque colonne est égale à 10.
La réponse est **D**.

12. Vasco de Gama naquit dix-huit ans après Christophe Colomb mais précéda de six ans Francisco Pizarro. Dix ans avant ce dernier, Diego Velázquez vit le jour. Laquelle des propositions correspond à l'ordre chronologique de naissance de ces explorateurs ?

❑ A. Christophe Colomb – Diego Velázquez – Francisco Pizarro – Vasco de Gama
❑ B. Christophe Colomb – Diego Velázquez – Vasco de Gama – Francisco Pizarro
❑ C. Diego Velázquez – Christophe Colomb – Francisco Pizarro – Vasco de Gama
❑ D. Diego Velázquez – Christophe Colomb – Vasco de Gama – Francisco Pizarro

Aidez-vous d'une ligne de temps ; cela vous évitera bien des erreurs.

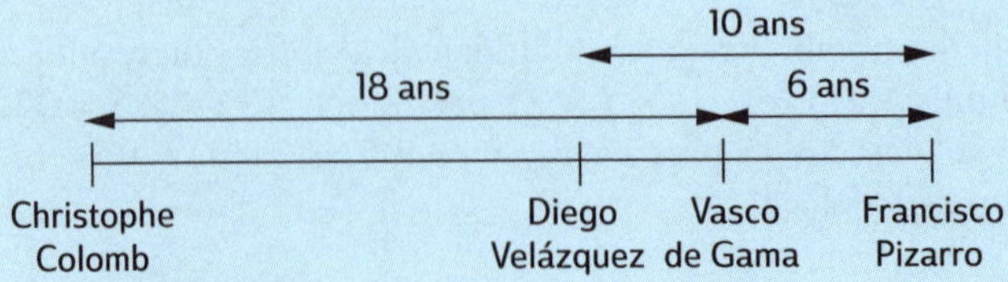

La réponse est **B**.

13. Quelle figure est à éliminer ?

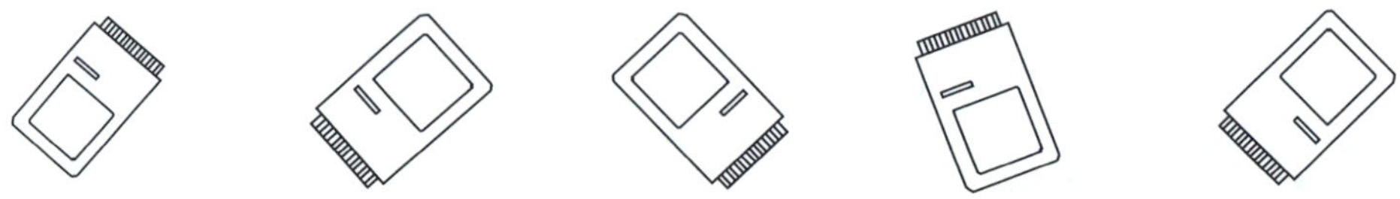

❑ A. ❑ B. ❑ C. ❑ D. ❑ E.

Prenez une figure de référence (par exemple la figure B) et superposez « mentalement » les autres figures sur celle-ci. Toutes les figures se superposent sauf la figure B qui est l'inverse (symétrique dans un miroir).
La réponse est **B**.

14. Quelle lettre manque dans cette suite ?
A – C – D / H – D – L / R – F – X / ? – O – Y

❑ A. I
❑ B. K
❑ C. J
❑ D. L

La place, dans l'alphabet, des deux premières lettres donne la place de la 3e lettre.
A (1re lettre) + C (3e lettre) = D (4e lettre) ; H (8e lettre) + D (4e lettre) = L (12e lettre) ; R (18e lettre) + F (6e lettre) = X (24e lettre) et ? + O (15e lettre) = Y (25e lettre). Il vous faut placer la 10e lettre de l'alphabet (25 - 15) qui correspond au J.
La réponse est **C**.

15. Trouvez le nombre manquant.
4 - 7 - 13 - 25 - 49 - ?

❑ A. 56
❑ B. 67
❑ C. 84
❑ D. 97

Pour passer d'un nombre à l'autre, vous ajoutez 3, 6, 12, 24 (vous doublez l'écart à chaque fois). Il faut donc ajouter 48 donc 49 + 48 = 97.

×2 ×2 ×2 ×2

+3 +6 +12 +24 +48

4 – 7 – 13 – 25 – 49 – 97

La réponse est **D**.

16. Quelle lettre peut remplacer le point d'interrogation ?

B – E – H – ? – N – Q – T

❑ A. K
❑ B. E
❑ C. H
❑ D. L

La progression est de + 3 à chaque fois. Donc H + 3 lettres donne K.

+3 +3 +3 +3 +3 +3

B – E – H – K – N – Q – T

La réponse est **A**.

17. Trouvez les lettres qui manquent.

A	D	G	?
E	I	N	?

❑ A. O – P
❑ B. J – T
❑ C. J – S
❑ D. T – K

Pour la partie supérieure, la progression est de + 3 à chaque fois donc G + 3 lettres donne J. Pour la partie inférieure, la progression est de + 4, + 5, + 6 donc N + 6 lettres donne T. La réponse est **B**.

18. Trouvez le nombre manquant.

2 – 4 – 7 – 21 – 25 – 100 – 105 – ?

❑ A. 205
❑ B. 210
❑ C. 505
❑ D. 525

La loi qui préside cette série logique est × 2 ; + 3 ; × 3 ; + 4 ; × 4 ; + 5 ; × 5.

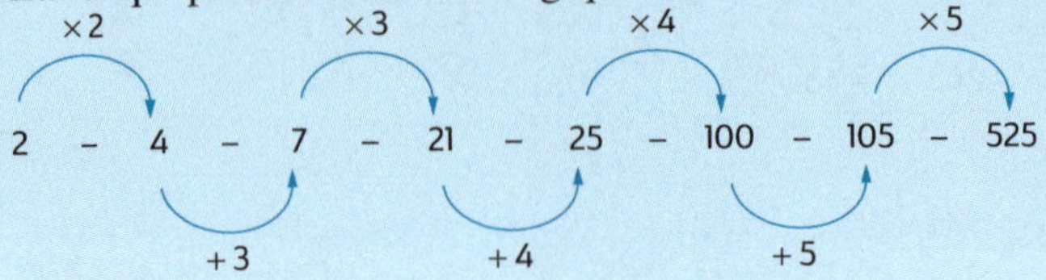

La réponse est **D**.

19. Dans une bibliothèque sont rangés quatre livres. Vous devez retrouver l'ordre des livres de gauche à droite dans la bibliothèque sachant que :
- le roman se trouve à gauche du livre policier ;
- la bande-dessinée, qui a à sa droite le policier, ne côtoie pas l'essai ;
- l'essai ne se trouve pas à une extrémité.

❑ A. Bande dessinée – Roman – Essai – Policier
❑ B. Roman – Essai – Policier – Bande dessinée
❑ C. Essai – Roman – Bande dessinée – Policier
❑ D. Policier – Bande dessinée – Roman – Essai

Pour résoudre ces exercices, vous devez différencier les termes « se trouve à gauche de » et « se trouve juste à gauche » : dans le premier cas, les deux objets ne sont pas forcément côte à côte. Il faut également distinguer un objet « qui est à droite de » et un objet « qui a à sa droite », les positions de face étant alors inversées dans le dernier cas. Pour simplifier votre compréhension, portez les informations sur une droite ; cela vous aidera à établir des relations d'ordre entre les différents éléments et de les visualiser sur la droite.
On précise que le roman est à gauche du policier sans que ces deux livres soient forcément côte à côte. On a cet ordre : Roman – Policier. La bande dessinée a à sa droite le policier donc elle est située à droite du policier. L'ordre est le suivant : Policier – Bande dessinée. Elle ne côtoie pas le livre d'essai qui n'est pas situé à une extrémité. Celui-ci est donc intercalé entre le roman et le policier sur l'étagère. L'ordre des livres de gauche à droite est le suivant : Roman – Essai – Policier – Bande dessinée.
La réponse est **B**.

20. Il est faux de dire que toutes les personnes de haute taille sont maigres. Cette affirmation est équivalente à :

❑ A. Il existe au moins une personne de haute taille qui n'est pas maigre.
❑ B. Il existe au moins une personne de petite taille qui est maigre.
❑ C. Les personnes de haute taille sont toutes maigres.
❑ D. Les personnes de petite taille ne sont pas toutes maigres.

Commencez à simplifier l'affirmation. Cette phrase signifie : « Toutes les personnes de haute taille ne sont pas forcément maigres ».
La réponse est **A**.

Annales corrigées 1

Évaluation de l'aptitude professionnelle

1 Sujet

Ces QCM (questions à choix multiple) sont à réponse unique. Si, pour une même question, plusieurs réponses sont cochées, la question sera notée zéro. Chaque bonne réponse sera notée 1 point.

1. Quel est le résultat de l'opération 389×104 ?

- ❑ A. 4 532
- ❑ B. 40 456
- ❑ C. 56 326
- ❑ D. 400 254

2. Dans un certain code, BACH est codé YZXS. Alors comment est codé MOZART ?

- ❑ A. OMAJZH
- ❑ B. NLAZIG
- ❑ C. NLZAGI
- ❑ D. ZANGIL

3. On a découpé un carré d'aire 1 en bandes d'égale largeur et on a tracé la diagonale comme le montre la figure ci-dessous. Quelle est l'aire de la partie bleue ?

- ❑ A. 1/2
- ❑ B. 4/9
- ❑ C. 3/8
- ❑ D. 2/3

4. Laquelle des 6 figures n'obéit pas à la même logique que les autres ?

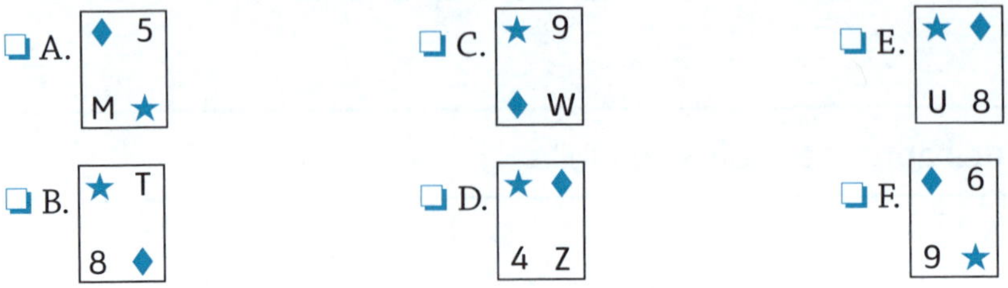

5. Calculez 47 % de 69 000.

- ❏ A. 32 430
- ❏ B. 30 624
- ❏ C. 38 572
- ❏ D. 35 658

6. Quel est le domino manquant ?

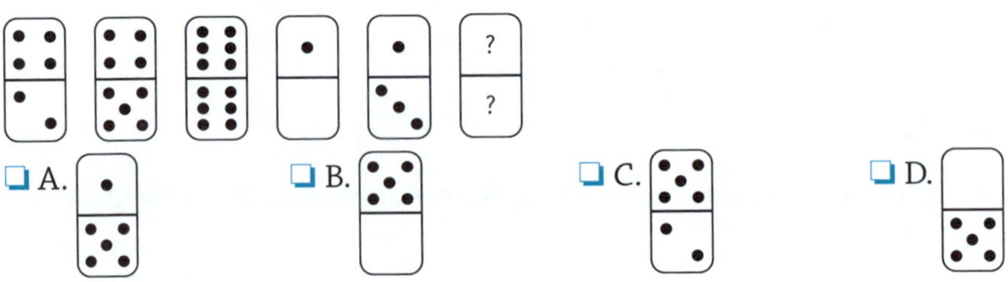

7. Quel nombre doit se situer dans le dernier triangle ?

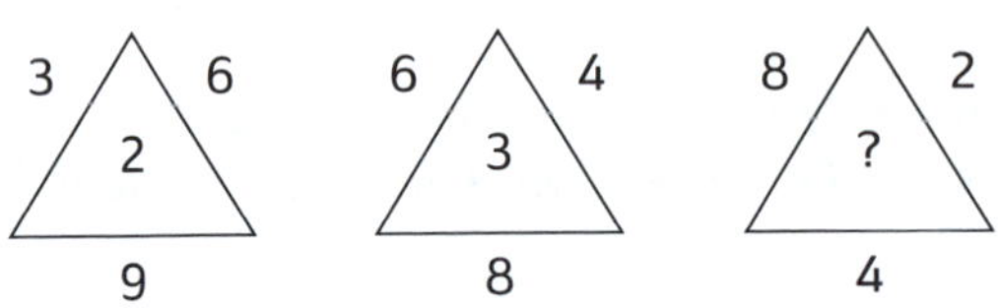

- ❏ A. 2
- ❏ B. 4
- ❏ C. 6
- ❏ D. 8

8. Deux peintres mettent 2 heures pour couvrir 40 m^2. Combien mettront cinq peintres pour couvrir 80 m^2 ?

- ❏ A. 1 heure 20
- ❏ B. 1 heure 40
- ❏ C. 1 heure 36
- ❏ D. 1 heure 25

9. « Les enfants bruns aiment le chocolat. Il n'existe pas d'enfant qui n'aime pas les bonbons. » Que peut-on en déduire ?

❑ A. Patrick n'aime pas les bonbons, donc il est brun.
❑ B. Pierre aime les bonbons, donc il est brun.
❑ C. Si Alain est un enfant brun, alors il aime les bonbons et le chocolat.
❑ D. Un enfant brun n'aime pas forcément le chocolat.

10. Quelle figure peut remplacer le point d'interrogation ?

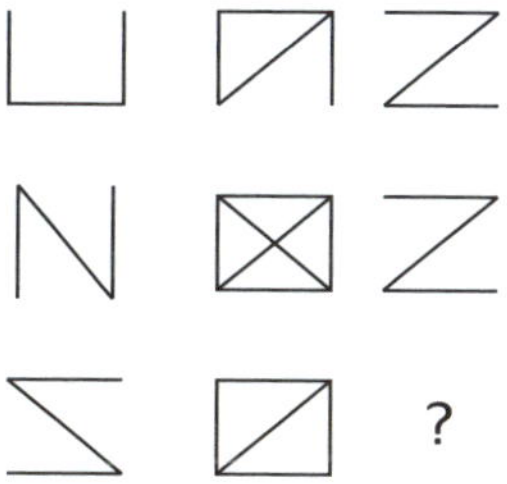

❑ A.  ❑ B.  ❑ C.  ❑ D. 

11. Maçon est à maison ce que boulanger est à :

❑ A. Farine
❑ B. Levure
❑ C. Pain
❑ D. Boulangerie

12. À 8 heures, trois bus desservant les trois lignes d'une ville partent d'une même station. Les départs successifs sont régulièrement espacés pour chaque ligne de 15 minutes, 20 minutes et 24 minutes. À quelle heure verra-t-on les trois bus partir en même temps ?

❑ A. 9 heures 10
❑ B. 9 heures 20
❑ C. 10 heures
❑ D. 10 heures 10

13. Prenez attentivement connaissance de la phrase écrite entre guillemets. Il s'agit d'une pensée de Miguel de Unamuno : « Une foi qui ne doute pas est une foi morte. »

Quel est, parmi les cinq phrases qui suivent cette pensée, l'énoncé dont le sens vous paraît équivalent à celui de la pensée ?

❑ A. Il faut pouvoir douter pour pouvoir croire.
❑ B. Celui qui doute n'a pas la foi.
❑ C. Le doute est l'état d'âme normal de celui qui cherche.
❑ D. La foi du charbonnier est une foi tranquille.

14. Le gâteau au chocolat a été volé dans le réfrigérateur. Soazic va vite questionner ces trois amies : Anna, Justine et Ismaelle. Soazic connaît bien les trois filles et sait qu'Anna ne ment jamais, que Justine ment toujours et qu'Ismaelle dit parfois la vérité et parfois des mensonges. Voici ce qu'ont raconté les trois filles :

- Justine : « C'est moi qui ai tout pris. »

- Anna : « C'est impossible que ce soit Ismaelle. »

- Ismaelle : « Encore un coup de Justine. »

Qui est la coupable ?

❑ A. Anna
❑ B. Justine
❑ C. Ismaelle
❑ D. Soazic

15. Quelle lettre vient à la place du point d'interrogation ?

U – D – T – Q – C – S – S – H – ?

❑ A. D
❑ B. N
❑ C. O
❑ D. R

16. Remplacez le point d'interrogation de cette équation en ajoutant le signe (-, +, x ou ÷) qui convient.

$(((8 - 2) \times 3) \, ? \, 9) + 8 = 10$

❑ A. +
❑ B. ×
❑ C. ÷
❑ D. -

17. Parmi les cinq cartes ci-dessous, quelle est celle que vous devez retourner pour vérifier la règle suivante : « S'il y a une voyelle d'un côté d'une carte, alors il y a un nombre pair de l'autre » ?

K	A	B	3	4

❑ A. K
❑ B. A
❑ C. B
❑ D. 4

18. Quel est l'intrus ?

❑ A. Ballon
❑ B. Crayon
❑ C. Fonction
❑ D. Sauge
❑ E. Troc

19. Le jour de son premier cours auprès des étudiants en école de Gendarme, l'enseignant remarque que les 48 places de la salle de cours sont occupées. Il compte 30 étudiantes et observe que, seules, des filles portent des boucles d'oreilles. 30 auditeurs ne portent pas de boucles d'oreilles. Combien d'étudiantes ne portent pas de boucles d'oreilles ce jour-là ?

❑ A. 10
❑ B. 12
❑ C. 15
❑ D. 20

20. Complétez la suite logique.

A - B - 2 - 1 - E - F - 6 - 5 - O - P - ? - ?

❑ A. 15 - 16
❑ B. 16 - 15
❑ C. 10 - 11
❑ D. 11 - 10

2 Corrigé

1. B. Lorsque les réponses proposées sont très différentes les unes des autres, il suffit de faire une approximation en utilisant des calculs simples à réaliser ; ceci vous permettra de gagner du temps pour répondre à un plus grand nombre de questions.

$389 \times 104 \approx 400 \times 100 \approx 40\,000$

Il faut donc choisir la réponse B car 40 456 est la valeur la plus proche de 40 000.

2. B. Faites correspondre les lettres, dans l'ordre alphabétique, avec leur code.

Lettre	A	B	C	D	E	F	G	H	I	J	K	L	M
Code	Z	Y	X	W	V	U	T	S	R	Q	P	O	N

Lettre	N	O	P	Q	R	S	T	U	V	W	X	Y	Z
Code	M	L	K	J	I	H	G	F	E	D	C	B	A

À l'aide du tableau ci-dessus, vous découvrez le codage : la première lettre de l'alphabet (A) correspond à la dernière (Z), la deuxième lettre de l'alphabet (B) correspond à l'avant dernière (Y), etc. Avec le tableau, vous pouvez aisément découvrir le code de MOZART.

M est codé par N, O est codé par L, Z est codé par A, A est codé par Z, R est codé par I et T est codé par G. La solution est donc : NLAZIG.

3. C. On peut déterminer l'aire de la figure en s'aidant de bandes verticales : il y a 4 demi-carrés noirs (= 2 carrés) et 4 carrés entiers soit 6 carrés au total. L'aire bleue est de 6 carrés sur 16 carrés au total. On a donc : $\frac{6}{16} = \frac{3}{8}$.

4. F. À chaque fois, on a deux éléments (★ et ♦), une lettre et un chiffre. La figure F est donc l'intrus car il y a deux chiffres.

5. A. $\frac{47 \times 69\ 000}{100} = 32\ 430$

6. C. On part du haut du premier domino. On ajoute 1 à 4 et on obtient 5, le chiffre du bas du domino suivant. On ajoute 1, on obtient 6 le chiffre du haut du troisième domino, etc. On arrive ainsi à 2 pour le chiffre du bas du dernier domino.

On part du bas du premier domino. On ajoute 2 à 2. On obtient 4, le chiffre du haut du domino suivant. On ajoute 2, on obtient 6, le chiffre du bas du troisième domino, etc. On arrive ainsi à 5 pour le chiffre du haut du dernier domino.

7. B. Il faut multiplier les nombres au sommet puis les diviser par le nombre à la base pour obtenir le nombre dans le triangle. D'où : $8 \times 2 = 16$. Or $16 \div 4 = 4$.

8. C. Un peintre met 4 heures pour couvrir 40 m^2 donc 8 heures (deux fois plus) pour couvrir 80 m^2. Les cinq peintres mettront cinq fois moins de temps qu'un seul peintre : 480 minutes (8 heures × 60 minutes) ÷ 5 = 96 minutes, soit 1 heure 36.

9. C. Si Alain est un enfant brun, alors il aime le chocolat d'après la première phrase de l'énoncé. Il aime aussi les bonbons puisque c'est un enfant et qu'il n'existe pas d'enfant qui n'aime pas les bonbons.

10. C. Il faut « soustraire » la figure 1 de la figure 2 pour obtenir la figure 3. Dit autrement, quand on superpose la figure 1 à la figure 2, si chaque figure a un trait au même endroit, il disparait.

11. C. Rapport d'artisan au produit fini : le maçon construit la maison comme le boulanger produit le pain.

12. C. Il faut rechercher le plus petit commun multiple (PPCM) c'est-à-dire le plus petit des multiples communs non nuls à ces nombres.

Après décomposition de 15, 20 et 24 en produit de facteurs premiers, on a : $15 = 3 \times 5$; $20 = 4 \times 5$ et $24 = 3 \times 8$. Le PPCM de 15, 20 et 24 est : $3 \times 5 \times 8 = 120$.

Les bus partiront ensemble au bout de 120 minutes, soit 2 heures donc à 8 + 2 = 10 heures.

13. A.

14. A. Anna ne ment jamais. ⇒ Elle dit toujours la vérité. ⇒ Ce n'est pas Ismaelle qui a volé le gâteau. Justine ment toujours. ⇒ Ce n'est pas elle qui a volé le gâteau. La coupable ne peut donc qu'être Anna.

15. B. C'est l'initiale des mots désignant les premiers nombres : Un – Deux – Trois – Quatre – etc. Vient ensuite Neuf donc N.

16. C. L'équation est la suivante : 8 – 2 × 3 ÷ 9 + 8 = 10 car (8 – 2) = 6 ; 6 × 3 = 18 ; 18 ÷ 2 = 9 et 2 + 8 = 10. Les parenthèses sont ici importantes car elles imposent l'ordre des calculs.

17. C. Si on retourne K, il y a bien une voyelle à droite mais pas d'autre carte à gauche.

Si on retourne A, il y a deux lettres de chaque côté.

Si on retourne B, il y a une voyelle à gauche (A) et un nombre pair à droite (4). Cette affirmation est vraie.

18. A. Si on enlève la première lettre de chaque mot, on obtient un autre mot : rayon, onction, auge, roc.

19. B. Sur les 48 étudiants de la classe, il y a 30 filles et 18 garçons (48 – 30).

Parmi les 30 élèves qui ne portent pas de boucles d'oreille, il y a les 18 garçons donc 30 - 18 = 12 filles qui ne portent pas de boucles d'oreille.

20. B. Travaillez sur les lettres et les nombres ensemble et faites correspondre le nombre à la place de la lettre dans l'alphabet.

A	B	C	D	E	F	G	H	I	J	K	L	M
1	2	3	4	5	6	7	8	9	10	11	12	13

N	O	P	Q	R	S	T	U	V	W	X	Y	Z
14	15	16	17	18	19	20	21	22	23	24	25	26

Chaque groupe de deux lettres est suivi du nombre formé par son rang dans l'alphabet écrit en sens inverse. Donc O et P correspondent respectivement à la 15e et 16e places de l'alphabet. Inversé, cela vous donne : 16 - 15.

Annales corrigées 2

Évaluation de l'aptitude professionnelle

1 Sujet

Ces QCM (questions à choix multiple) sont à réponse unique. Si, pour une même question, plusieurs réponses sont cochées, la question sera notée zéro. Chaque bonne réponse sera notée 1 point.

1. Un nénuphar prospère sur un étang et double chaque jour sa surface. En 14 jours, il a recouvert toute la superficie de l'étang. En combien de jours a-t-il recouvert la moitié de cet étang ?

❑ A. 6 jours
❑ B. 7 jours
❑ C. 10 jours
❑ D. 13 jours

2. Éloïse a enroulé un bout de laine autour d'un morceau de bois ; en voici la vue d'un côté :

Parmi les dessins ci-dessous, lequel peut représenter l'autre côté du morceau de bois d'Éloïse ?

❑ A. 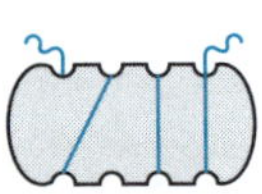

❑ B. 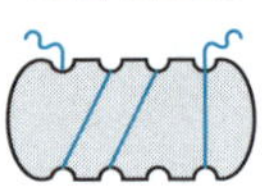

❑ C. 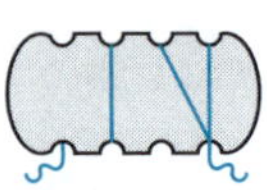

❑ D. 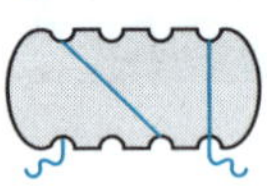

❑ E. 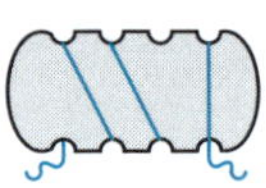

3. Quel réservoir va se remplir en premier ?

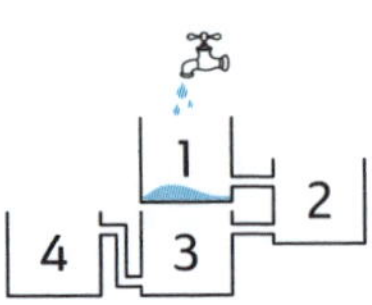

❑ A. 1
❑ B. 2
❑ C. 3
❑ D. 4

4. Un tiroir contient 20 chaussettes noires et 20 chaussettes blanches. Combien faut-il en tirer au minimum pour être sûr d'en avoir deux de la même couleur ?

❑ A. 2 ❑ B. 3 ❑ C. 5 ❑ D. 21

5. Quel nombre complète cette suite ?

35 – 34 – 25 – 29 – 85 – ?

❑ A. 81 ❑ B. 89 ❑ C. 84 ❑ D. 90

6. Remplacez le point d'interrogation par le total adéquat.

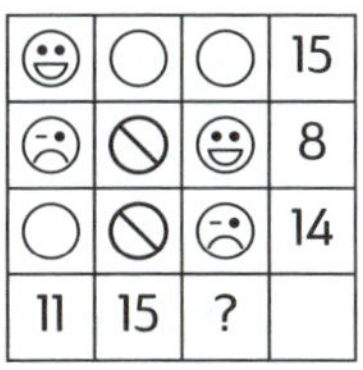

❑ A. 13
❑ B. 11
❑ C. 9
❑ D. 8

7. Si ORME = 2-5-26-18, TABLE = 7-14-15-25-18, OUBLIER = 2-8-15-25-22-18-5 alors BRAMER = ?

❑ A. 12-5-22-15-7-5
❑ B. 5-10-6-20-9-7
❑ C. 15-5-14-26-18-5
❑ D. 5-15-11-21-9-2

8. Quelle carte peut remplacer le point d'interrogation ?

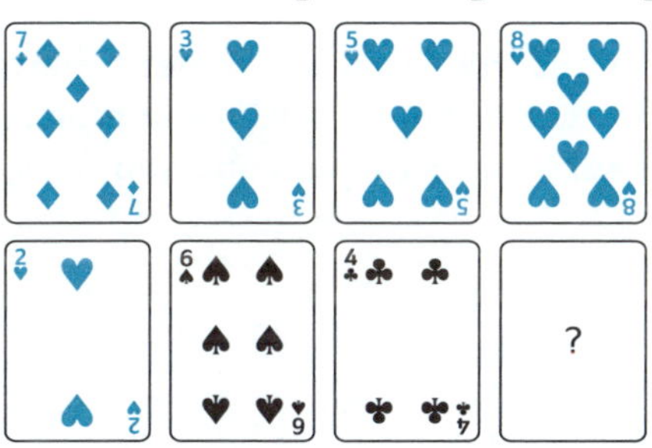

❑ A.  ❑ B.  ❑ C.  ❑ D. 

9. Une pelote de fil a un diamètre de 60 cm. Le fil a 1 millimètre de diamètre et il est enroulé si serré qu'on considère qu'il n'y a aucun vide dans la pelote. Quelle est la mesure qui s'approche le plus de la longueur du fil ?

- ❑ A. 144 km
- ❑ B. 72 km
- ❑ C. 108 km
- ❑ D. 122 km

10. Quel est l'intrus ?

- ❑ A. Granit
- ❑ B. Glaise
- ❑ C. Marne
- ❑ D. Tourbe

11. Jean est le grand-père maternel de mon oncle paternel Jacques. Qui suis-je ?

- ❑ A. Le fils de Jean
- ❑ B. Le frère de Jean
- ❑ C. L'arrière-petit-fils de Jean
- ❑ D. Le petit-fils de Jean

12. Pour calculer un prix TTC, pour un taux de TVA à 5,5 %, le coefficient à appliquer est :

- ❑ A. 0,55
- ❑ B. 1,055
- ❑ C. 1,55
- ❑ D. 2,55

13. Parmi les réponses suivantes, laquelle remplace le X ?

ANTENNE – NEON - X - ESTIMATION

- ❑ A. ORAGE
- ❑ B. AUTRE
- ❑ C. PHARAON
- ❑ D. ONDEES

14. Jean dispose de lettres en carton : 200 lettres « E », 150 lettres « S », 70 lettres « M ». Combien d'exemplaires du mot SEMEES peut-il écrire ?

- ❑ A. 66
- ❑ B. 75
- ❑ C. 101
- ❑ D. 156

15. Paul a deux fois l'âge de sa sœur Anne. Il a trois fois l'âge de son petit frère Simon. Si on additionne l'âge de Paul, d'Anne et de Simon, on obtient la moitié de l'âge de leur père. Sachant que la mère de Paul a 6 ans de plus que son père, quel est l'âge du père de Paul ?

- ❑ A. 46 ans
- ❑ B. 36 ans
- ❑ C. 52
- ❑ D. Impossible à déterminer

16. Quel nombre complète le point d'interrogation ?

21 – 25 – 19 – 23 – 17 – ?

- ❑ A. 11
- ❑ B. 23
- ❑ C. 21
- ❑ D. 15

17. Si  **est à**  **alors**  **est à ?**

❑ A.  ❑ B.  ❑ C.  ❑ D. 

18. Si Eve se traduit par le chiffre 32, que vaut Adam ?

- ❑ A. 19
- ❑ B. 12
- ❑ C. 21
- ❑ D. 25

19. Pour passer l'hiver, le gardien d'un zoo achète pour ses camélidés des pantoufles pour leurs pattes et des bonnets pour leurs bosses. Il n'a que des chameaux et des dromadaires, et il a acheté 19 bonnets et 24 paires de pantoufles. Combien a-t-il de chameaux et combien de dromadaires ?

- ❑ A. 3 dromadaires et 5 chameaux
- ❑ B. 5 dromadaires et 7 chameaux
- ❑ C. 6 dromadaires et 7 chameaux
- ❑ D. 5 dromadaires et 3 chameaux

20. On tire une carte au hasard d'un jeu de 52 cartes (roi, dame, valet, 10, 9, 8, 7, 6, 5, 4, 3, 2 et as) dans les quatre couleurs (cœur, carreau, trèfle et pique). Quelle est la probabilité de tirer un roi ?

- ❑ A. 1/4
- ❑ B. 2/16
- ❑ C. 4/52
- ❑ D. 4/13

2 Corrigé

1. D. Si le nénuphar double sa surface chaque jour, la veille il aura recouvert la moitié de l'étang c'est-à-dire au 13e jour.

2. E. On peut le comprendre en retournant le morceau E par la pensée et par une symétrie d'axe horizontal. On peut alors vérifier qu'aucun des autres dessins ne convient.

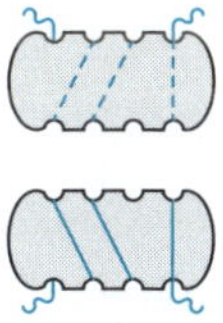

3. C.

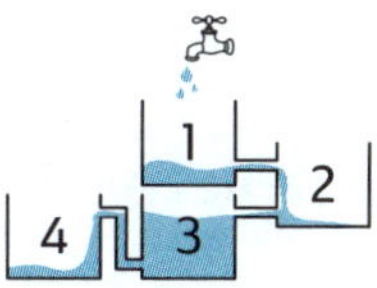

4. B. Au pire, les deux premières chaussettes tirées sont de couleur différente. Donc en tirant trois chaussettes, vous êtes sûr d'en avoir deux, voire trois (si vous avez eu de la chance), de la même couleur.

5. B. En partant de 35 : $3^2 + 5^2 = 9 + 25 = 34$; $3^2 + 4^2 = 9 + 16 = 25$; $2^2 + 5^2 = 4 + 25 = 29$; $2^2 + 9^2 = 4 + 81 = 85$; $8^2 + 5^2 = 64 + 25 = 89$.

6. B. Pas besoin de faire de savants calculs car la 1re et la 3e colonne sont identiques donc la somme est identique.

7. C. La 3e lettre de OUBLIER est B = 15 donc BRAMER commence par 15.

8. B. La somme totale des colonnes donne 9 : 7 + 2 = 9 ; 3 + 6 = 9 ; 5 + 4 = 9 et 8 + ? = 9. Il manque l'as de cœur.

9. A. Calcul du volume d'une sphère selon la formule : $\frac{4}{3} \times \pi \times r^3$.

Diamètre de la bobine (sphère) = 60 cm donc rayon (r) = 30 cm = 0,3 m

Volume de la bobine = $\frac{4}{3} \times 3{,}14 \times 0{,}3^3 = 0{,}113\ m^3$ soit $113.10^6\ mm^3$

Diamètre du fil = 1 mm donc rayon (r) = 0,5 mm

Section du fil = $\pi \times r^2 = 3{,}14 \times 0{,}5^2 = 0{,}785\ mm^2$

On peut alors calculer la longueur du fil :

$$L = \frac{V}{S} = \frac{113.10^6}{0{,}785} = 1{,}44.10^8\ mm = 144\ km$$

10. C. Il faut compter le nombre de lettres de chaque mot : Granit = 6 lettres, Glaise = 6 lettres, Marne = 5 lettres et Tourbe = 6 lettres. Donc Marne est le mot intrus.

11. C. Je suis le fils du frère de Jacques. Donc, je suis l'arrière-petit-fils de Jean.

12. B. $P_{TTC} = P_{IIT} + P_{HT} \times \frac{5{,}5}{100}$

$P_{TTC} = P_{HT} + 0{,}055P_{HT}$

$P_{TTC} = (1 + 0{,}055) \times P_{HT}$

$P_{TTC} = 1{,}055 \times P_{HT}$

13. D. La fin du mot compose le début du mot suivant.

14. A. On peut écrire moins de 70 fois le SEMEES car on ne dispose que de 70 lettres « M ». Seule la réponse A convient.

15. D. Il faut transformer ces phrases en un système de 5 équations puisqu'il y a 5 inconnues (âge des 5 personnes) :

« Paul a deux fois l'âge de sa sœur Anne » : $P = 2 \times A$

« Il a trois fois l'âge de son petit frère Simon » : $P = 3 \times S$

« Si on additionne l'âge de Paul, d'Anne et de Simon, on obtient la moitié de l'âge de leur père » : $P + A + S = Père \div 2$

« la mère de Paul a 6 ans de plus que son père » : $M = Père + 6$

Il est impossible de déterminer la réponse car nous avons seulement un système de 4 équations à 5 inconnues.

16. C. La progression est de : + 4, - 6, + 4, - 6 et + 4 donc 17 + 4 = 21.

17. B. Pour donner la 2e figure,  subit un retournement horizontal () puis un retournement vertical () et, enfin, le quart de cercle change de couleur (il devient blanc).

On applique les mêmes transformations à la 3e figure :  subit un retournement horizontal (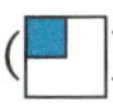) puis un retournement vertical (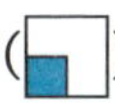) et, enfin, le petit carré devient blanc (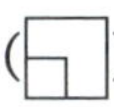).

18. A. On additionne les nombres qui correspondent à la place de chaque lettre du prénom dans l'alphabet : EVE = 5 + 22 + 5 = 32 et ADAM = 1 + 4 + 1 + 13 = 19.

19. B. Sachant que le dromadaire a 1 bosse et 4 pattes et que le chameau a 2 bosses et 4 pattes, il faut écrire un système de deux équations à deux inconnues. Soit D, le nombre de dromadaires qui ont 1 seule bosse et C, le nombre de chameaux qui ont 2 bosses :

- pour les 19 bonnets : $19 = D + 2C \Rightarrow D = 19 - 2C$
- pour les 24 paires de pantoufles soit 48 pantoufles : $48 = 4D + 4C$
- pour calculer le nombre de chameaux, on remplace D par son expression en fonction de C dans la 2e équation :

$48 = 4\,(19 - 2C) + 4C$

$\Rightarrow 48 = 76 - 8C + 4C$

$\Rightarrow 48 - 76 = -4C$

$\Rightarrow -28 = -4C \Rightarrow 28 = 4C \Rightarrow C = 28 \div 4 \Rightarrow C = 7 \Rightarrow$ Il y a 7 chameaux.

Calcul du nombre de dromadaires :

$D = 19 - 2 \times 7 \Rightarrow D = 19 - 14 \Rightarrow D = 5 \Rightarrow$ Il y a 5 dromadaires.

20. C. $\text{Probabilité} = \dfrac{\text{Nombre de cas possibles}}{\text{Nombre de cas total}}$

Nombre de possibilités de tirer un roi = 4 car il y a 4 couleurs.

Nombre de cas possibles = 52 car il y a 52 cartes.

$\text{Probabilité} = \dfrac{4}{52}$.

FAITES LE POINT !

Vous allez réaliser ici un test d'auto-évaluation. Le résultat de ce test est simplement indicatif : il a pour seul objectif de vous aider à évaluer votre niveau et le travail à fournir.

- Si vous obtenez moins de 3 réponses correctes, vous avez probablement besoin de vous remettre à niveau sur l'ensemble des tests.
- Si vous obtenez entre 4 et 6 réponses correctes, vous devez revoir toutes les fiches connaissances en tests puis vous entraîner avec les sujets.
- Si vous obtenez plus de 6 réponses correctes, vous manquez juste d'un peu d'entraînement.

1. Quelle lettre manque afin de compléter la suite suivante ?

A – E – D – H – G – K – J – ?

❑ A. L
❑ B. M
❑ C. N
❑ D. O

2. Quelle figure complète la série ?

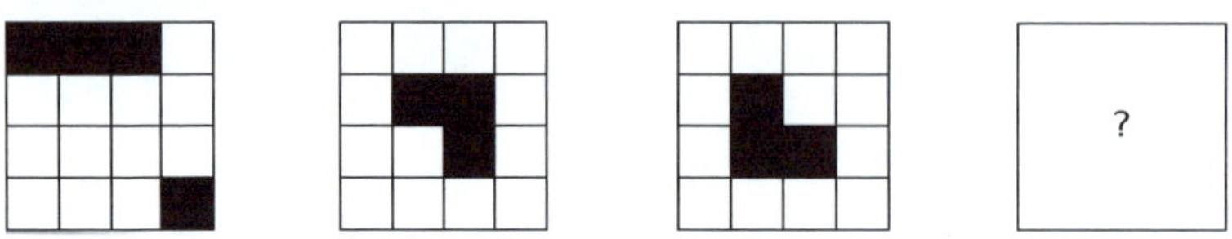

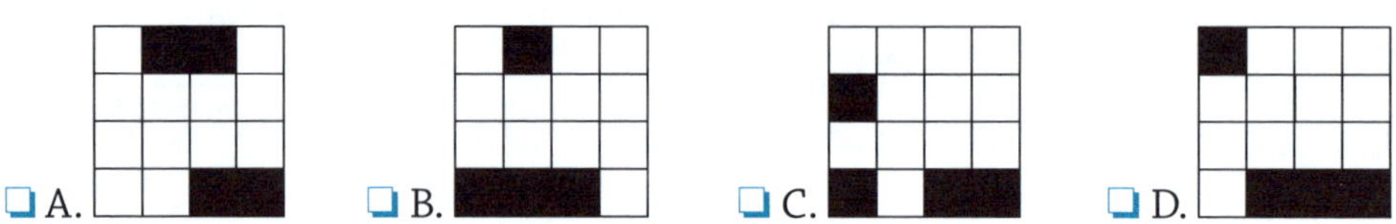

3. Quel nombre manque dans le dernier triangle ?

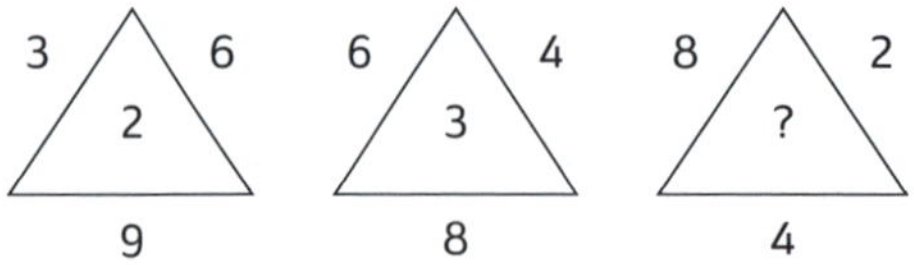

❑ A. 4
❑ B. 14
❑ C. 2
❑ D. 6

4. Un homme a sept filles, chacune de ces filles a un frère. Combien a-t-il d'enfants ?

❑ A. 7
❑ B. 8
❑ C. 10
❑ D. 14

5. Retrouvez parmi les quatre propositions celle qui permet de passer de la première figure à la seconde.

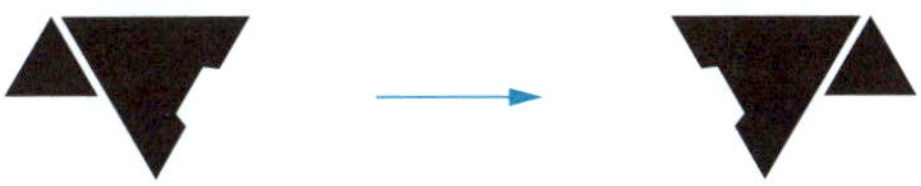

❑ A. Rotation de 90° à droite
❑ B. Symétrie horizontale
❑ C. Rotation de 180° à droite
❑ D. Symétrie verticale

6. Quel nombre complète la suite suivante ?

A C 4 / B E 7 / K I ?

❑ A. 13
❑ B. 20
❑ C. 24
❑ D. 32

7. … est à début ce que point est à …

❑ A. Fin – virgule
❑ B. Majuscule – fin
❑ C. Moyen – fort
❑ D. Commencement – but

8. Retrouvez la valeur du point d'interrogation.

273 (7) 231
417 (?) 387

❑ A. 4
❑ B. 5
❑ C. 9
❑ D. 10

9. Éliminez une figure afin d'avoir une série logique.

❑ A. 
❑ B. 
❑ C. 
❑ D. 
❑ E. 

10. Quelle carte complète la série ?

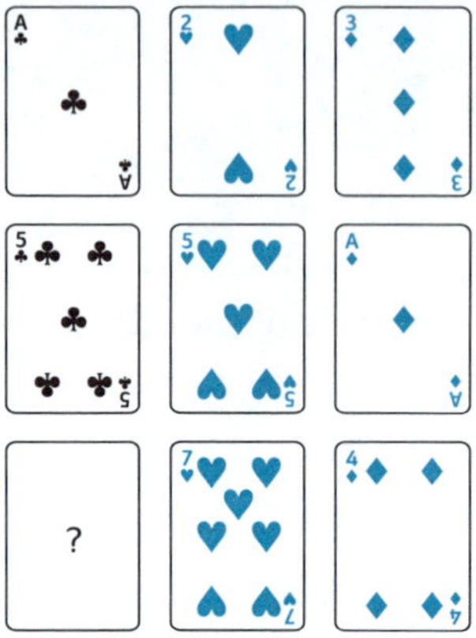

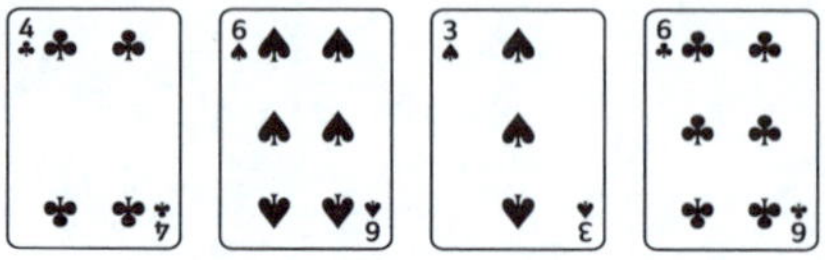

❑A. ❑B. ❑C. ❑D.

CORRIGÉS

1. C. La progression de cette série alterne entre + 4 et – 1.

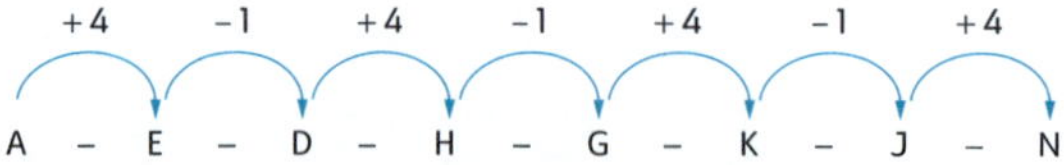

2. D. Le carré noir en haut à gauche se déplace sur la diagonale (d'en haut à gauche à en bas à droite). Le carré noir en haut de la 2e colonne se déplace de haut en bas sur cette même colonne. Il en est de même pour le carré de la 3e colonne. Enfin, le carré en bas à droite se déplace sur la diagonale (d'en bas à droite à en haut à gauche).

3. A. Il faut multiplier les nombres des deux côtés ensemble, et la base avec le centre. Pour le premier triangle, cela donne 3 × 6 = 2 × 9 ; le deuxième 6 × 4 = 3 × 8 ; le troisième, 8 × 2 = 4 × ? donc ? = 4.

4. B. Cet homme a huit enfants car chacune des filles n'a qu'un frère, il a donc sept filles et un fils.

5. D. Les deux figures sont images l'une de l'autre dans un miroir placé verticalement. Il s'agit donc d'une symétrie verticale.

6. B. Le nombre correspond à la somme de la place des deux lettres dans l'alphabet : A (1re lettre) + C (3e lettre) = 4 ; B (2e lettre) + E (5e lettre) = 7. Donc K (11e lettre) + I (9e lettre) = 20.

7. B. La majuscule commence une phrase comme le point la termine.

8. B. Sur chaque ligne, le 3e nombre est égal à la différence entre le 1er et 6 fois le 2e nombre. Sur la 1re ligne, 273 – (7 × 6) = 231. Sur la 2e ligne, 417 – 387 = 30 et 30 ÷ 6 = 5.

9. D. Le rond noir se place une branche sur deux. En respectant cette logique, la 4e figure devrait être la E, non la D.

10. D. Sur chaque colonne, la couleur des cartes est identique : trèfle pour la 1re colonne. Toujours en colonne, la somme des deux premières cartes donne la valeur de la 3e carte : 6 pour la 1re carte. La carte manquante est le 6 de trèfle.

L'entretien avec le jury
(tous concours)

Coefficient 7

Durée : 20 minutes

Méthode

1. Présentation de l'épreuve
2. Méthode de l'épreuve

 # vidéos
Simulations d'entretiens avec le jury
foucherconnect.fr/23rcgend01

1 PRÉSENTATION DE L'ÉPREUVE

Cette épreuve est primordiale à trois titres : d'une part du fait du coefficient qui lui est attribué (7) ; d'autre part parce qu'elle permet au jury de juger à la fois vos connaissances et votre comportement ; enfin parce que, à travers cette épreuve, le jury évalue votre motivation. Le jury est *a priori* composé de deux personnes. N'oubliez pas de vous munir d'un *curriculum vitae* !

1 La définition de l'épreuve

- L'entretien avec le jury sur un sujet d'ordre général porte principalement sur les **grandes questions d'actualité** ainsi que sur les **motivations** du candidat.
- Après tirage au sort d'un sujet, vous bénéficiez d'une préparation de 10 minutes avant une restitution de 20 minutes. Le jury a toute latitude pour élargir la discussion.
- L'entretien vise à **mettre en valeur votre aptitude à l'état de sous-officier de gendarmerie** au regard de votre personnalité, de votre motivation, de votre culture générale, de vos facultés d'expression et de raisonnement, de votre vivacité d'esprit et de votre équilibre émotionnel.
- Le jury dispose :
  - de votre dossier de candidature ;
  - des tests psychométriques (évaluation de l'aptitude professionnelle) ;
  - du résultat de l'entretien avec le psychologue.
- L'épreuve va donc au-delà d'un simple test de connaissances.

2 Se présenter

Vous devez marquer un certain respect à l'égard du jury, comme pour tout concours, sans pour autant tomber dans l'obséquiosité.

A| Les candidats en civil

- Cela concerne les candidats externes (1er concours) et ceux ne pouvant revêtir leur tenue (bras en écharpe, par exemple).
- Vous souhaitez servir dans un corps connu pour son sérieux : il est exclu de se présenter en tenue débraillée. Adoptez une tenue correcte et propre, soyez rasé (sauf si vous portez la barbe) et coiffé.
- Pour entrer dans la pièce, soit vous y êtes invité, soit vous frappez à la porte : n'entrez jamais sans y être invité ; c'est impoli et vous pouvez gêner le jury qui délibère peut-être sur le candidat précédent.
- Après avoir été invité à entrer, fermez la porte derrière vous, allez vous placer face au jury et présentez-vous :
  - « Monsieur/madame (+ vos prénom et nom), mes respects mon (grade) » ;
  - si vous hésitez sur le grade ou si le jury est en civil : « Monsieur/madame (+ vos prénom et nom), à votre disposition ».

B| Les candidats en tenue

- Que vous soyez GAV, militaire des autres forces armées, ADS ou réserviste, vous disposez d'une tenue et vous devez en être fier : portez-la le jour de l'entretien, sauf si cela vous est impossible. Dans ce dernier cas, attendez-vous à une question à ce sujet.

Exemples

Pourquoi n'avez-vous pas souhaité vous présenter en tenue ?
Que signifie pour vous le fait de travailler en tenue ?

- Plus encore que pour les autres candidats, la qualité de la tenue doit être irréprochable : elle est le reflet du respect que vous lui accordez et, à travers elle, au corps auquel vous appartenez. Elle indique également le soin que vous apporterez à votre tenue de gendarme.
- Lorsque vous êtes invité à entrer, faites-le et présentez-vous réglementairement :
  - position du garde-à-vous et salut à l'autorité la plus élevée ;
  - « gendarme adjoint volontaire X, à vos ordres mon (grade de l'autorité la plus élevée) » ;
  - la main droite enlève la coiffe et la pose dans la main gauche (l'avant-bras gauche reste à l'horizontal), vous restez au garde-à-vous ;
  - un des membres du jury vous met au repos et vous demande de tirer un sujet au sort.

- Une fois le sujet connu (voir ci-dessous) :
  - soit vous préparez votre réponse dans la même pièce ;
  - soit vous la préparez dans une autre pièce ; n'oubliez pas de saluer à nouveau le jury lorsque vous entrez dans la salle pour la seconde fois.

CONSEIL

Attendez-vous à des questions relatives à votre tenue : « Quel est l'insigne que vous portez à tel endroit ? », « Que signifie la fourragère à votre épaule ? »... Le jury connaît probablement les réponses : il cherche seulement à voir l'intérêt que vous portez à votre environnement professionnel.

3 Le sujet principal

- Vous êtes invité à tirer un sujet au sort : lisez le libellé du sujet à haute et intelligible voix (il se peut que ce soit un numéro renvoyant à une liste pré-établie).
- Le jury vous indique où préparer votre exposé :
  - s'il s'agit de la même pièce, installez-vous et commencez à élaborer votre réponse ; indiquez au jury que vous êtes prêt si vous avez fini avant le temps imparti ;
  - s'il s'agit d'une autre pièce, il vous appartient de vous tenir prêt lorsque les 10 minutes sont écoulées.
- Dans tous les cas, vous disposez de feuilles de brouillon et, normalement, de stylos. Malgré tout, ayez-en un avec vous pour éviter de perdre du temps si celui qui est fourni ne fonctionne pas.
- Très rapidement, couchez sur le papier les idées qui vous viennent à l'esprit, puis cherchez à les ordonner de manière logique et écrivez l'idée que vous allez soutenir durant votre exposé (l'idée maîtresse).
- Même si la préparation est courte, essayez de présenter au jury :
  - une (petite) introduction avec l'idée maîtresse ;
  - un exposé en 2 ou 3 parties ;
  - une conclusion.
- Si le jury vous interrompt par une question, répondez puis, sans attendre, reprenez l'exposé à l'endroit où vous vous êtes arrêté. Il s'agit d'une méthode pour déstabiliser le candidat et voir sa faculté à poursuivre un raisonnement.
- Si vous êtes trop long, le jury vous coupera et passera à la phase suivante : entraînez-vous chez vous à ne pas dépasser les 10 minutes.
- À l'issue de votre exposé, le jury vous posera des questions de culture générale ou visant à apprécier votre motivation.

2 MÉTHODE DE L'ÉPREUVE

Un entretien se prépare, tant au niveau des connaissances que du comportement.

1 Les questions de connaissances

A| Préparer des thèmes

- Il est difficile de structurer un exposé en 10 minutes : cela suppose de disposer d'une bonne culture générale pour ne pas perdre de temps à chercher des idées. D'un autre côté, l'exposé est court et ne nécessite pas non plus de restituer une encyclopédie.

CONSEIL
Revoyez les conseils dispensés pour la préparation à l'épreuve de composition.

- Le plus efficace est de **préparer de courtes fiches** sur les sujets les plus courants : le développement durable, le nucléaire en France, la construction de l'Europe, le rôle du Parlement en France... Ces fiches doivent être courtes pour que vous les ayez en tête : idée maîtresse, titre de deux ou trois parties, idée de conclusion. Rédigez-les à partir de la presse que vous lisez (quotidienne ou hebdomadaire), ou à partir d'un manuel de cours.
- Le jour de l'épreuve, au mieux, le sujet correspond à une de vos fiches : notez au brouillon l'architecture de l'exposé et les quelques idées à développer dans chaque partie.
- À défaut, il est possible que le sujet fasse appel en partie au travail que vous avez réalisé : la connaissance acquise lors de la préparation des fiches permet souvent d'avoir des idées à exposer. Prenez quelques minutes pour dégager une idée maîtresse et organiser ces idées.

B | Gérer la préparation

- 10 minutes, c'est très court. Ne perdez pas de temps :
  - préparez votre exposé dans la tenue où vous êtes (ne perdez pas de temps à chercher un porte-manteau...) ;
  - un papier et un stylo suffisent pour travailler : ne vous encombrez pas d'un matériel dont vous n'allez pas vous servir et qui vous gênera.
- Inscrivez immédiatement sur une feuille les idées qui vous viennent : vous n'aurez pas le temps de les retrouver par la suite.
- Très rapidement, dégagez l'idée principale qui sera votre idée maîtresse.
- Prenez une seconde feuille et inscrivez en haut le sujet, puis l'idée maîtresse, puis ordonnez les idées selon le plan que vous avez choisi.
- Si vous avez préparé des fiches, vous gagnez un temps précieux car la structure de l'exposé est déjà connue : écrivez-la sur une feuille en laissant de la place pour compléter par la suite chaque partie avec quelques idées à développer.

ATTENTION
Il est hors de question de rédiger l'exposé : entraînez-vous à parler avec des notes et travaillez les phrases de liaison.

2 Les autres questions

- Dans un deuxième temps, après votre exposé, le jury vous pose des questions, éventuellement de manière rapide.

MÉTHODE

Ne répondez pas avec précipitation : prenez le temps de comprendre la question ; au besoin, prenez quelques secondes pour réfléchir ou reformulez-la (« vous m'avez posé une question sur le rôle des forces de sécurité dans une démocratie... »). Cela vous permet de garder contenance et de disposer de quelques secondes pour trouver des idées et/ou les ordonner.

- Si un membre du jury vous coupe la parole avec une autre question, répondez dans l'ordre en regardant, pour chaque réponse, la personne qui a posé la question.

Exemple

« S'agissant du maire, il joue effectivement un rôle important en termes d'éducation puisqu'il est responsable des établissements scolaires de la maternelle et de l'école primaire [*réponse à la 1re question*]. Par ailleurs [*en regardant l'autre membre du jury*], vous m'avez posé une question relative aux capitales du Maghreb, lesquelles sont, d'ouest en est, Rabat, Alger et Tunis ».

- Vous souhaitez intégrer un corps porteur des valeurs républicaines : ayez des **connaissances de base sur la France**.

Exemples

Quelle est sa devise ?
Pouvez-vous citer les DOM ? Les COM ?...

- Personne ne peut tout connaître : si vous ne savez pas répondre à une question, dites-le sans paniquer. Le jury poursuivra avec d'autres questions.

3 Le comportement

- Un entretien est autant une épreuve de comportement que de connaissances : comment réagirez-vous en situation de stress face au public si vous paniquez pour un oral ?
- Le fait que vous gardiez une bonne contenance pendant l'oral est un élément majeur pour le jury. Il faut proscrire le bafouillage, les hésitations, les croisements de jambes incessants, les doigts « torturés », etc.
- Cela ne signifie pas qu'il faut se montrer indolent ou nonchalant. Pensez que vous avez face à vous une caméra de télévision : vous pouvez reformuler la question pour gagner du temps, mais en aucun cas vous décomposer, être désintéressé ou montrer des mouvements d'humeur.
- Tout le monde a des tics verbaux ou gestuels. Essayez de connaître les vôtres et de les contenir. Si vous disposez d'un moyen d'enregistrement (caméra, webcam, etc.), enregistrez-vous : vous verrez immédiatement les points à améliorer lors du visionnage.

4 Le CV et la motivation

- Le CV doit être rédigé avec soin et mettre en relief ce qui peut vous valoriser : diplômes, stages ou expériences en entreprise, stages/séjours à l'étranger (notamment si vous maîtrisez une langue étrangère), niveau sportif, loisirs, etc.

IMPORTANT

Ne mettez jamais une indication fausse sur votre CV : vous ne connaissez pas les compétences des membres du jury ni leur expérience. Ils peuvent facilement découvrir la falsification, ce qui serait rédhibitoire pour vous. Par exemple, n'indiquez pas « anglais courant » si tel n'est pas le cas : un des membres peut vous questionner dans cette langue.
De même, n'inventez pas un diplôme : une simple question sur son contenu permet d'en vérifier la validité.

- À ce moment de l'entretien, le jury va tester votre motivation. Préparez cette partie de l'entretien et répondez loyalement.

Exemples

Pourquoi souhaitez-vous entrer dans la gendarmerie ?
Comment concevez-vous le travail de gendarme ?
Être militaire vous semble-t-il important ?
Qu'est-ce qui vous attire dans la gendarmerie ?
Pensez-vous pouvoir valoriser vos diplômes dans la gendarmerie ?
Savez-vous que le gendarme peut être amené à servir sur l'ensemble du territoire, y compris en outre-mer ?

- Pour les candidats indiquant une appétence pour l'histoire, attendez-vous à des questions sur l'histoire de la gendarmerie.

Exemples

Savez-vous depuis quand les brigades de gendarmerie existent ?
Pouvez-vous nous citer trois dates importantes dans l'histoire de la gendarmerie ?

- À la question « Préparez-vous d'autres concours ? », répondez sans mentir : le jury appréciera votre volonté de progresser et votre franchise.

 # vidéos
Simulations d'entretiens avec le jury
foucherconnect.fr/23rcgend01

L'épreuve physique gendarmerie (tous concours)

Coefficient 3

Méthode

1. Présentation de l'épreuve
2. Méthode de l'épreuve

1 PRÉSENTATION DE L'ÉPREUVE

Cette épreuve est effectuée par les seuls candidats qui n'ont pas été éliminés lors des épreuves d'aptitude générale. La sélection physique des candidats à un emploi de sous-officier de gendarmerie repose sur une épreuve spécifique en circuit : l'épreuve physique gendarmerie (EPG). Cette épreuve trouve son fondement dans l'analyse des activités physiques exigées des sous-officiers de gendarmerie dans l'accomplissement de leurs missions : marcher, courir, sauter, franchir un obstacle, pousser, tirer, transporter, monter des escaliers... Elle est identique en distance et configuration pour les hommes et les femmes avec toutefois des temps et poids différents.

1 La description de l'épreuve

- Tout candidat à l'EPG doit être en possession d'un **certificat médical d'aptitude de moins d'un an** (qui doit impérativement faire état de votre aptitude à subir l'épreuve physique telle qu'elle vous a été présentée dans la notice explicative). Cette notice doit être obligatoirement présentée au médecin chargé de l'établissement de ce certificat.
- L'EPG se compose de **trois ateliers** :
  - un parcours d'obstacles (chronométré) ;
  - la simulation d'un combat (chronométré) ;
  - un transport de poids.
- Le parcours et la simulation d'un combat doivent être exécutés en un temps déterminé fixé pour l'ensemble de ces deux ateliers. Le transport de poids est évalué (réussite ou échec) mais n'est pas chronométré.

ATTENTION
Le parcours d'obstacles et la simulation doivent se faire en maximum 4'55 pour les hommes et 5'05 pour les femmes.

2 Le parcours d'obstacles

Il s'agit d'une course d'obstacles de 50 mètres à accomplir 6 fois.

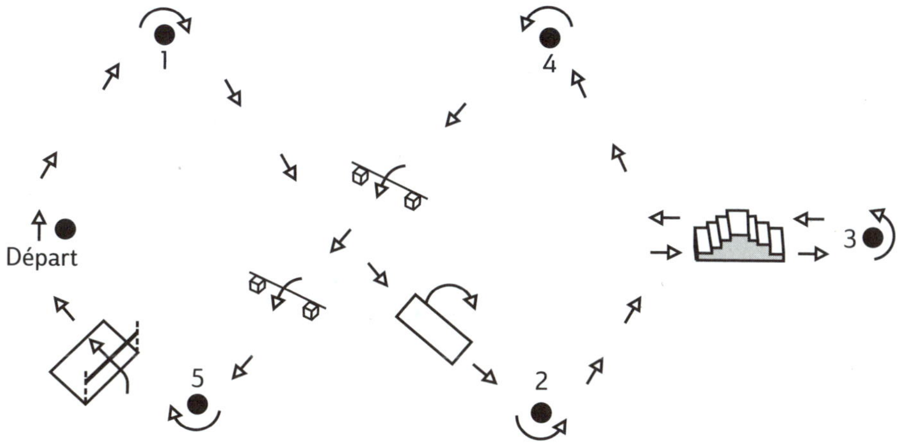

1. Partant du cône de départ, le candidat court en direction du cône 1.

2. À partir du cône 1, le sujet traverse en diagonale vers le cône 2. Avant d'atteindre ce cône, il doit franchir un obstacle sans le toucher (un tapis de sol) de 1,80 mètre de long (1,60 m pour les femmes). À la réception, le candidat tourne à gauche autour du cône 2 et se dirige vers l'escalier.

3. Le candidat doit monter et descendre l'escalier en courant, en touchant au moins une marche en montant, la plate-forme supérieure et une marche en descendant.

4. Le candidat contourne ensuite le cône 3, remonte et redescend l'escalier, puis se dirige vers le cône 4.

5. Le candidat tourne à gauche pour se diriger en diagonale vers le cône 5. Avant d'atteindre ce cône, il doit sauter deux obstacles de 45 cm de haut séparés par une distance de 3 m.

6. Au cône 5, il tourne à droite et se dirige vers le cône de départ. Avant d'atteindre ce dernier, il doit franchir une poutre placée à 0,90 m du sol, maîtriser sa réception et se laisser tomber sur le dos ou sur le ventre (alternativement à chaque tour). Il doit se relever sans aide (ne pas se retourner lorsqu'il tombe sur le ventre, ne pas rouler sur le côté lorsqu'il tombe sur le dos, ne jamais s'aider de la poutre), et contourner le cône de départ avant d'accomplir un autre tour.

7. Lorsque les 6 tours sont terminés, le candidat se dirige vers l'appareil à traction.

» Les fautes relevées

- Ne pas réussir à sauter par-dessus le tapis de sol de 1,80 m.
- Faire tomber un cône ou une barre.
- Toucher la poutre en sautant par-dessus avec toute autre partie du corps que les mains et les pieds.

- Se relever en s'aidant de la poutre ou en roulant sur le côté.
- Dans chacun de ces cas, le candidat doit franchir de nouveau l'obstacle ou replacer l'élément tombé.
- Un candidat qui rate six fois l'épreuve de saut en longueur de 1,80 m échoue au test.

CONSEILS

Repérez bien le parcours (vous disposez de temps pour le reconnaître) et surtout ne le craignez pas. Des milliers d'autres l'ont « fait », pourquoi pas vous ?

3 La simulation du combat

À moins de 10 mètres de la fin de la course d'obstacles, la simulation consiste en des exercices de traction et de poussée entrecoupés de chutes maîtrisées.

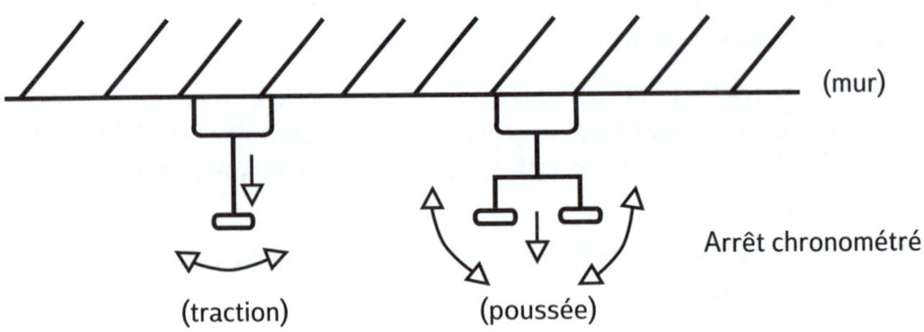

» L'exercice de traction

Le candidat agrippe une corde et soulève un poids de 36 kg (25 kg pour les femmes). En conservant le poids dans cette position, il se déplace en décrivant un arc de 180° et touche le mur de chaque côté de l'appareil. Il répète l'exercice 6 fois, touchant ainsi le mur 3 fois de chaque côté. Le candidat doit conserver son équilibre et garder ses coudes fléchis pendant toute la durée de l'exercice.

» Les chutes maîtrisées

Après l'exercice de traction, le candidat dépose le poids sur le sol, s'éloigne de l'appareil (1 m), tombe sur le ventre, se relève, touche le mur, exécute une autre chute sur le dos, se relève sans rouler sur le côté et touche encore le mur. Cette séquence est exécutée 2 fois (4 chutes : 2 vers l'avant, 2 vers l'arrière).

» L'exercice de poussée

Après avoir touché le mur, le candidat se déplace jusqu'à l'appareil de poussée. À l'aide des poignées, il pousse afin de soulever du sol un poids de 36 kg (25 kg pour les femmes). Il le conserve dans cette position et décrit 6 arcs complets en touchant 3 fois le mur de chaque côté (*idem* exercice traction). Les bras doivent demeurer fléchis au niveau du coude, et ni les coudes ni les mains ne doivent toucher la poitrine ou les épaules.

» Les fautes relevées

- Incapacité à soulever le poids ou à le maintenir en l'air.
- Coudes non fléchis au cours de l'exercice de traction ou de poussée.
- Mains touchant les épaules ou la poitrine durant l'exercice de poussée.
- Incapacité à revenir à une position stable entre les chutes.
- Rouler sur le côté pour se relever après la chute arrière.
- Dans tous les cas, l'exercice (la chute ou l'arc) doit être repris.

La partie chronométrée de l'EPG prend fin au moment où le candidat termine le sixième arc de l'exercice de poussée (dépôt du poids sur le sol). Le candidat qui dépasse le temps imparti échoue au test et ne subit pas l'atelier suivant.

4 Le transport de poids

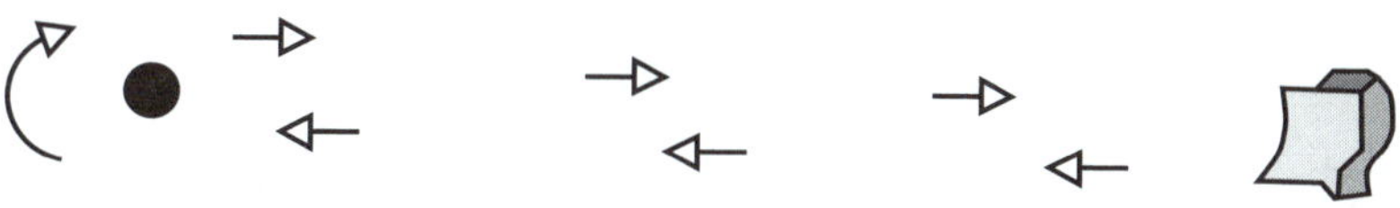

Le candidat doit soulever un poids (sac de sable) de 45 kg (25 kg pour les femmes), le transporter, en se servant uniquement de ses bras, sur une distance de 15 mètres et le reposer sur le sol en douceur.

CONSEILS

- Ne soulevez pas le poids avec les reins, ce qui vous tétaniserait et vous bloquerait le souffle, mais avec les jambes que vous avez musclées pour cela (entre autres).
- Accroupissez-vous pour saisir ou pousser le poids et relevez-le avec vos jambes. Vos jambes sont vos meilleures alliées pour les exercices avec le sac et pour vous relever.

» Les fautes relevées

- Incapacité à soulever le sac, à le porter en se déplaçant ou à le déposer en douceur à la fin de l'exercice.
- Dans tous les cas, l'ensemble de l'exercice doit être repris.
- Trois essais infructueux signifient un échec.

À SAVOIR

Avant le début de l'épreuve, une démonstration est faite à l'ensemble des candidats par un moniteur d'entraînement physique et sportif. Il insistera sur les fautes qui obligeront le candidat à recommencer l'épreuve ou qui peuvent provoquer l'échec de l'épreuve.

2 MÉTHODE DE L'ÉPREUVE

Pour réussir l'EPG, vous devez posséder une bonne condition physique et vous être préparé de façon spécifique. Faites attention à votre alimentation. Évitez de consommer graisses et sucres rapides (bonbons, glaces...) et ne buvez que très peu ou pas d'alcool. Comptez une préparation minimale de 3 mois avant les épreuves, surtout si vous n'avez que peu d'activité physique, et suivez les conseils suivants.

1 Un entraînement sur la durée

- La mise en condition physique requiert un échelonnement sur une durée minimum de **10 à 12 semaines** à raison de 2 ou 3 séances hebdomadaires. Accroissez progressivement l'intensité des séances d'entraînement, en commençant au niveau auquel vous vous sentez le plus à l'aise et en augmentant un peu chaque semaine le temps et le nombre d'exercices.
- Toute séance de mise en condition doit obligatoirement commencer par une **phase d'échauffement** (exercices d'assouplissement et d'étirement comprenant des mouvements contrôlés des principaux groupes musculaires et articulaires ; bien chauffer les tendons) de 10 à 15 minutes. Ceci vous permettra d'effectuer ensuite les exercices suivants.

2 Accomplir des exercices physiques précis

A| Muscler les abdominaux

- Commencez par des séries de 10, puis 15, puis 20 en augmentant par semaine ou quinzaine selon votre forme de départ.

- Allongé sur le dos (position ne présentant aucun risque pour vos lombaires), placez les mains croisées, à plat derrière le cou et levez le haut de la poitrine selon 6 positions de jambes :
  - jambes tendues, légèrement relevées ;
  - jambes repliées, pieds touchant le sol ;
  - pieds joints, genoux le plus écartés possible, jusqu'à toucher le sol si vous y arrivez ;
  - jambes levées, jointes, le plus à la verticale possible ;
  - jambes levées, écartées le plus possible, les talons sortis ;
  - jambes levées, les phalangines des gros orteils se touchant.

B | Effectuer des flexions

- Flexions du tronc sur chaque côté avec les mêmes séries 10, 15, 20.
- Flexions des bras avec les mêmes séries. Testez votre capacité de départ, puis augmentez de 5 chaque semaine. Inutile de forcer au risque de vous blesser, l'important est d'entraîner lentement mais sûrement votre corps.
- Flexions des jambes pour bien muscler les cuisses. Mouvement : pliez les jambes jusqu'à ce que le genou soit à la verticale de votre pointe de pied. Placez vos bras en demi-cercle, à l'horizontale (difficile de garder longtemps l'horizontale) devant vous, mains face à face, verticales, doigts légèrement écartés. Fermez vos yeux à moitié, le regard étant dirigé à 45° vers le bas. Respirez lentement et profondément et… tenez !
- Vos cuisses vont se mettre à chauffer. Comptez jusqu'à 30 avant de vous relever lentement. Au début, ne répétez pas cet exercice plus de deux fois par jour. Après 2 semaines, essayez de tenir 1 minute, puis 2 minutes après 1 mois.
- Entrecoupez cet exercice de flexions accroupissements lentes, puis plus rapides (après 4 semaines).

MÉTHODE

Cette liste n'est pas exhaustive et doit être complétée par chacun en fonction de ses faiblesses. Par exemple, une personne courant régulièrement pourra souhaiter porter plus particulièrement son travail sur les membres supérieurs.

3 Travailler son souffle et sa forme générale

- L'EPG n'est pas une compétition et il ne s'agit pas d'accomplir une performance. Vous devez simplement exécuter dans le temps imparti le parcours d'obstacles et la simulation d'un combat, et réussir le transport de poids.

- Pour tous ces exercices, mieux vaut avoir le souffle long. Pour gagner du souffle, faites de la marche à pied, ne prenez plus ni ascenseur ni tapis roulant, faites un peu de course à pied avec de bonnes chaussures de sport.
- Si vous n'avez pas l'habitude de courir, commencez par des parcours de petites distances, soit 3 à 4 km pour atteindre régulièrement 8 km, voire 9 km. À mesure que votre forme physique s'améliorera, vous serez capable de faire davantage d'exercices et d'augmenter progressivement le nombre de jours d'entraînement.
- Prenez garde de ne pas exagérer, vous ne vous entraînez pas en vue d'une compétition.
- Réservez-vous toujours une journée de repos hebdomadaire quelle que soit votre forme physique.
- Pour être efficace, votre préparation doit tenir compte des exigences physiologiques (notamment cardio-pulmonaires) de l'épreuve ; vous veillerez donc à accomplir des exercices semblables à ceux que vous effectuerez durant l'EPG. Votre entraînement doit correspondre à votre niveau de départ et à vos objectifs.
- Chaque séance doit s'achever par une période de 10 à 15 minutes d'étirements et de retour au calme. N'hésitez pas à vous masser avec les crèmes adéquates et surtout, pendant toute cette période d'entraînement, buvez beaucoup d'eau !

IMPORTANT

- Cette épreuve est difficile donc :
  - avant la convocation aux sélections, préparez-vous physiquement ;
  - avant et pendant l'épreuve, échauffez-vous ;
  - reconnaissez le parcours et faites le tour des installations ;
  - dosez vos efforts et ne dépassez pas vos limites.
- Cette épreuve, pourtant simple, s'avère fatale aux candidats mal préparés.

L'épreuve d'évaluation numérique

(tous concours)

Coefficient 1

Durée : 30 minutes

Méthode

Présentation de l'épreuve

Entraînement

✔ **FAITES LE POINT !**

PRÉSENTATION DE L'ÉPREUVE

1 Nature de l'épreuve

Cette épreuve, sous forme de QCM, comporte **20 questions**. Elle a pour objet d'évaluer les connaissances informatiques en général. Elle est facilement abordable pour quelqu'un qui utilise régulièrement l'outil informatique.

Les questions font appel à une connaissance usuelle et portent ainsi sur des **logiciels** ou sur l'**environnement informatique**. Cette épreuve vise à évaluer les connaissances et à mesurer les compétences numériques du candidat

L'épreuve est normalement effectuée sur une tablette.

Cette épreuve, dotée d'un **coefficient 1** et d'une durée de **30 minutes** est notée sur **20 points** ; aucune note n'est éliminatoire.

2 Quelques notions utiles

Le monde informatique est complexe et la gendarmerie utilise nombre d'acronymes sur lesquels peuvent vous être posées des questions. Voici quelques notions à connaître pour cette épreuve :

- **ANSSI** : Agence nationale de sécurité des systèmes informatiques ; il s'agit de l'agence gouvernementale en charge de la protection des sites et des réseaux officiels (administrations, gouvernement…) ;
- **CNIL** : commission nationale informatique et libertés ; elle veille au respect des données permettant l'identification des individus. Tout fichier utilisé doit faire l'objet soit d'une déclaration préalable soit d'une demande d'autorisation auprès de cet organisme ;

- **STSI** : Service des technologies et des systèmes d'information de la sécurité intérieure ; il s'agit du service spécialisé en informatique et communication du ministère de l'Intérieur (il est situé à la direction générale de la gendarmerie nationale, sous le commandement d'un officier général de la gendarmerie).

IMPORTANT

N'oubliez pas également de revoir la définition exacte de mots souvent utilisés en informatique (chatbot, spam, lanceurs d'alerte...).

FAITES LE POINT !

Voici des exemples de questions pouvant être posées lors de cette épreuve.

1. Qu'est-ce qu'un « hacker » ?

- ❑ A. Un utilisateur de tablette
- ❑ B. Un informaticien qui pirate des sites internet
- ❑ C. Un développeur de jeux
- ❑ D. Un objet permettant de lire des cartes vidéo

2. Qu'est-ce que la CNIL ?

- ❑ A. Une marque d'ordinateur
- ❑ B. Un système de liaison sans fil
- ❑ C. Une commission qui protège les individus
- ❑ D. Une commission d'enquête parlementaire

3. Que signifie « faire un reset » ?

- ❑ A. Lancer un jeu
- ❑ B. Changer de matériel
- ❑ C. Effacer des données
- ❑ D. Copier un fichier

4. Qu'est-ce que Excel ou Open Calc ?

- ❑ A. Des jeux
- ❑ B. Des sites de rencontres
- ❑ C. Des tableurs
- ❑ D. Des antivirus

5. Que signifie le « bluetooth » ?

- ❑ A. Un matériel de copie de documents
- ❑ B. Un système de liaison sans fil
- ❑ C. Un site pour enregistrer des données
- ❑ D. Un système audio

CORRIGÉS

1. B. ; **2.** C. ; **3.** C. ; **4.** C. ; **5.** B.

Partie 4

LES CONNAISSANCES INDISPENSABLES

Évaluation de l'aptitude professionnelle (EAP)

Connaissances professionnelles

QCM

Des QCM interactifs pour s'entrainer

foucherconnect.fr/23rcgend07

Évaluation de l'aptitude professionnelle (EAP)

FICHE 1

LES SUITES LOGIQUES

Les suites sont des séries d'éléments qui se suivent selon un ordre logique. Elles sont destinées à évaluer votre aptitude à raisonner sur des nombres, des lettres, des mots ou des signes. Pour chaque question, les « termes » sont rangés selon un ordre précis et constant. Vous devez identifier la logique qui régit la suite afin de trouver le ou les élément(s) manquant(s).

1 Quelle lettre peut remplacer le point d'interrogation ?

Dans ces exercices, il vous est proposé une suite de lettres qui obéit à une certaine logique souvent basée sur la place des lettres dans l'alphabet. La suite peut comporter l'alphabet complet ou n'utiliser qu'une partie des 26 lettres. Il faut également savoir que l'on peut soit avancer soit reculer dans l'alphabet, et que si l'on arrive à la dernière lettre de l'alphabet (Z), la lettre qui poursuit la série est la première lettre d'un nouvel alphabet (A).

CONSEIL

Lorsque vous êtes en présence d'une suite de lettres, commencez par écrire l'alphabet au brouillon, ce qui vous permet de repérer plus facilement les écarts entre les lettres.

Exemple

Quelle lettre complète cette suite logique ?

A – C – F – J – O – ?

Dans cette suite, l'écart entre les lettres augmente à chaque fois de 1 : entre A et C, on ajoute 2 lettres ; entre C et F, 3 lettres ; entre F et J, 4 lettres ; entre J et O, 5 lettres. Donc entre O et la lettre à trouver, il faut ajouter 6 lettres : O + 6 lettres = U. La lettre à découvrir est U.

2 Quel nombre manque ?

Les nombres peuvent se suivre de façon croissante ou décroissante. Les quatre opérations de base (addition, soustraction, multiplication ou division), seules ou associées, sont utilisées dans ces suites de nombres. Il est également possible de travailler avec la propriété des nombres (nombres pairs ou impairs, nombres premiers, multiples, etc.). De plus, deux séries de nombres peuvent alterner.

Exemple

Quel nombre remplace le point d'interrogation ?
6 – 13 – 27 – 55 – 111 – 223 – ?

Vous êtes en présence d'une suite croissante dont les nombres augmentent assez rapidement. Vous remarquez que ces nombres croissent de plus du double à chaque fois. Il faut donc essayer de travailler avec la multiplication comme opération de base.

Il n'y a pas de rapport entier direct entre 6 et 13 mais, en combinant deux opérations, vous pouvez relier ces deux nombres par l'opérateur « $\times 2 + 1$ » : $(6 \times 2) + 1 = 13$.
Vérifiez ensuite que cet opérateur permet d'obtenir chacune des valeurs de la suite : $(13 \times 2) + 1 = 27$; $(27 \times 2) + 1 = 55$; $(55 \times 2) + 1 = 111$ et $(111 \times 2) + 1 = 223$.

Pour trouver le nombre manquant, il faut donc appliquer l'opérateur « $\times 2 + 1$ » : $(223 \times 2) + 1 = 447$.

×2+1 ×2+1 ×2+1 ×2+1 ×2+1 ×2+1
6 – 13 – 27 – 55 – 111 – 223 – 447

Le nombre qui remplace le point d'interrogation est **447**.

3 Comment pouvez-vous poursuivre cette suite ?

La particularité des suites alphanumériques est d'unir des lettres et des nombres, voire des mots et des nombres. Les nombres sont à combiner aux lettres ou aux mots qui les précèdent ou les suivent et sont souvent à relier à la place des lettres dans l'alphabet.

CONSEIL
Afin de découvrir le rapport entre une lettre et un nombre, inscrivez sous les lettres de l'alphabet la place qu'elles occupent dans l'alphabet (à l'endroit et à l'envers).

A	B	C	D	E	F	G	H	I	J	K	L	M
1	2	3	4	5	6	7	8	9	10	11	12	13
26	25	24	23	22	21	20	19	18	17	16	15	14

N	O	P	Q	R	S	T	U	V	W	X	Y	Z
14	15	16	17	18	19	20	21	22	23	24	25	26
13	12	11	10	9	8	7	6	5	4	3	2	1

Exemple

Quel nombre remplace le point d'interrogation dans la suite suivante ?
G – 7 / M – 13 / P – 16 / V – ?

D'après le tableau ci-dessus, vous remarquez que G est la 7e lettre de l'alphabet. De même, M est la 13e lettre ; P est la 16e lettre. Par conséquent, V est la 22e lettre. Le nombre qui remplace le point d'interrogation est 22.

4 Quel mot complète cette suite ?

Les suites de mots sont généralement constituées d'un nombre de termes plus restreint. Les jours de la semaine, les mois de l'année, les notes de musique, etc. sont le plus souvent utilisés. Les listes de mots, dont les termes sont liés par un ordre précis, sont connues de tous.

Exemple

Quel mot complète la suite suivante ?
Jeudi – Vendredi – Dimanche – Mercredi – ?

Cette suite est constituée des jours de la semaine. Entre jeudi et vendredi, vous ajoutez 1 jour. Entre vendredi et dimanche, vous ajoutez 2 jours. Entre dimanche et mercredi, vous ajoutez 3 jours. À chaque fois, vous ajoutez 1 jour de plus : il faut donc ajouter 4 jours à partir de mercredi (jeudi, vendredi, samedi, dimanche) pour découvrir la solution.

+1 +2 +3 +4

Jeudi – Vendredi – Dimanche – Mercredi – Dimanche

Il faut alors écrire **Dimanche** comme réponse.

FICHE 2

LES DOMINOS ET LES CARTES

Les jeux de dominos et de cartes sont souvent utilisés dans les questions de logique. Il vous est demandé de trouver les valeurs d'un domino ou la couleur et la valeur d'une carte. La disposition des figures est importante car elle renseigne sur la logique de l'exercice.

1 Quel domino manque ?

- Un domino est divisé en deux parties dont chaque face possède une valeur comprise entre 0 et 6. Chaque domino est constitué de deux valeurs indépendantes l'une de l'autre. Cependant, les deux parties d'un même domino peuvent avoir la même valeur.
- Une seule règle est à retenir : les sept valeurs des dominos se succèdent aussi bien dans l'ordre croissant que dans l'ordre décroissant. Par conséquent, après le 6 vient le 0 lorsque la suite est croissante et ne faites pas l'erreur de mettre 7 après 6. Il en est de même lorsque la suite est décroissante : après le 0 vient le 6.
- La **présence du 0** comme première valeur complique la mise en évidence d'une progression régulière. Par exemple, si la suite croît de 2, les valeurs sont les suivantes : 2, 4, 6 puis 1 et 3. **On passe donc de valeurs paires à des valeurs impaires** ; gardez toujours en tête cette particularité des dominos.

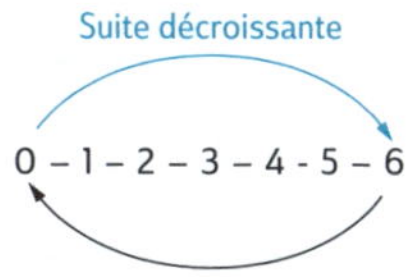

- Chaque exercice comporte un nombre variable de dominos, disposés selon un arrangement varié : ligne, rectangle, croix, spirale, etc., mais toujours selon un ordre logique à découvrir.

Exemple

Quel est le domino manquant ?

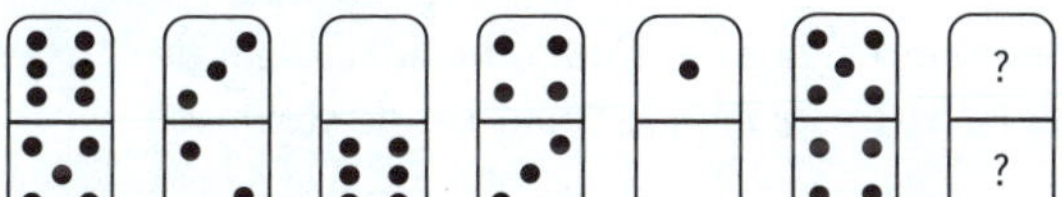

❑ A. ❑ B. ❑ C. ❑ D.

Pour la partie supérieure comme pour la partie inférieure, on soustrait 3 à chaque valeur pour passer d'un domino à l'autre.
Partie supérieure : $5 - 3 = 2$
Partie inférieure : $4 - 3 = 1$
Le domino manquant est donc $\frac{2}{1}$, soit la réponse A.

2 Quelle est la carte manquante ?

- Les questions sur les cartes sont composées de plusieurs cartes groupées. À l'exclusion des rois, dames et valets, toutes les valeurs (de l'as au dix) sont utilisées dans toutes les couleurs (trèfle, cœur, carreau et pique). Le joker est parfois utilisé mais il ne sert qu'à remplir les espaces vides et à perturber le candidat.

ATTENTION
- L'as n'est pas la plus forte valeur mais prend la valeur 1 et constitue donc le début de la suite des cartes.
- On entend par couleur : trèfle, carreau, cœur, pique (et non rouge ou noir).

- Une carte, parfois deux, est retournée et la question consiste à trouver la couleur et la valeur de cette carte.

Exemple

Trouvez la valeur de la dernière carte.

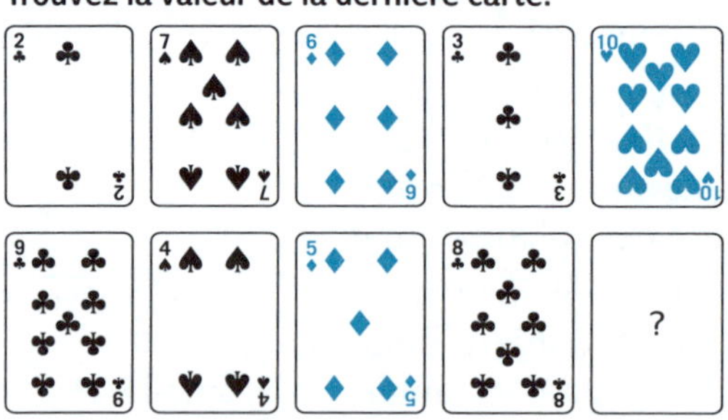

❑ A. ❑ B. ❑ C. ❑ D.

La première observation porte sur les couleurs des cartes. En travaillant en colonne, vous remarquez que la couleur de chaque colonne est unique : trèfle, pique, carreau, trèfle et cœur. Ensuite pour trouver la valeur de la carte, la somme de chaque colonne est égale à 11 : 1re colonne $2 + 9$; 2e colonne $7 + 4$; 3e colonne $6 + 5$; 3e colonne $3 + 8$. La somme de la 5e colonne doit donc être égale à 11. Pour obtenir la valeur de la carte manquante, il faut donc ajouter 1 à 10. La solution est donc l'as de cœur, soit la réponse C.

FICHE 3 LES FIGURES LOGIQUES

Les questions sur les figures logiques consistent à trouver une figure manquante. Une observation attentive des figures et de leurs particularités permet de dégager une progression ou une caractéristique commune à l'ensemble des figures proposées.

1 Quelle figure complète cette matrice ?

Les exercices sur les matrices sont facilement reconnaissables à la disposition des figures : les matrices sont formées d'un carré de neuf figures situées sur trois lignes et trois colonnes. La case en bas à droite est vide et vous devez choisir la réponse qui respecte la logique de la matrice parmi plusieurs propositions. Pour réussir ces exercices, il faut rechercher, sur les lignes ou sur les colonnes, des liens entre les figures.

Exemple

Parmi les quatre figures proposées, laquelle remplace le point d'interrogation ?

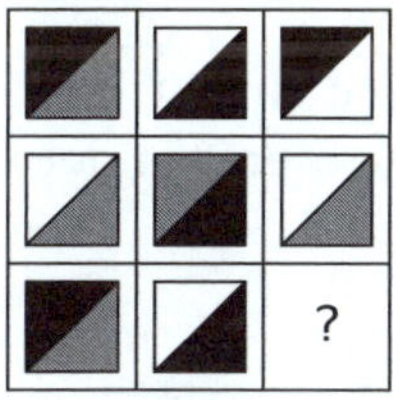

❑ A.  ❑ B.  ❑ C.  ❑ D. 

Sur chaque ligne, la partie supérieure du 3e carré est identique à la partie supérieure du 1er carré, et la partie inférieure du 3e carré est identique à la partie supérieure du 2e carré. La figure à découvrir est donc un carré noir, soit la réponse D.

2 Quelle figure complète la série suivante ?

- Les séries graphiques sont des suites de figures, et non de lettres ou de nombres. Cependant, le principe reste le même : vous devez retrouver une figure qui complète la suite en obéissant à une progression logique.
- D'autres exercices peuvent exister à partir de ces mêmes images : parmi les figures de départ, il s'agit d'identifier la figure intruse à éliminer.

Exemple

Quelle figure complète la série suivante ?

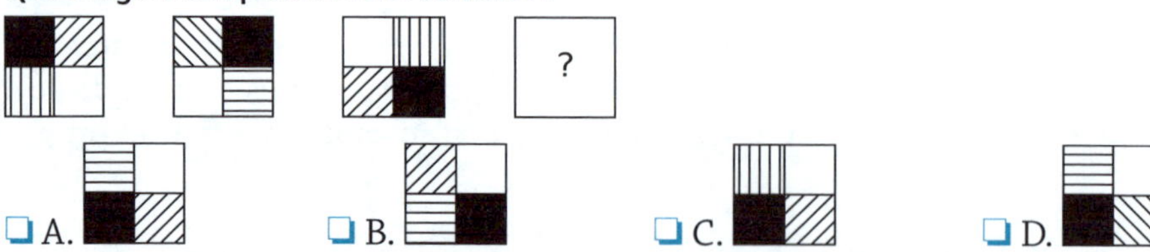

Les carrés noirs et blancs subissent une rotation de 90° dans le sens des aiguilles d'une montre alors que les carrés rayés se déplacent de 90° dans le sens inverse des aiguilles d'une montre en changeant le sens des rayures. Seule la figure D possède toutes ces caractéristiques.

3 Quelle est la 4e grille ?

- Les exercices sur les grilles logiques sont basés sur le déplacement de différents éléments à l'intérieur d'un quadrillage.
- Les mouvements des éléments graphiques sont simples : translations horizontales, verticales ou obliques (en diagonale).
- Les trois figures de départ vous permettent d'identifier, pour chaque élément, un déplacement particulier qu'il va falloir appliquer pour obtenir la dernière figure.

CONSEIL
Si l'élément se déplace dans le sens des aiguilles d'une montre, il « avance » d'une ou plusieurs cases ; s'il se déplace dans le sens inverse, il « recule ».

Exemple

Quelle figure complète les trois grilles suivantes ?

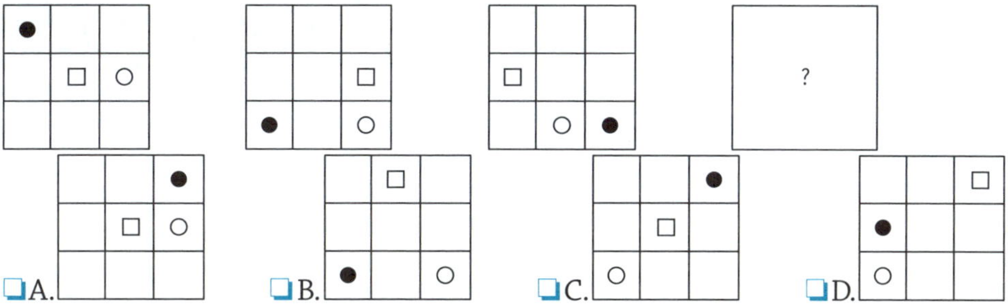

Travaillez sur chacun des trois symboles (rond noir, cercle blanc et carré blanc) de manière indépendante et analysez leur déplacement en repérant sa direction (horizontale, verticale ou oblique). Une fois que vous avez découvert la translation de l'élément, comptez le nombre de cases correspondant au déplacement de celui-ci.

Dans cet exemple, pour passer d'une figure à la suivante, le rond noir se place à chaque angle de la grille (ou recule de deux cases), le carré blanc avance d'une case vers la droite sur la 2e ligne et le cercle blanc avance d'une case. La 4e grille logique correspond à la réponse C.

FICHE 4 LES SÉRIES GRAPHIQUES

Les séries graphiques sont des suites de figures, et non de lettres ou de nombres. Cependant, le principe reste le même : vous devez retrouver une figure qui complète la suite en obéissant à une progression logique. D'autres exercices peuvent exister à partir de ces mêmes images : il s'agit d'identifier, parmi les figures de départ, celle qu'il faut éliminer.

1 Quelle est la figure identique ?

Il s'agit de retrouver une figure plus ou moins complexe parmi d'autres. En examinant systématiquement une figure après l'autre et en barrant les impossibilités, la solution se trouve aisément.

Exemple

Parmi les six propositions, quelle figure est identique au modèle ci-dessous ?

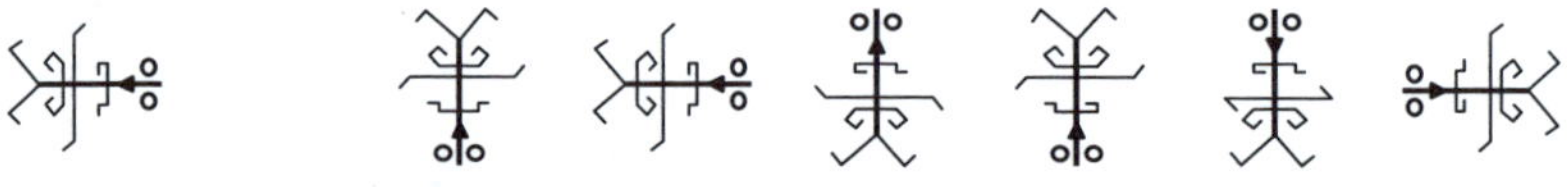

❑ A. ❑ B. ❑ C. ❑ D. ❑ E. ❑ F.

Le changement d'orientation demande une attention soutenue. L'impression générale étant identique, cherchez à différencier les petits détails. La figure F est identique au modèle.

2 Quelle est la figure intruse ?

Dans ce type de question, il faut trouver un (ou des) point(s) commun(s) qui s'applique(nt) à toutes les figures d'un ensemble. Il existe une seule exception, l'intrus à découvrir.

Exemple

Quelle figure ne respecte pas les mêmes caractéristiques que les cinq autres ?

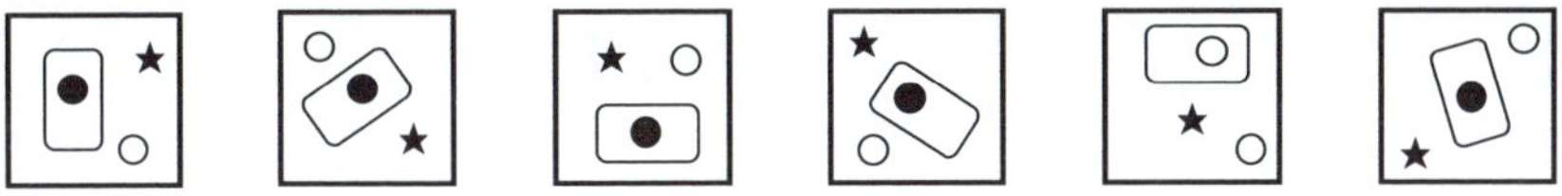

❑ A. ❑ B. ❑ C. ❑ D. ❑ E. ❑ F.

Chaque carré contient un rectangle, deux ronds et une étoile. L'étoile noire et le rond blanc se trouvent toujours à l'extérieur du rectangle. Le rond noir est à l'intérieur du rectangle, sauf en E où il est blanc. La réponse correcte est la figure E.

3 Quels éléments peuvent compléter cette suite ?

Une suite ordonnée de sept éléments constitue la progression logique de base. À partir de cette succession, vous devez découvrir le cheminement logique et chercher les éléments manquants, indiqués par les points d'interrogation.

Exemple

Vous avez ci-dessous une suite de sept éléments :

À partir de cette liste ordonnée, complétez cette suite avec les trois figures qui viennent remplacer les points d'interrogation.

❑ A. 

❑ B. 

❑ C. 

❑ D. 

❑ E. 

Dans cette suite de dessins, vous passez d'une figure à l'autre en reculant de trois éléments.

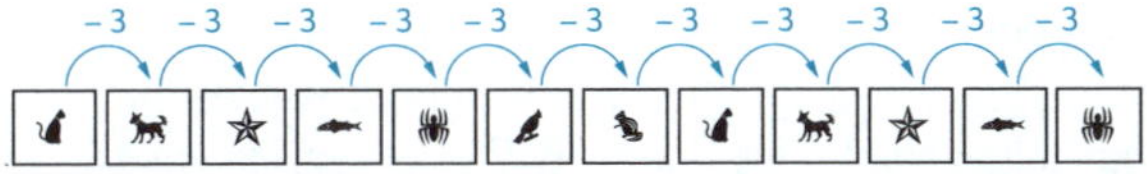

Les éléments satisfaisant cette logique correspondent à la réponse D.

FICHE 5

LA LOGIQUE SPATIALE

Les figures géométriques servent de support à de nombreux exercices basés sur la spatialisation, reconnaissance de dispositions dans un plan ou dans l'espace. Dans ce type de question, il s'agit de faire tourner « mentalement » des figures, dessiner des axes de symétrie ou effectuer des pliages.

ATTENTION

Il n'est pas question ici d'effectuer réellement toutes ces opérations, seule l'aide d'un dessin sur papier est possible, ce qui complique ces exercices.

1 Quelle figure ne se superpose pas aux autres ?

Dans ces exercices, il vous est demandé d'identifier une figure intruse parmi plusieurs figures apparemment identiques. Pour choisir la figure à éliminer, il faut toutes les superposer, c'est-à-dire les amener dans la même position afin de les comparer et de trouver celle qui diffère.

Exemple

Trouvez l'intrus parmi les figures ci-dessous.

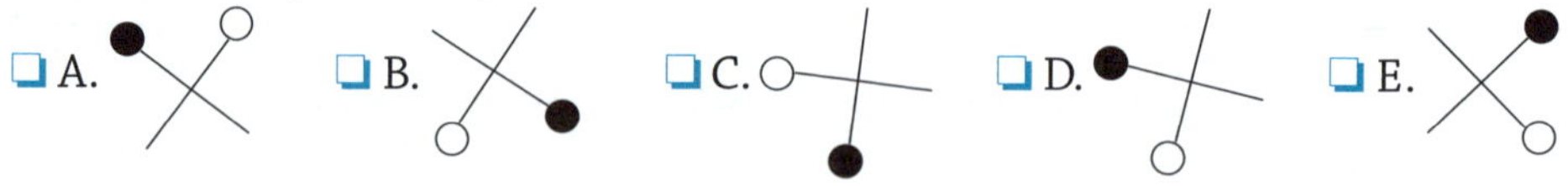

Choisissez une position de référence pour comparer les figures, c'est-à-dire une position qui permette de visualiser rapidement si les figures sont superposables ou non, par exemple la figure A. Si vous faites pivoter les figures B, C et E dans le sens des aiguilles d'une montre ou dans le sens inverse, elles se superposent exactement à la figure de référence. En revanche, la figure D a subi un retournement horizontal. La solution est la réponse D.

À SAVOIR
Une rotation à droite est une rotation horaire, c'est-à-dire dans le sens des aiguilles d'une montre, et une rotation à gauche est une rotation antihoraire, c'est-à-dire dans le sens inverse des aiguilles d'une montre.

2 Quelle figure résulte de ces transformations ?

- Ici, une ou plusieurs transformations sont à appliquer à une figure de départ. Il peut s'agir d'une **rotation**, opération faisant pivoter une figure sur elle-même dans le sens des aiguilles d'une montre ou dans le sens inverse.
- Vous pouvez également rencontrer une **symétrie**, opération qui permet de tracer une figure exactement inversée par rapport à un axe vertical ou horizontal. Ces transformations géométriques ne changent ni la forme ni les dimensions de la figure mais les deux figures ne sont plus superposables. Il peut donc s'agir :
  - d'une symétrie selon un axe horizontal qui correspond à un retournement vertical ;
  - d'une symétrie selon un axe vertical qui correspond à un retournement horizontal ;
  - d'une symétrie centrale qui correspond à une rotation de 180° (demi-tour de cercle) ;
  - d'une rotation de 45°, 60°, 90° dans le sens des aiguilles d'une montre ou dans le sens inverse.

CONSEIL
Pour résoudre ces exercices, dessinez la figure résultant de la ou des transformation(s) et comparez ensuite votre dessin avec les propositions.

Exemple

La figure ci-dessous a été retournée recto verso puis a pivoté. Retrouvez parmi les figures A à E celle qui est le résultat de ces transformations.

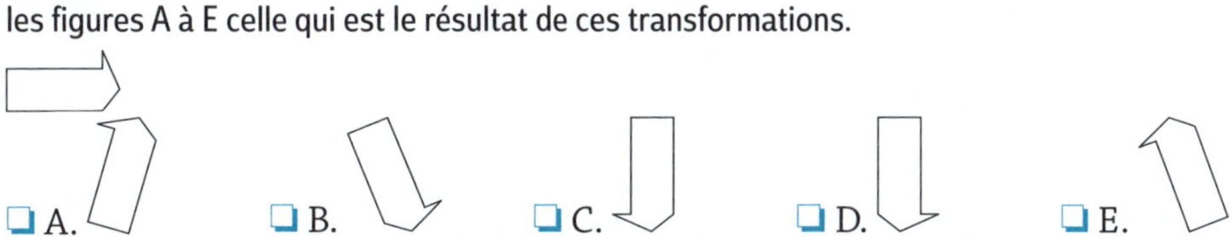

Commencez par dessiner la figure qui correspond au retournement recto verso puis faites pivoter cette figure dans différentes positions pour éliminer les figures incorrectes les unes après les autres.

Pour effectuer un retournement (rotation recto verso), il faut dessiner le symétrique de la figure de départ, c'est-à-dire son image dans un miroir.

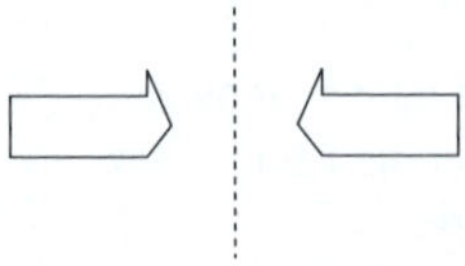

Vous faites ensuite pivoter la figure de droite dans les différentes positions :

Seule la figure C est identique à une des quatre figures ci-dessus.

3 Quelle figure obtient-on ?

Ces exercices font également appel aux images mentales. Une feuille de papier est pliée selon un ordre précis, puis découpée ou percée de trous comme indiqué sur un modèle. Une figure représente ensuite le papier plié et il vous est demandé de retrouver le découpage effectué.

CONSEIL

Dessinez les trous en dépliant, étape par étape sur la feuille, pour éviter des erreurs dans la disposition des trous.

Exemple

Une feuille de papier carrée a été pliée en quatre selon le schéma suivant :

1er pliage **2e pliage** **Figure obtenue**

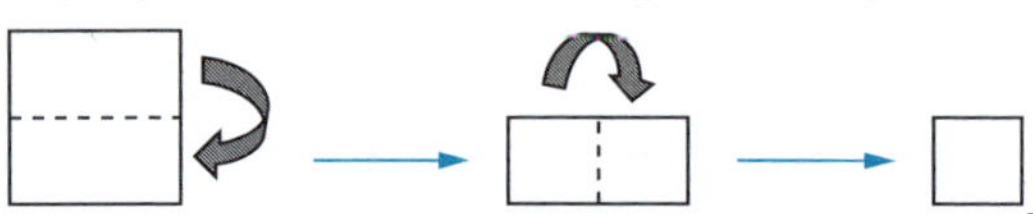

On découpe un disque au centre de la feuille pliée : 

Une fois la feuille dépliée, à quelle figure ressemblera-t-elle ?

❑ A. 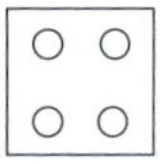 ❑ B. 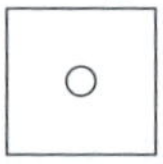 ❑ C. 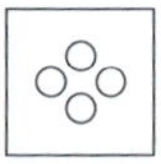 ❑ D. 

Pour retrouver la figure qui correspond au pliage, dépliez le carré dans l'ordre inverse du pliage tout en dessinant les trous au fur et à mesure du dépliage.
Les figures successives sont les suivantes :

Cette figure correspond à la réponse A.
Faites très attention à placer correctement les « trous ».

4 Quel patron correspond à la figure ?

Dans cet exercice, inverse du précédent, il faut associer le dessin d'une figure en trois dimensions (un dé par exemple) à son patron, c'est-à-dire sa représentation dépliée dans le plan. Pour cela, repliez chaque patron pour reconstituer un dé et comparez le dé obtenu avec celui proposé.

Exemple

Retrouvez, parmi les quatre patrons proposés, celui qui correspond au dé ci-dessous :

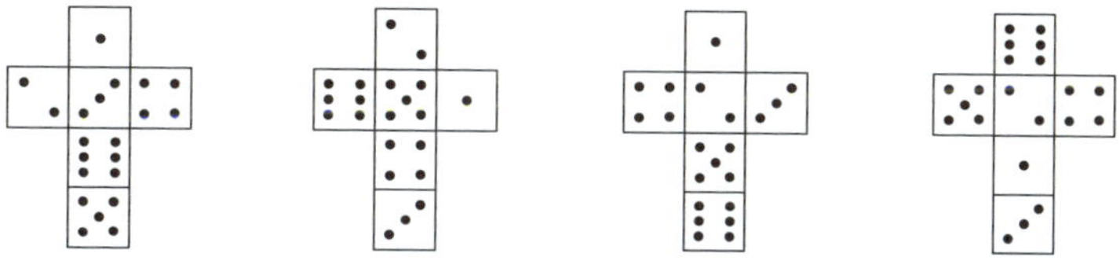

❑ A. ❑ B. ❑ C. ❑ D.

Pour choisir le patron qui correspond exactement au dé déplié, il faut tenir compte de l'orientation des points les uns par rapport aux autres lorsqu'on replie les différentes faces du patron. Sur le dé, on remarque que la face avant est le 4. Il faut faire tourner le premier patron de façon à amener le 4 sur la face de devant, tout en plaçant le 6 sur la face du dessus. On vérifie ensuite si le 3 se trouve bien sur la face de droite et avec la bonne orientation :

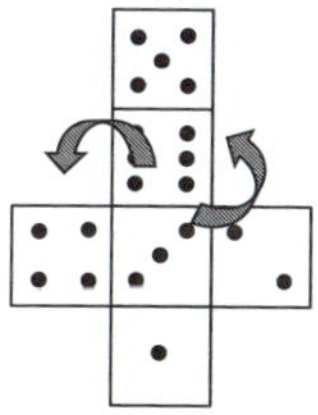

En repliant ce patron tout en gardant le 4 sur la face avant, le 3 se situe bien à droite avec une orientation verticale des points et le 6 se retrouve sur la face supérieure, les points étant alignés horizontalement comme sur le dé présenté. La solution est la réponse A.

En appliquant le même pliage au deuxième patron, lorsque le 4 est sur la face avant et le 3 à droite, c'est le 1 qui se retrouve sur la face supérieure. Pour le troisième dé, avec le 4 sur la face avant, le 3 ne pourra jamais être sur la face de droite. Enfin, pour le dernier patron, lorsque l'on réalise le pliage, le 6 qui se trouve sur la face supérieure n'a pas la bonne orientation, les points sont alignés verticalement si le 3 est sur la face à droite. Si le 6 est dans la bonne orientation, le 3 ne peut pas être sur la face de droite.

FICHE 6

LA LOGIQUE NUMÉRIQUE

La majorité des questions de logique numérique suivent des règles identiques à celles des suites de nombres (addition, soustraction, multiplication ou division). En revanche, ces questions sont plus complexes du fait de la disposition souvent non linéaire des valeurs numériques. Ces exercices apprécient l'organisation logique : il suffit d'un peu de réflexion et de bon sens.

1 Quel nombre manque ?

- Outre les dispositions en carré, en triangle, en cercle, la première des dispositions rencontrée dans les questions de logique numérique est en ligne.
- Vous disposez en général d'une ligne modèle vous permettant d'identifier le raisonnement. Ensuite, dans une seconde ligne, vous devez découvrir un nouveau nombre à partir de la même logique.

Exemple

Trouvez le nombre qui manque dans la parenthèse.

1 224 (515) 836

2 004 (…) 368

Vous divisez les deux nombres hors de la parenthèse par 4 puis vous additionnez le résultat pour obtenir le nombre entre parenthèses.

Sur la 1re ligne, 1 224 ÷ 4 = 306 et 836 ÷ 4 = 209 puis 306 + 209 = 515.

Sur la 2e ligne, 2 004 ÷ 4 = 501 et 368 ÷ 4 = 92 puis 501 + 93 = 593.

La solution est donc 593.

2 Quel nombre complète ce carré magique ?

On vous demande de trouver un élément placé dans un tableau constitué de plusieurs lignes et plusieurs colonnes. Les observations doivent se faire soit sur les lignes, soit sur les colonnes, soit sur les deux à la fois.

Exemple

Trouvez la valeur qui peut remplacer le point d'interrogation.

14	9	5	18
19	4	16	7
11	12	8	15
6	17	?	20

Sur chaque ligne, la somme des deux premiers nombres et la somme des deux derniers nombres sont égales à 23 : 1re ligne, $14 + 9 = 23$ et $5 + 18 = 23$; 2e ligne, $19 + 4 = 23$ et $16 + 7 = 23$; 3e ligne, $11 + 12 = 23$ et $8 + 15 = 23$; 4e ligne, $6 + 17 = 23$ et $? + 20 = 23$. Donc $? = 23 - 20$, soit 3.

La valeur qui remplace le point d'interrogation est 3.

3 Quel nombre peut remplacer le point d'interrogation ?

Lorsque la disposition n'est pas en ligne ou en carré, la géométrie des figures doit vous guider vers la solution. Il faut commencer par repérer où se situe la valeur finale, c'est-à-dire celle obtenue à partir de la combinaison des autres nombres.

Exemple

Quelle est la valeur du point d'interrogation ?

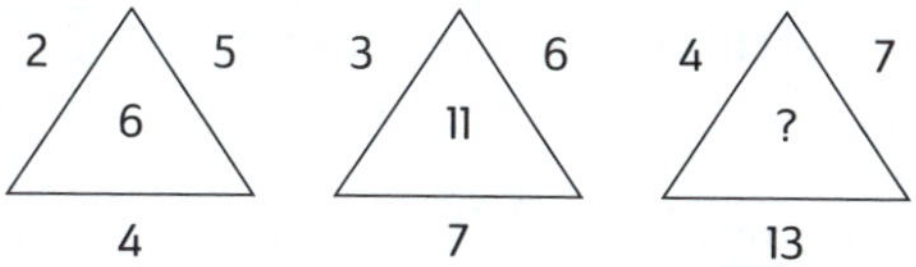

Le nombre à l'intérieur du triangle est le produit des deux nombres supérieurs moins le nombre inférieur : 1er triangle, $2 \times 5 = 10$ et $10 - 4 = 6$; 2e triangle, $3 \times 6 = 18$ et $18 - 7 = 11$; 3e triangle, $4 \times 7 = 28$ et $28 - 13 = 15$. La solution est donc 15.

FICHE 7

LES DÉDUCTIONS LOGIQUES

Les déductions logiques font appel à votre bon sens et à votre capacité de déduction. Ils évaluent plusieurs compétences : la déduction, l'analyse, la perspicacité et la concentration. Ils se présentent sous la forme d'énoncés se prêtant à une démarche déductible.

1 Qui est à côté de qui ?

- Dans ces exercices, vous devez classer des objets, des cartes, des personnes, etc., à partir de plusieurs affirmations. Pour cela, vous devez ordonner les renseignements fournis, les relier entre eux pour découvrir la solution, c'est-à-dire utiliser des raisonnements déductifs.
- Pour résoudre ces exercices, vous devez différencier les expressions suivantes :
  - « se trouve à gauche de » : les deux objets ne sont pas forcément côte à côte ;
  - « se trouve juste à gauche » : les deux objets sont obligatoirement côte à côte.
- Il faut également distinguer un objet :
  - « qui est à droite de » : la perspective est celle du spectateur ;
  - « qui a à sa droite » : la perspective est celle de l'objet, donc les positions sont inversées.

Exemple

Quatre classeurs de quatre couleurs différentes sont rangés sur une étagère.
Retrouvez l'ordre des classeurs sachant que :
- le bleu se trouve à gauche du vert ;
- le jaune, qui a à sa droite le vert, ne côtoie pas le rouge ;
- le rouge ne se trouve pas à une extrémité.

Le bleu est placé à gauche du vert sans que ces deux classeurs soient forcément côte à côte ; on a l'ordre : bleu – vert.

Le jaune a à sa droite le vert. Donc le vert est situé plus à gauche que le jaune ; dans l'ordre : vert – jaune.
Le jaune ne côtoie pas le rouge qui n'est pas situé à une extrémité. Le rouge est donc intercalé entre le bleu et le vert.

De gauche à droite, l'ordre des classeurs est : **bleu – rouge – vert – jaune**.

2 Qui est qui ?

- Certains exercices se résolvent facilement à partir d'une **table de déduction**, encore appelée « **table de vérité** ». Il s'agit d'un tableau permettant de résumer la valeur d'une proposition logique complexe en fonction des valeurs de propositions logiques plus simples.
- Placer les indications (vrai/faux, oui/non, etc.) vous permet de découvrir les combinaisons correctes.

Exemple

Quatre couples passent la soirée ensemble. Leurs prénoms sont : Anne, Élisabeth, Jeanne, Marie, Henri, Pierre, Louis et Roger.
1. La femme de Henri ne danse pas avec son mari, mais avec celui d'Élisabeth.
2. Roger et Anne ne dansent pas.
3. Pierre joue de la trompette, accompagné au piano par Marie.
4. Anne n'est pas la femme de Pierre.

À partir des indices précédents, retrouvez quels sont les couples.

Commencez par construire un tableau de déduction puis interprétez chaque indice, pas forcément les uns à la suite des autres mais en débutant par celui qui vous donne le plus d'informations concrètes.

• D'après l'indice 1, Henri et Élisabeth ne sont pas mariés. ⇒ Non entre Henri et Élisabeth.

• Grâce à l'indice 2 couplé avec l'indice 1, vous déduisez que Henri et Anne ne sont pas mariés. ⇒ Non entre Henri et Anne. De plus, le mari d'Élisabeth n'est pas Roger. ⇒ Non entre Roger et Élisabeth.

• Comme Pierre ne danse pas (indice 3), il n'est pas le mari d'Élisabeth. ⇒ Non entre Pierre et Élisabeth. ⇒ Oui entre Louis et Jeanne, Marie, Anne. En outre, Marie ne danse pas (indice 3), elle n'est donc pas mariée à Henri. ⇒ Non entre Henri et Marie. Il ne reste plus qu'à placer oui entre Henri et Jeanne. ⇒ Non entre Jeanne et Pierre, Roger.

• Avec l'indice 4, vous placez non entre Anne et Pierre. ⇒ Il ne reste plus que oui entre Roger et Anne. ⇒ Non entre Roger et Marie.

• Enfin, vous déduisez oui entre Pierre et Marie.

	Élisabeth	Jeanne	Marie	Anne
Henri	Non	Oui	Non	Non
Pierre	Non	Non	Oui	Non
Louis	Oui	Non	Non	Non
Roger	Non	Non	Non	Oui

En résumé, Élisabeth est en couple avec Louis, Jeanne avec Henri, Marie avec Pierre et Anne avec Roger.

3 Qui fait quoi ?

- D'autres exercices ressemblent plus à des problèmes de mathématiques mais ne vous y méprenez pas. Pour les résoudre, il suffit seulement d'un peu d'intuition et de réflexion, et non d'application de formules mathématiques.
- Ces questions comportent souvent des pièges ; par conséquent, faites attention de ne pas tirer des conclusions trop hâtives.

Exemple

Énigme

Un escargot tombe dans un puits de 12 mètres de haut. Le jour, il monte de 3 mètres. Mais la nuit, à cause de la bave, il redescend de 2 mètres. Au bout de combien de jours l'escargot sortira-t-il du puits ?

L'escargot monte de 1 (3 – 2) mètre par jour, donc à la fin du 9e jour, il est monté de 9 mètres. Puis, durant le 10e jour, il monte de 3 mètres. Il est donc à 12 (9 + 3) mètres et peut sortir du puits. Il met donc **10 jours** pour sortir.

Connaissances professionnelles

FICHE 1 LES MISSIONS DE DÉFENSE

L'article 1111-1 du code de la défense dispose que « la politique de défense a pour objet d'assurer l'intégrité » du territoire et la protection de la population contre les agressions armées. Il s'agit de préserver la souveraineté de l'État et la vie des populations, en France et à l'étranger.

1 L'organisation générale de la défense

La politique de défense est permanente et universelle (elle couvre tous les domaines). Cinq autorités ont un rôle particulier dans la Constitution et le code de la défense :

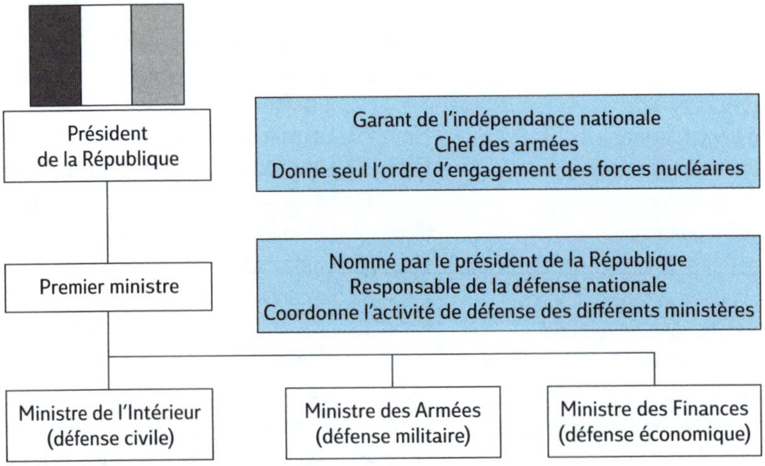

2 La stratégie de défense

Le livre blanc de 2013 retient **cinq priorités stratégiques** :

- protéger le territoire national et les ressortissants français, et garantir la continuité des fonctions essentielles de la nation ;
- garantir ensemble la sécurité de l'Europe et de l'espace nord-atlantique ;
- stabiliser ensemble le voisinage de l'Europe ;
- participer à la stabilité du Proche-Orient et du Golfe Arabo-persique ;
- contribuer à la paix dans le monde.

À SAVOIR

Un « livre blanc » est un document de référence qui définit pour une période donnée les objectifs d'une politique publique, le cadre dans lequel elle s'exerce et les grands choix qu'elle propose.

3 Les missions de défense de la gendarmerie

	Temps de paix (missions permanentes)	Temps de crise
Missions	- Lutte contre le terrorisme - Intelligence économique - Administration des réserves - Sécurité du potentiel de défense - Concours aux administrations	- Législation particulière (état d'urgence...) - Plan Vigipirate - Mise en œuvre de la DOT

A| La défense opérationnelle du territoire (DOT)

C'est une mission militaire qui permet la continuité de l'action du gouvernement et la sauvegarde des organes essentiels de la nation en cas de crise grave. À la gendarmerie échoient les missions de renseignement et d'intervention au profit des points sensibles. Elle facilite la montée en puissance des forces militaires et participe aux actions de combat.

B| Les missions en temps de paix

En temps de paix, la gendarmerie participe aux déploiements de l'armée française, en unités constituées ou par la désignation de militaires à titre individuel du fait de leurs compétences particulières. De plus, elle s'est adaptée aux nouvelles menaces en créant des unités spécialisées dans la lutte contre les risques NRBCE (nucléaire, radioactif, bactériologique et chimique). Ces missions s'ajoutent à l'activité permanente de la gendarmerie dans la lutte contre la délinquance.

C| L'état d'urgence et l'état de siège

Le code de la défense prévoit **sept régimes d'application exceptionnelle**, dont l'état d'urgence et l'état de siège :

- l'**état d'urgence** (art L2131-1 du code de la défense et loi n° 55-385 du 3 avril 1955) permet un renforcement des pouvoirs de police (possibilité d'assigner à résidence, perquisitions de jour et de nuit, fermeture des salles de spectacles, blocage de sites internet faisant l'apologie du terrorisme…) : « L'état d'urgence peut être déclaré sur tout ou partie du territoire métropolitain ou des départements d'outre-mer, soit en cas de péril imminent résultant d'atteintes graves à l'ordre public, soit en cas d'événements présentant, par leur nature et leur gravité, le caractère de calamité publique » (article 1 de la loi du 3 avril 1955). La notion de calamité publique correspond aux catastrophes naturelles ;
- l'**état de siège** (art L2121-1 et suivants du code de la défense) transfère à l'autorité militaire les pouvoirs de police générale « en cas de péril imminent résultant d'une guerre étrangère ou d'une insurrection armée » (art L2121-1 du code de la défense) et lui donne des droits particuliers (proclamer un couvre-feu, faire des perquisitions de jour et de nuit au domicile des citoyens, éloigner les repris de justice mais aussi les individus suspects ou tout simplement ceux qui n'ont pas leur domicile dans les lieux soumis à l'état de siège, ordonner la remise des armes et des munitions…).

L'état d'urgence et l'état de siège sont tous les deux **décidés par décret en conseil des ministres** mais ils ne peuvent être appliqués simultanément sur un même territoire.

D| Le plan Vigipirate

Depuis le 1er décembre 2016, il existe **trois niveaux d'alerte Vigipirate** (au lieu de deux auparavant) :

- vigilance ;
- sécurité renforcée – risque attentat ;
- urgence attentat.

FICHE 2

LA HIÉRARCHIE

La hiérarchie est définie par le code de la défense. Elle est similaire dans toute l'armée française, même si les appellations peuvent changer, notamment dans la marine. On distingue les officiers, les sous-officiers (appelés « officiers mariniers » dans la marine) et les militaires du rang.

1 Les grades et appellations

Corps	Grade (en gendarmerie)	Abréviation officielle	Présentation de la part d'un subordonné
Officiers	Général d'armée	GAR	« Mes respects mon général »
	Général de corps d'armée	GCA	
	Général de division	GDI	
	Général de brigade	GBR	
	Colonel	COL	« Mes respects mon colonel »
	Lieutenant-colonel	LCL	
	Chef d'escadron (Commandant pour les officiers du corps technique)	CEN	« Mes respects mon commandant »
	Capitaine	CNE	« Mes respects mon capitaine »
	Lieutenant	LTN	« Mes respects mon lieutenant »
	Sous-lieutenant	SLT	
	Aspirant	ASP	

Corps	Grade (en gendarmerie)	Abréviation officielle	Présentation de la part d'un subordonné
Sous-officiers	Major	MAJ	« Mes respects major »
	Adjudant-chef	ADC	« Mes respects mon adjudant-chef »
	Adjudant	ADJ	« Mes respects mon adjudant »
	Maréchal des logis-chef	MDC	« Mes respects chef »
	Gendarme	GND	
	Maréchal des logis	MDL	« Maréchal des logis »
Militaires du rang	Brigadier-chef	BCH	« Brigadier-chef »
	Brigadier	BGD	« Brigadier »
	Gendarme adjoint	GAV	

» **Cas particuliers**

- Dans le cas où le militaire est une femme, il faut enlever « mon » à la présentation car il s'agit de la contraction de « monsieur ». Pour se présenter à une femme colonelle : « Mes respects colonelle ».
- Si un militaire reçoit un ordre ou est convoqué, par exemple par un adjudant, on remplace « mes respects » par « à vos ordres » :
  « – GAV X ! – À vos ordres, mon adjudant ».

2 Le salut

A| Quand saluer ?

Le salut est la marque extérieure par laquelle un militaire rend individuellement les honneurs ; c'est également la marque de politesse des militaires en uniforme. Il se fait à l'arrêt ou en marchant. Dans le cas où il n'est pas possible de saluer avec la main, le militaire marque un temps d'arrêt et donne un coup de tête vers le haut.

IMPORTANT

D'ores et déjà, retenez que les militaires se saluent entre eux, quelle que soit leur affectation : un gendarme salue un marin si celui-ci est plus gradé. Outre l'obligation faite par la réglementation, il s'agit d'une marque de respect entre militaires.
Compte tenu de son caractère honorifique, le salut est également dû aux autorités publiques, aux emblèmes, aux hymnes, aux décorations pendantes (notamment les ordres nationaux et la médaille militaire) et aux convois funéraires.

B| Comment saluer ?

- Le salut se fait en montant sur le côté du corps la main droite ouverte vers la coiffe. Il n'est effectué qu'une fois par jour à la même personne et doit être rendu (la personne saluée doit saluer à son tour).
- Dans le cas où vous êtes dans une pièce et qu'un supérieur entre :
  - s'il s'agit d'un **général** : se lever et se mettre au garde-à-vous en disant « À vos rangs, fixe » (l'ensemble de la pièce se met au garde-à-vous), et saluer en disant « Mes respects mon général » ;
  - s'il s'agit d'un **officier** : *idem* en disant « Fixe », « Mes respects mon... » (s'adresser à l'officier le plus gradé) ;
  - s'il s'agit d'un **sous-officier** : *idem* en disant « Garde-à-vous », puis « Mes respects mon... ».
- Quel que soit le rang du militaire, dire « Garde-à-vous » lorsqu'il sort de la pièce.
- Si un militaire plus gradé se trouve déjà dans la pièce, ne rien faire.

IMPORTANT

Indépendamment des règles hiérarchiques, souvenez-vous du fait que le militaire de la gendarmerie salue également les personnes qu'il contrôle et les vouvoie : c'est une marque de respect qui fait partie du comportement attendu de la part d'un gendarme.

FICHE 3

L'AVANCEMENT DES SOG ET DES GAV

La carrière des militaires de la gendarmerie est régie par des textes spécifiques qui prévoient les différents grades existants ainsi que les modalités permettant d'accéder au grade supérieur. Vous les trouvez facilement sur le site www.legifrance.gouv.fr.

1 Les textes

La carrière des militaires de la gendarmerie est régie par des textes spécifiques, différents de ceux relatifs à la fonction publique :

- le statut général des militaires, qui s'applique à tous les militaires (partie 4 livre 1 du code de la défense, articles L4111-1 et suivants) ;
- les statuts particuliers propres à chaque corps (décret n° 2008-952 du 12 décembre 2008 pour les sous-officiers de gendarmerie – SOG) ;
- une circulaire interne à la gendarmerie pour les GAV.

2 L'avancement des SOG

A| Les tableaux d'avancement

- L'avancement des SOG se fait uniquement au choix (pas d'avancement à l'ancienneté) grâce à l'**inscription au tableau d'avancement (TA) sur avis d'une commission d'avancement.** Il n'y a en général qu'un TA de sous-officiers par an, mais la réglementation prévoit la possibilité d'en organiser plusieurs en cas de nécessité.
- Plusieurs autorités peuvent arrêter les tableaux d'avancement puis promouvoir les SOG, en fonction de leur affectation :
  - la plupart des SOG appartiennent à ce qu'on appelle « le **cadre général** » ; c'est le cas des gendarmes départementaux et mobiles ;

- certains appartiennent à une des **spécialités** existantes propres au corps des SOG ; il s'agit des techniciens en informatique et télécommunications, des montagnards et des pilotes et mécaniciens d'hélicoptères.

- Dans tous les cas, les promotions se font tout au long de l'année en fonction d'un cadencement arrêté par la direction générale au vu des capacités budgétaires.

B| Les niveaux de diplômes

- La gendarmerie impose aux SOG **trois niveaux de diplôme** :
  - le certificat d'aptitude à la gendarmerie (CAG en fin de formation initiale) ;
  - l'accès au second grade du corps des SOG (grade de maréchal des logis-chef – MDC) est conditionné par la détention d'un diplôme du cadre général ou d'un diplôme de spécialiste ;
  - l'accès au grade d'adjudant-chef (ADC) impose de détenir le certificat de formation à l'encadrement opérationnel (CEFEO), quelle que soit l'affectation du militaire.
- Seuls les deux derniers nous intéressent ici.
- Les diplômes permettant de postuler à l'avancement dans le cadre général sont définis par l'arrêté du 17 novembre 2010 que vous pouvez trouver sur le site www.legifrance.gouv.fr.

C| Le cadre général

- L'avancement est géré de manière déconcentrée au niveau de chaque région de gendarmerie (région zonale pour les gendarmes mobiles). Le commandant de région est celui qui promeut les SOG ; il existe autant de commissions d'avancement que de régions, sans compter :
  - une commission pour le personnel servant en école ;
  - une commission par gendarmerie spécialisée ;
  - plusieurs commissions correspondant à des organismes particuliers (direction générale...).
- Les titres et diplômes nécessaires pour postuler au grade de MDC dans le cadre général sont les suivants :
  - cadre général, branche gendarmerie départementale : certificat militaire de qualification par la recherche (CQMR), certificat d'officier de police judiciaire, brevet de chef de quart (pour les sous-officiers servant au sein de la gendarmerie maritime), brevet supérieur de mécanicien naval (idem) ;
  - cadre général, branche gendarmerie mobile : CQMR ; diplôme d'armes ; diplôme technique « musique » (concerne les musiciens de la gendarmerie mobile et de la garde républicaine).
- Le CQMR a été créé en 2017 et permet au SOG titulaire d'un doctorat d'obtenir ce diplôme sur avis d'une commission spécifique. Ce système, *a priori* unique

dans la fonction publique, permet de reconnaître des niveaux d'étude importants et de faciliter la carrière de leurs détenteurs.

D| Les spécialistes

La gestion des spécialistes répond à des contraintes particulières prenant en compte les compétences dans un domaine précis. Ainsi, il existe un **diplôme de spécialiste par spécialité**. L'acquisition de ce diplôme est indispensable pour intégrer une spécialité. Il permet également au militaire de postuler au grade de MDC. Le faible nombre de militaires servant dans des spécialités conduit à les gérer au niveau national, contrairement aux SOG du cadre général. Les commissions d'avancement (une par spécialité) sont donc organisées par la direction générale.

3 L'avancement des GAV

A| Les GAV APJA et EP

- Les GAV APJA et EP débutent tous avec le grade de gendarme adjoint puis l'avancement se fait de manière successive dans les grades de brigadier, brigadier-chef et maréchal des logis ; il n'est pas possible de sauter un grade.
- Il est géré au sein des régions et se fait uniquement au choix (pas d'avancement à l'ancienneté). Les GAV sont promus par le commandant de région sur avis d'une commission d'avancement. Les textes ne prévoient pas de périodicité pour réunir cette commission ; en général, les régions organisent quatre à huit commissions par an.
- Le nombre de GAV pouvant être promus dépend du nombre de GAV des grades supérieurs quittant leur poste, la règle étant de pourvoir les grades laissés vacants, quelle qu'en soit la raison (fin de contrat à 6 ans, démission, réussite d'un concours administratif...). Les GAV sont promus sur place, sans changement de poste.
- À chaque changement de grade correspond une augmentation de la solde mensuelle puisque la solde perçue est directement corrélée au grade détenu (art L4123-1 du code de la défense).

B| Les aspirants

Les GAV recrutés en tant qu'aspirant ne peuvent pas, actuellement, bénéficier d'un avancement, le statut ne prévoyant pas d'autre grade que celui d'aspirant.

FICHE 4 LES SANCTIONS EN GENDARMERIE

Le terme de sanction est neutre par nature. Nous parlerons donc ici de récompenses ou de punitions pour définir les différents types de sanctions pouvant être infligées à un militaire de la gendarmerie. Les sanctions concernant les militaires n'ont rien à voir avec celles concernant les fonctionnaires des différentes fonctions publiques. Les militaires peuvent se voir reconnaître des mérites particuliers par le biais de récompenses, ou se voir infliger des punitions en cas de manquement à leurs obligations. Elles sont identiques pour tous les militaires et sont donc communes aux sous-officiers de gendarmerie et aux gendarmes adjoints.

1 Les récompenses

- Les militaires peuvent :
  - recevoir des lettres de félicitations et des témoignages de satisfaction ;
  - recevoir des citations à différents niveaux (régiment, brigade, division, corps d'armée ou gendarmerie) ;
  - se voir décerner des décorations.
- Le caractère exceptionnel des actions accomplies et les risques encourus par le militaire permettent de choisir la nature de la récompense ainsi que le niveau d'attribution. En effet, plusieurs autorités peuvent attribuer le même type de récompense ; cette dernière est d'autant plus valorisante que le signataire occupe une fonction élevée.
- La participation à certaines missions, notamment en opérations extérieures (OPEX), ouvre droit à des récompenses spécifiques, propres à l'opération ou au territoire dans lequel se déroule l'intervention.
- La dernière créée est la médaille de la protection militaire du territoire (décret n° 2015-853 du 13 juillet 2015), qui reconnaît l'investissement des militaires en métropole ou outre-mer dans des opérations telles que « Sentinelle » (mise en œuvre du plan Vigipirate).

- Parmi les décorations, trois sont gérées par la Grande Chancellerie. Il s'agit, dans l'ordre de préséance, de la **légion d'honneur** (LH), la **médaille militaire** et l'**ordre national du mérite** (ONM). La LH et l'ONM, qui constituent les ordres nationaux, sont chacune graduée en cinq niveaux (chevalier, officier, commandeur, grand officier, grand'croix).

2 Les punitions

- Elles sont définies aux articles L4137-1 et suivants du code de la défense.
- Les militaires peuvent se voir infliger des **sanctions professionnelles** et des **sanctions disciplinaires**, éventuellement de manière cumulative.
- Ces procédures sont indépendantes d'éventuelles poursuites pénales dont pourrait faire l'objet un militaire.

A| Les sanctions professionnelles

- Les sanctions professionnelles ne concernent en gendarmerie que le personnel servant :
  - au commandement des formations aériennes (retrait de la qualification de vol) ;
  - en tant qu'officier de police judiciaire (retrait de l'habilitation d'OPJ).
- Elles peuvent être prononcées uniquement si une faute a été constatée dans l'exercice d'un acte nécessitant la détention de la qualification. À titre d'exemple, un pilote d'hélicoptère peut se voir retirer sa qualification de pilote s'il commet des fautes de sécurité pendant un vol, mais en aucun cas s'il a un accident de voiture.

B| Les punitions disciplinaires

- Elles sont réparties en **trois groupes** dans le code de la défense. À chaque groupe correspond une procédure particulière.

Groupe	Punitions	Procédure
1er groupe	- Avertissement - Consigne - Réprimande - Blâme - Arrêt - Blâme du ministre	Décision de l'autorité militaire de 1er ou 2e niveau, voire décision du ministre (pour une punition supérieure à 30 jours d'arrêt ou pour le blâme du ministre)

Groupe	Punitions	Procédure
2e groupe	- Exclusion temporaire de fonction pour une durée maximale de 5 jours - Abaissement temporaire d'échelon - Radiation du tableau d'avancement	Décision du ministre après avis d'un conseil de discipline
3e groupe	- Retrait d'emploi - Radiation des cadres ou résiliation du contrat	Décision du ministre après avis d'un conseil d'enquête

- Les autorités de 1er ou 2e niveau sont définies par des textes spécifiques à chaque armée. Pour la gendarmerie, il s'agit généralement des commandants de groupement (AM1) et des commandants de région (AM2). Dans la plupart des cas, le directeur général dispose d'une délégation pour prononcer la punition au nom du ministre.
- Seule une punition du 3e groupe permet d'exclure un militaire, quel que soit son statut, s'il a commis une faute.

À SAVOIR

Les procédures administratives et judiciaires sont indépendantes l'une de l'autre. En conséquence, un militaire peut être à la fois puni pénalement (procédure judiciaire) et disciplinairement (procédure administrative).

C| Les garanties du militaire

Le militaire pouvant faire l'objet d'une punition bénéficie de garanties afin d'éviter tout acte arbitraire. Ces garanties sont les suivantes :

- il peut s'expliquer, oralement ou par écrit, seul ou accompagné d'un militaire en activité de son choix ;
- il peut prendre connaissance du dossier disciplinaire ;
- la sanction doit être motivée (avec l'énoncé exact des faits) ;
- la punition est appliquée à partir d'un barème défini par le statut général des militaires ;
- le militaire peut former un recours ;
- l'autorité supérieure à celle qui prend la décision exerce un contrôle.

FICHE 5 L'ATTITUDE SOUS L'UNIFORME

Un uniforme est une tenue distinctive portée par tous les membres d'une institution. Celui de gendarme est connu de la population et inspire à la fois crainte, respect et confiance. Il vous appartient de faire perdurer ces notions par une attitude et un comportement exemplaires.

1 Un gage d'efficacité

L'uniforme permet d'être identifié comme militaire de la gendarmerie, ce qui :

- renforce les actions de prévention par la crainte qu'il inspire ;
- accroît l'autorité, sous réserve que le comportement soit conforme à ce qui est attendu ;
- de manière induite, facilite les actions répressives ;
- garantit des droits à son porteur et supprime toute ambiguïté en cas d'agression à son égard (outrage, violences...) ;
- inspire confiance et respect.

2 Une obligation empreinte de devoirs

- Le port de l'uniforme en service est une obligation qui renforce votre action si :
  - votre tenue est correcte (pas de chemise ouverte, de tenue débraillée...) ;
  - vous ne faites preuve d'aucune nonchalance (absence de coiffe, chewing-gum, mains dans les poches...), que votre comportement est irréprochable (pas de conduite sportive en véhicule de service, pas d'alcool en service...) et que votre attitude est correcte (pas de moquerie envers un contrevenant, pas d'énervement ni d'insulte...).

- Le port de l'uniforme vous identifie immédiatement comme militaire de la gendarmerie et vous impose de veiller davantage aux autres obligations qui vous sont imposées : préserver le secret professionnel et respecter le devoir de réserve.
- Enfin, respectez la loi ! Votre fonction vous impose, plus encore qu'aux citoyens, de respecter la loi en toutes circonstances (code de la route, stupéfiants...).

3 La tenue civile

Un GAV peut exceptionnellement être autorisé à revêtir la tenue civile pour travailler :

- en cas de présentation d'un étranger en situation irrégulière devant les autorités consulaires (autorisation accordée par le chef de centre de rétention ou le commandant de groupement) avec présence obligatoire d'un officier ou d'un sous-officier d'active ;
- dans la gendarmerie des transports aériens, pour la sûreté des aérodromes dans des cas particuliers.

IMPORTANT

Travailler en tenue civile vous impose les mêmes obligations que le port de la tenue car, en cas d'intervention, vous serez identifié comme gendarme. Souvenez-vous que, même en repos ou permission, vous êtes connu comme gendarme par la population. La crédibilité de votre action en tenue dépend aussi de votre comportement à ce moment. Sachez que la gendarmerie veille à ce que ses membres agissent conformément à ce que l'on attend d'eux et sanctionne fermement tout écart de conduite.

FICHE 6

LA SÉCURITÉ DES SYSTÈMES D'INFORMATION (SSI)

Les réseaux d'information ont envahi l'espace de travail. Ces systèmes d'information (SI) professionnels contiennent de nombreuses données dont la protection est garantie par la réglementation et pour lesquels les principes en vigueur pour un usage personnel (voir fiche 16) ne peuvent suffire. L'adoption récente du règlement général de protection des données (RGPD) au niveau européen renforce considérablement la responsabilité de celui (administration ou entreprise) qui dispose de données, notamment en ce qui concerne les personnes avec les systèmes d'information des ressources humaines. De plus, en France, la CNIL (Commission Nationale Informatique et Libertés) instaurée en 1978 veille au respect des libertés individuelles, de l'identité et de la vie privée.

1 Développement numérique et sécurité

- L'**agence nationale de la sécurité des systèmes d'information (ANSSI)** est un service du premier ministre chargé d'accompagner et de sécuriser le développement numérique. Elle apporte son expertise aux administrations et aux entreprises (préparation des décisions gouvernementales, construction de réseaux sécurisés pour l'État, développement de la cybersécurité...).
- Pour la gendarmerie, les systèmes d'information sont organisés en réseau et un dysfonctionnement (intrusion d'un virus par exemple) peut avoir un impact sur plusieurs SI. Elle a donc veillé à instaurer une **sécurité de haut niveau**. La gendarmerie a mis en place une chaîne de sécurité des systèmes d'information (SSI) et chaque utilisateur certifie avoir pris connaissance d'une charte spécifique.

2 La chaîne SSI

- Il s'agit d'identifier de manière formelle les niveaux de responsabilité dans la SSI, en distinguant plusieurs types d'acteurs, tant pour la chaîne de commandement que pour celle des techniciens.
- Indépendamment des responsables étudiés ci-après, l'inspecteur général de la gendarmerie nationale (IGGN) prend l'appellation d'inspecteur SSI national (ISSIN) et dispose de deux bureaux spécialisés (bureau du contrôle de la SSI et bureau contrôle et évaluation des fichiers), lesquels peuvent à tout moment vérifier les connexions établies à partir de tout poste informatique de la gendarmerie.

A| Les acteurs du cadre général

Les commandants de région et groupement sont responsables de la SSI pour les unités qu'ils commandent. Ils prennent dans ce cas le titre d'officier de la SSI (OSSI) et sont assistés par le chef du service des systèmes d'information et de communication (SIC) local, voire d'un ou plusieurs adjoints qu'ils désignent. Ils font appliquer la réglementation et organisent le contrôle.

Les commandants de compagnie prennent le titre de correspondants SSI (CSSI) et mettent en œuvre les directives de l'OSSI.

Enfin, chaque utilisateur est responsable de l'usage qu'il fait des différents réseaux à sa disposition.

B| Les acteurs techniques

- Il s'agit des personnes spécialisées dans la **conception** et le **fonctionnement des réseaux**.
- Le **chef du service des technologies et des systèmes d'information de la sécurité intérieure** (STSI², service commun à la gendarmerie et la police dirigé par un général de gendarmerie) est conseiller du DGGN pour tout ce qui concerne la SSI. Placés directement auprès du chef du STSI², le responsable central de la SSI (RCSSI) et son adjoint conseillent les acteurs de la chaîne SSI et sont habilités à effectuer des audits SSI. Chaque service interne au STSI² dispose de responsables SSI (RSSI) qui suivent les projets de développement informatique pour s'assurer du respect des **normes de sécurité**. Les chefs de section locale SIC ont pour fonction de conseiller les commandants de formation auprès desquels ils sont affectés.
- Enfin, 2 services ont des fonctions nationales particulières dans ce domaine. Il s'agit du **groupe de sécurité opérationnelle (GSOP)** qui assure la veille, l'alerte et la réponse aux vulnérabilités et incidents détectés, et du **service central des réseaux et technologies avancées** qui gère l'acheminement des articles faisant l'objet d'une protection SSI.

- L'ensemble des acteurs est sensibilisé à ces responsabilités de SSI, soit lors de **formations** dédiées à la prise de poste pour ceux du cadre général, soit pendant les stages de formation continue pour les acteurs spécialisés. De plus, les responsables affectés au STSI[2] pour ces missions sont réunis une fois par an.

3 La charte relative à la SSI

- À intervalle régulier (environ tous les 6 mois), tous les utilisateurs de SI au sein de la gendarmerie certifient électroniquement avoir pris connaissance de la charte relative à la SI. **Cette charte s'impose à tout le personnel de la gendarmerie**, quel que soit le statut des personnes (militaire ou civil) : le seul fait d'utiliser un système d'information de la gendarmerie ou accessible depuis un poste informatique gendarmerie impose de la signer au préalable.
- Cette obligation concerne **tous les systèmes d'information de la gendarmerie** : fichiers judiciaires, système d'information des ressources humaines… car tout manquement constituerait à la fois une atteinte à la sécurité des SSI, mais également une faute quant aux règles du secret professionnel voire une atteinte à la vie privée en fonction de la nature des informations divulguées.
- Il faut noter que le fait de refuser de signer la charte est passible de **sanctions** et bloque l'accès aux systèmes d'information.
- En résumé, cette charte indique que :

– la **personne a pris connaissance de la réglementation**, de l'obligation de n'utiliser que du matériel professionnel sur les réseaux du ministère de l'intérieur, de l'obligation de procéder à une analyse antivirale des supports externes connectés au poste de travail ;

– la **messagerie est réservée à un usage professionnel** ; il est en particulier interdit d'utiliser l'adresse courriel professionnelle sur des sites sans lien avec le service ou de participer à une chaîne de message ;

– l'**accès à Internet est réservé à un usage professionnel** ; les connexions sur Internet sont tracées pendant un an (voir ci-dessus le rôle de l'IGGN) et il est évidemment interdit de conserver sur Internet (système de Cloud par exemple) des données sensibles ou faisant l'objet d'une protection ;

– la **responsabilité disciplinaire et pénale est engagée** dans le cas où l'un des principes relatifs à la sécurité des fichiers n'est pas respecté, par négligence ou par malveillance.

FICHE 7 LA SÉCURITÉ DES CASERNES ET LE SERVICE DE GARNISON

La caserne est à la fois le lieu d'exercice du métier de gendarme et le lieu de vie des militaires et de leur famille. Il ne faut pas la confondre avec la garnison, notion propre aux armées qui vise à permettre le partage de charges entre les unités.

1 La sécurité des casernes

- La caserne revêt en gendarmerie une importance particulière. Elle est en effet le lieu d'exercice de la profession, avec les locaux de service (dits « locaux de service techniques » ou LST) et le lieu d'habitation des gendarmes et de leurs familles. Il convient de rappeler que les officiers et sous-officiers de gendarmerie disposent d'une concession de logement par nécessité absolue de service (CLNAS). Concrètement, ils logent au sein des casernes et, dans le cas où le nombre de logements en caserne est insuffisant, dans des logements pris à bail par la gendarmerie.
- Dans chaque caserne, l'officier ou le sous-officier le plus gradé exerce la fonction de commandant de caserne. Il est à ce titre responsable du bon entretien de la caserne et des règles de vie en caserne, mais aussi (et surtout !) de la sécurité des occupants. C'est ce dernier aspect qui nous intéresse ici.
- Les dernières années ont montré que les casernes de gendarmerie sont régulièrement prises pour cibles avec, le plus souvent, mise en danger des occupants (y compris les familles). Le rôle du commandant de caserne est donc primordial car il doit, appuyé par les services des états-majors, identifier les faiblesses de la caserne (voie possible d'intrusion...) et proposer des aménagements pour y remédier. On parle dans ce domaine de **sécurité passive** (vidéo protection par exemple) et **active** (intervention des militaires par exemple).
- De plus, le commandant de caserne est également responsable des autres aspects relatifs à la sécurité des occupants (incendie, éventuelles aires de jeux, contrôle des entreprises intervenant dans la caserne). De même, l'exercice d'une profession à l'intérieur d'une caserne est réglementé (cas d'un conjoint exerçant une profession libérale par exemple).

2 La mission sûreté gendarmerie (MSG)

La gendarmerie a créé la mission sûreté gendarmerie en août 2021, sous l'égide de l'inspecteur général de la Gendarmerie Nationale (IGGN). Elle est basée à Malakoff (92).

Parmi ses différentes missions figure à titre principal la protection du personnel et des familles. Elle étudie tout particulièrement la sécurité des emprises de la gendarmerie (locaux de service et logements des familles) et agit sur un axe préventif (établissement d'une cartographie des risques pour l'ensemble des emprises, en métropole, outre-mer ou à l'étranger) et un axe réactif (fourniture de moyens dans l'urgence.

REMARQUE
Vous pouvez trouver l'activité de la MSG et des autres services de l'IGGN dans le rapport annuel d'activité de cette inspection générale :

 # info
Rapport annuel de l'inspection générale
foucherconnect.fr/23rcgend12

3 Le service de garnison

- La garnison est constituée par le territoire sur lequel les activités intéressant différentes unités sont coordonnées par un commandant d'armes. Les limites des garnisons sont définies par le chef d'État-major des armées CEMA. Elles peuvent ainsi correspondre aux limites d'une commune ou englober plusieurs communes. Cette notion permet de définir l'emploi de biens communs, ou la répartition de charges communes.
- Le commandant d'armes doit, par exemple, organiser la garde de certaines installations, organiser les cérémonies officielles (14 juillet...) ou représenter les armées en diverses occasions. Il peut en cas d'absolue nécessité consigner les troupes (hors gendarmerie) dans leur cantonnement. Dans tous les cas, il veille au respect de la discipline.
- Compte tenu de leur activité, les officiers de la gendarmerie départementale ne peuvent être nommés commandant d'armes, sauf en l'absence d'officiers des autres armées. De même, les unités de la gendarmerie départementale et des gendarmeries spécialisées ne participent au service de garnison que dans des conditions particulières. Les unités de la gendarmerie mobile (et de la garde républicaine) n'y participent que dans la mesure où leurs obligations le permettent, et sous réserve de rester disponibles.

FICHE 8

L'HISTOIRE DE LA GENDARMERIE

Puisque vous voulez entrer dans la gendarmerie, outre vos motivations, des connaissances sur cette institution vous sont nécessaires. Elles sont utiles à la fois à votre culture personnelle, mais également pour l'épreuve d'entretien avec le jury.

1 Des « sergents d'armes »

- Née d'un besoin de sécurité de la population, cette troupe militaire, appelée à protéger le pays et sa population, est partiellement connue à partir du XIIe siècle. C'est en 1191 que l'on trouve, pour la première fois, le terme « sergents d'armes » qui désigne ceux qui protègent le roi.
- En ce temps-là, la guerre est courante. Pour faire face aux malandrins et aux pillards, le roi fait appel au chef de son armée, le connétable, et à ses adjoints, les maréchaux. Ceux-ci rassemblent les meilleurs et les plus honnêtes gens de guerre. La troupe prend le nom de « Connétablie et maréchaussée de France ».
- La mission première de cette troupe est de lutter contre tous les mauvais « gens de guerre » qui se livrent aux pillages une fois la paix signée. Cette troupe fait un si bon travail de protection de la population que, en 1536, le roi François Ier étend son action de paix et de justice à tous les habitants civils et militaires.

2 La création des brigades territoriales

- En 1720, la troupe est réorganisée et répartie tout au long des routes de France. Ainsi sont créées les 565 premières brigades territoriales qui doivent, d'une part, toujours protéger les populations et, d'autre part, surveiller chacune 5 lieues (20 kilomètres) de routes et leurs abords, de part et d'autre de leur emplacement.

- En 1789, le gouvernement révolutionnaire veut dissoudre cette troupe d'Ancien Régime, mais la population, qui a appris à apprécier ces « cavaliers », le fait savoir à travers les « cahiers de doléances ». Celui d'Étampes, entre autres, décrit les « ancêtres » des gendarmes comme le « corps le plus utile de la nation ».

3 D'un service royal à des missions républicaines

- Dès lors, le corps est conservé et rebaptisé « Gendarmerie nationale » par la loi du 16 février 1791, afin qu'il ne garde pas une appellation royale. Plus tard, la loi du 28 Germinal An VI (1798) codifie son service.
- Depuis, la gendarmerie nationale sert l'État et protège les citoyens, y compris ceux d'autres pays, à travers tous les régimes, en tout temps et tous lieux. Elle participe aux différentes guerres et opérations de maintien de la paix en s'adaptant à toutes les évolutions de la société, qu'elles soient humaines ou techniques.

4 Un corps militaire au service de la sécurité

- Qu'il travaille en brigade de gendarmerie départementale, en escadron de gendarmerie mobile, en régiment de la garde républicaine ou au GIGN, le sous-officier de la gendarmerie nationale veille pour protéger le pays, la population, les institutions.
- De plus, au travers des missions confiées par l'ONU ou les OPEX (opérations extérieures), il contribue aussi à la sauvegarde des populations et à la protection des droits et libertés des populations étrangères.

5 Quelques chiffres

Aujourd'hui, la gendarmerie compte environ 102 000 personnes réparties ainsi :

- 6 000 officiers de gendarmerie ;
- 600 officiers du corps technique et administratif de la gendarmerie ;
- 74 000 sous-officiers de gendarmerie ;
- 4 400 sous-officiers du corps de soutien technique et administratif de la gendarmerie ;
- 12 800 gendarmes adjoints volontaires ;
- 4 200 civils.

FICHE 9 L'ORGANISATION DE LA GENDARMERIE

L'organisation de la gendarmerie reflète l'organisation administrative de la France.

1 La structure de la gendarmerie

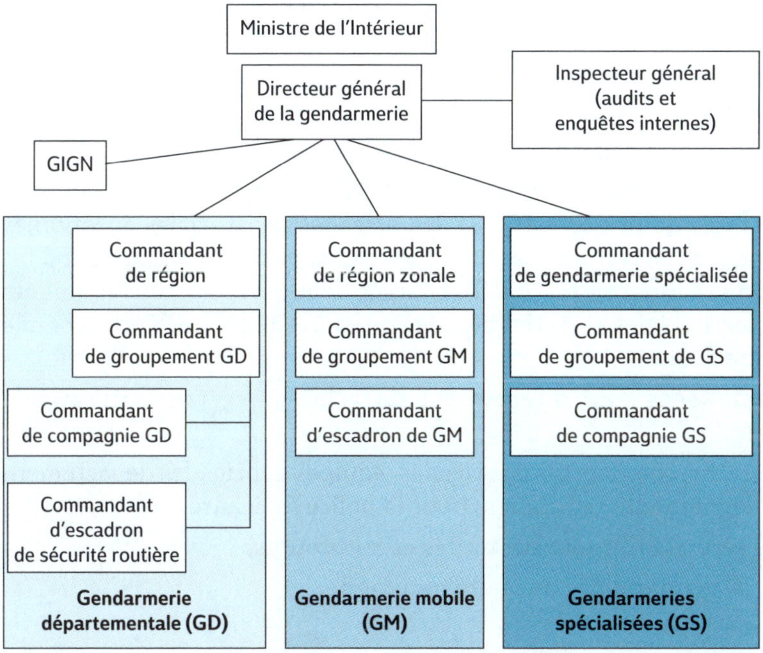

La gendarmerie diminue le nombre d'états-majors (EM) de régions : restée jusque-là avec 22 EM correspondant aux 22 anciennes régions administratives, elle adopte le schéma à 13 régions en 2021 et 2022.

REMARQUE

- Les deux états-majors de Normandie (Haute et Basse Normandie) avaient alors déjà fusionné.
- Il existe un cas particulier : le commandement de la gendarmerie d'outre-mer (CGOM) a autorité sur l'ensemble des forces de gendarmerie stationnées outre-mer au sein des « COMGEND » (commandement de la gendarmerie) ; il y a un COMGEND par DOM-COM.

Le commandant de région non zonale est également commandant de groupement. Il dispose d'un seul état-major pour les deux fonctions. Au siège d'une région zonale, le commandant de groupement est distinct du commandant de région et il dispose d'un état-major indépendant de celui du commandant de région.

2 La gendarmerie départementale (GD)

La GD regroupe l'ensemble des unités agissant au quotidien dans les domaines de la **sécurité publique**, de la **sécurité routière** et de la **police judiciaire**. Elle compte deux types de formations, présentes en métropole et dans l'outre-mer :

- les **unités territoriales** s'étendent sur une circonscription territoriale déterminée :
  - les groupements, au niveau du département,
  - les compagnies (le plus souvent au niveau de l'arrondissement) rassemblent les communautés de brigades (COB), les brigades territoriales autonomes (BTA), les brigades de recherches (BR) et les pelotons de surveillance et d'intervention de la gendarmerie (PSIG), chargés de renforcer à tous moments les brigades territoriales et d'effectuer des missions de surveillance générale de jour comme de nuit ;
- les **unités spécialisées** sont directement rattachées à certains niveaux de commandement :
  - les unités de recherches (sections, brigades, équipes et brigades départementales de renseignements judiciaires) pour la police judiciaire,
  - les unités de sécurité routière sur routes et autoroutes,
  - les pelotons de gendarmerie de haute montagne,
  - les unités nautiques,
  - les brigades de prévention de la délinquance juvénile,
  - les pelotons spécialisés de protection et de surveillance (PSPG), spécialement affectés à la sécurité des centrales nucléaires,
  - les maisons pour la protection des familles (voir la fiche 28 dédiée à la lutte contre les violences intrafamiliales).

À NOTER
La cellule nationale nucléaire radiologique bactériologique et chimique (C2NRBC, située à Satory) prend le nom de « Force Nationale NRBC » le 1er janvier 2022.

3 La gendarmerie mobile

- Créée en 1921, c'est une force essentiellement destinée à assurer le maintien ou le rétablissement de l'ordre public et à renforcer l'action de la gendarmerie départementale. Ses unités interviennent sur l'ensemble du territoire français.
- Le groupement blindé de la gendarmerie mobile (GBGM), sis à Versailles-Satory, est doté de blindés et a pour mission principale la sauvegarde des institutions de l'État.
- La gendarmerie mobile intervient également à l'étranger : Afghanistan, Haïti…

À NOTER
La gendarmerie mobile est dotée à partir de 2022 d'un nouveau blindé pour le maintien de l'ordre, le CENTAURE.

4 Les formations adaptées à l'accomplissement de tâches spécifiques

- La **garde républicaine** a pour mission principale d'assurer les missions de sécurité et les services d'honneur au profit du président de la République, des hautes autorités de l'État et des instances gouvernementales. Son escadron motocycliste est très connu du public lorsqu'il escorte le Tour de France. Elle comprend :
  - les 1er et 2e régiments d'infanterie, casernés à Paris ou dans la proche banlieue parisienne ;
  - le régiment de cavalerie, dernière unité à cheval de l'armée française, caserné à Paris (quartier des Célestins) et à Vincennes (quartier Carnot) ;
  - les formations spéciales : la musique (attachée au 1er régiment), l'orchestre symphonique et le chœur de l'armée française.
- Le **groupe d'intervention de la gendarmerie nationale (GIGN)** comprend environ 1 000 hommes et femmes (en incluant les antennes GIGN en métropole et outre-mer car elles lui sont désormais rattachées). Seuls les militaires en poste à Satory sont parachutistes. Le GIGN constitue une unité d'élite spécialisée dans le contre-terrorisme et les interventions à haut risque.

- La **gendarmerie maritime** assure au profit de la marine nationale l'ordre et la sécurité dans les ports, arsenaux et établissements militaires. Elle participe également à l'assistance et au secours maritime.
- La **gendarmerie de l'air** assure au profit de l'armée de l'air l'ordre et la sécurité sur ses bases et établissements, et mène les enquêtes relatives aux accidents d'aéronefs militaires.
- La **gendarmerie des transports aériens** assure au profit du ministère des Transports la police des aérodromes civils importants et a pour mission d'effectuer toute enquête afférente aux accidents d'aéronefs civils.
- La **gendarmerie de l'armement** assure la sécurité des établissements relevant de la délégation générale pour l'armement.
- Le **commandement des forces aériennes de la gendarmerie** regroupe l'ensemble des hélicoptères de la gendarmerie. Il s'articule en sections aériennes et en détachements aériens.
- La **gendarmerie des voies navigables** coordonne l'activité des unités nautiques de la gendarmerie.
- Le **commandement de la prévôté** assure le commandement des unités prévôtales, permanentes ou de circonstance.
- Le **commandement des écoles** a autorité sur l'ensemble des écoles et centres de formation de la gendarmerie.
- Le **commandement de la gendarmerie dans le cyberespace** (autrement appelé « ComCyberGend ») commande les unités de police judiciaire à compétence nationale dédiées à la lutte contre la cybercriminalité.

REMARQUE

Le ministre de l'Intérieur a annoncé le renforcement de la gendarmerie dans la lutte contre les atteintes à l'écologie et notamment les incendies. La création de ces « 3 000 postes de gendarmes verts » ne conduit pas à créer des unités nouvelles, mais a pour objectif de spécialiser des militaires au sein des unités existantes.

À NOTER

Le projet de loi d'orientation et de programmation du ministère de l'intérieur (LOPMI), dont les mesures s'étalent sur 5 ans, prévoit une augmentation importante des moyens de la gendarmerie. Cette augmentation se concrétise par 8 500 postes supplémentaires, dont 3 000 dès 2023.
Cela se traduit par la création de 200 brigades (fixes ou mobiles) et 7 escadrons de gendarmerie mobile, outre l'apport de matériel.
Cette loi prévoit également un engagement de moyens importants dans la lutte contre la cybercriminalité.

FICHE 10

LA MISSION DE RENSEIGNEMENT

L'article L3211-3 du code de la défense dispose que « la gendarmerie contribue à la mission de renseignement et d'information des autorités publiques, à la lutte contre le terrorisme, ainsi qu'à la protection des populations ».

1 Les principes généraux du renseignement

- Le **renseignement** est l'ensemble des constatations et des informations de toute nature permettant d'informer en temps utile les autorités civiles et militaires sur l'état des menaces qui pèsent sur le pays ou sur ses intérêts, en vue de définir des politiques à mener et de permettre à chacun d'orienter son action.
- Il existe chronologiquement **quatre types de renseignements** :
  - prévisionnel ;
  - concomitant ;
  - *a posteriori* ;
  - de documentation.
- L'**objet du renseignement** doit concerner la stricte exécution des lois et règlements. La gendarmerie transmet ainsi les renseignements intéressant l'ordre public, la sécurité publique et la salubrité et la tranquillité publiques.

ATTENTION

Le renseignement politique et religieux et les missions occultes sont strictement interdits.

2 La mission de renseignement

- Plusieurs services ont en charge la mission de renseignement :
  - la **Direction générale de la sécurité intérieure (DGSI)**, créée en 2014, est un service de police chargé du renseignement intéressant la sécurité nationale ou les intérêts fondamentaux de la nation ;
  - le **Service central du renseignement territorial (SCRT)** est un service de la direction central de la sécurité publique (DCSP) chargé du renseignement relatif à la vie économique et sociale.
  Des militaires de la gendarmerie servent dans ces services.
- La gendarmerie participe à la mission de renseignement avec efficacité grâce :
  - à son organisation territoriale ;
  - à la confiance que lui accorde la population ;
  - à l'organisation de son service ;
  - aux contacts qu'elle entretient.
- Pour s'adapter aux évolutions de la société (modification des rythmes de travail, mobilité de la population…), la gendarmerie fait évoluer en permanence sa méthode de recherche de renseignement :
  - en ajustant les horaires d'ouverture des unités ;
  - en recherchant des contacts dans tous les milieux ;
  - en favorisant l'échange de renseignements entre les unités et avec les autres services de l'État.

3 La recherche du renseignement

- Elle suit un **cycle précis** :

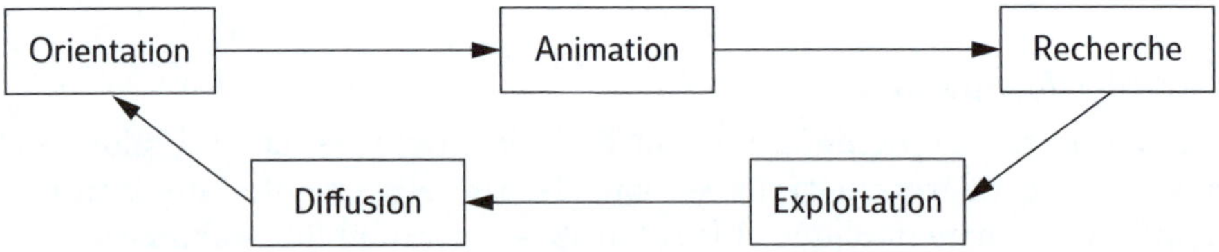

- Tous les militaires de la gendarmerie, quels que soient leur fonction et leur grade, ont mission permanente de se renseigner et de renseigner.
- La recherche du renseignement s'exerce de façon systématique et permanente, auprès du maximum de personnes, dans les secteurs les plus divers.
- Elle peut faire l'objet de directives particulières (appelées « plan de recherche du renseignement »).

- Si un fait vous étonne (une présence incongrue, un véhicule qui reste longtemps au même endroit…), parlez-en aux militaires de l'unité. Si vous êtes en patrouille, renseignez-vous immédiatement : un contrôle ne prend guère de temps et peut s'avérer utile.

À SAVOIR
Pour vous souvenir de la conduite à tenir, rappelez-vous l'acronyme APAVIA : Anomalie – Pouvant – Avoir – Valeur – Indice – Alerte.

- Il existe **trois sources principales** pour se renseigner :
  - la **documentation ouverte** (presse locale, affiches…) ;
  - les **dossiers ou documentations spécifiques** des administrations, des entreprises ou des autres unités de gendarmerie ;
  - les **agents de renseignement** : personnes acceptant bénévolement d'informer directement l'unité de tout fait, tout événement ou tout accident pouvant intéresser le service de la gendarmerie.

FICHE 11

LES MISSIONS DE SECOURS

Secourir fait partie des missions du gendarme, notamment lorsqu'il s'agit d'intervenir à la suite d'un accident ou de rechercher une personne disparue. Pour autant, il doit constamment garder à l'esprit les autres missions (maintenir l'ordre, enquêter...) dont il est chargé et qui sont menées soit concomitamment, soit immédiatement après avoir porté secours.

1 Les plans de secours

A| Les différents types de plans

- Le **dispositif ORSEC** (Organisation de la réponse de sécurité civile), institué en 1952 et modifié par la loi du 13 août 2004 de modernisation de la sécurité civile, est un système polyvalent de gestion de la crise (organisation des secours et recensement des moyens publics et privés susceptibles d'être mis en œuvre en cas de catastrophe). Il comprend les plans :
  - **ORSEC zonal** (mis en œuvre par le préfet de zone) ;
  - **ORSEC départemental** (mis en œuvre par le préfet de département) ;
  - **ORSEC maritime** (mis en œuvre par le préfet maritime).
- Le dispositif ORSEC se compose de « dispositions spécifiques » relatives à des domaines précis : ORSEC eau potable, ORSEC nombreuses victimes (ex-plan rouge), ORSEC décès massifs... Il comprend également le plan particulier d'intervention (PPI), propre à une installation fixe, qui impose des obligations aux exploitants du site.
- Lorsqu'il s'agit d'une opération d'envergure, le préfet est « directeur des opérations de secours » (DOS) ; l'officier des pompiers le conseille en tant que « commandant des opérations de secours » (COS) et coordonne le dispositif.

- Chaque plan définit le rôle d'un noyau dur d'acteurs (service départemental d'incendie et de secours (SDIS), gendarmerie et police, conseil départemental...) auquel s'ajoutent des services particuliers en fonction de l'objet du plan.
- **Cas particulier de la montagne** : le secours en montagne est du ressort des unités de haute montagne de la gendarmerie et des CRS, qui agissent sous les directives du préfet.

B| L'action de la gendarmerie

La gendarmerie assume **cinq missions** :
- A : transmission de l'Alerte ;
- R : transmission du Renseignement ;
- M : Maintien de l'ordre ;
- E : Enquête ;
- S : Secours.

2 La recherche de personnes disparues

- **Trois types de procédures** peuvent être mis en œuvre en cas de disparition :
  - l'enquête de police judiciaire classique ;
  - l'enquête de police judiciaire spécifique aux disparitions inquiétantes ;
  - la recherche dans l'intérêt des familles.
- En cas de recherche de personne, le responsable local des forces sécurité (le plus souvent le commandant de compagnie de gendarmerie) est « commandant des opérations de recherche » (COR) et coordonne l'ensemble des moyens mis en œuvre, même s'ils appartiennent à d'autres services de l'État.
- Les premières heures sont déterminantes et le GAV (gendarme adjoint volontaire) peut être amené à gérer seul les premiers instants.
- Pendant la **phase de réaction**, il s'agit : d'analyser la situation ; d'effectuer une prise de renseignements intelligente ; de prendre en compte la victime.
- Pendant la **phase d'alerte**, il faut : rendre compte immédiatement ; diffuser l'alerte par tous les moyens disponibles ; participer aux premières mesures prises.

À SAVOIR
Les fonctions de DOS, COS et COR sont définies par la loi de 2004 et confèrent des prérogatives précises à leur détenteur.

FICHE 12 LES AUTRES ACTEURS DE LA SÉCURITÉ PUBLIQUE

Outre la gendarmerie, plusieurs forces de sécurité œuvrent sur le territoire français, avec des pouvoirs et moyens qui leur sont propres. À leurs côtés, on assiste à une montée en puissance de la sécurité privée avec laquelle les forces de l'ordre sont de plus en plus amenées à coopérer. *Nota : nous n'abordons pas ici l'organisation des pompiers, ces derniers n'étant pas englobés dans la notion de sécurité publique.*

IMPORTANT

Attention, un militaire de la gendarmerie doit, même hors service, intervenir en cas d'attaque terroriste, quel que soit l'endroit où il se trouve.

1 Les différents acteurs

A| La police nationale (PN)

- La PN regroupe environ 150 000 personnes qui appartiennent à la **fonction publique d'État (FPE)**, y compris le personnel servant dans les structures de soutien. Elle s'est construite progressivement autour de 3 grandes dates :

– **en 1667** : création de la fonction de lieutenant général de police ;

– **le 17 février 1800** : création de la préfecture de police ;

– **le 14 août 1941** : création de la police nationale.

- Elle est articulée en grands services ayant chacun une finalité propre, sauf pour quelques services centraux. On distingue :

» **Des organismes ayant une vocation générale :**

– la direction générale de la police nationale (DGPN) ;

– l'inspection générale de la PN (IGPN) ;

– la direction des ressources et compétences de la PN (DRCPN) ;

– la direction centrale du recrutement et de la formation de la PN (DCRFPN) ;

- **Les directions centrales fonctionnelles :**
  - la direction centrale de la sécurité publique (DCSP) ;
  - la direction centrale de la police judiciaire (DCPJ) ;
  - la direction centrale de la police aux frontières (DCPAF) ;
  - la direction centrale des compagnies républicaines de sécurité (DCCRS) ;
  - la direction de la coopération internationale (DCI).
- **Des entités spécialisées** :
  - 2 établissements publics (école nationale supérieure de police, qui forme les commissaires et officiers de police, et l'institut national de la police scientifique) ;
  - la musique de la PN ;
  - le service de protection.
  - La préfecture de police de Paris constitue un cas particulier puisqu'elle est totalement autonome dans son fonctionnement et sa gestion, bien qu'elle dépende de la PN pour certains aspects (affectation des fonctionnaires de police à leur sortie d'école…).

REMARQUE
Il convient de noter que le préfet de police de Paris est le premier préfet de France en termes de protocole.

- Contrairement à la gendarmerie qui connaît une organisation pyramidale, la PN est ainsi structurée en « tuyaux d'orgue » : **les services sont indépendants les uns des autres** et assurent chacun la **gestion du personnel** et des **moyens** qui leur sont alloués. Dans chaque service servent des personnes appartenant aux « **corps actifs** » (commissaires ou officiers de police, gardiens de la paix, adjoints de sécurité) et du **personnel de soutien** (fonctionnaires administratifs ou techniques des corps A, B et C de la fonction publique d'État). De fait, un fonctionnaire de police peut faire toute sa carrière dans la même direction centrale. Cette organisation offre *a priori* l'avantage de la spécialisation pour le personnel et répond au besoin de la PN (assurer la sécurité d'une population dense sur un territoire restreint), mais fait perdre toute polyvalence et se révèle coûteuse en effectif.

B| Les douanes

Les douanes (plus précisément la direction des douanes et des droits indirects) comptent environ 16 900 agents en 2020, répartis en 11 services à compétence nationale, 12 directions interrégionales et 42 directions régionales. Elles disposent également de deux services d'outre-mer. Elles assurent des missions fiscales et financières. Elles sont tout particulièrement spécialisées dans la lutte contre la fraude aux droits indirects (taxe sur les alcools par exemple), la lutte contre les trafics (stupéfiants ou espèces protégées par exemple) et la contrefaçon.

Elle est organisée en directions interrégionales et régionales.

- **L'office français de la biodiversité** (qui regroupe au 1er janvier 2020 l'office national de la chasse et de la faune sauvage et l'agence française de la biodiversité, ex-office national des eaux et milieux aquatiques). Il remplit plusieurs missions dont la gestion de la chasse (délivrance du permis, études sur la faune sauvage...) et celle des milieux aquatiques ou protégés.
- **L'office national des forêts**, lequel a pour mission de gérer la forêt et valoriser l'espace naturel ; à ce titre il lutte contre les infractions à l'environnement.
- **La sécurité civile et les services de secours et d'incendie**. Organisée en plusieurs niveaux, elle comprend :
  - à l'échelon national, la direction de la sécurité civile et de la gestion de crise (DGSCGC) qui anime un centre opérationnel de gestion interministérielle de crise (COGIC) ;
  - à l'échelon départemental, les services départementaux d'incendie et de secours (SDIS) sont chargés de la lutte contre les incendies, du secours à personne et de la prévention des risques technologiques et naturels ; ils disposent d'un centre d'alerte appelé centre opérationnel départemental d'incendie et de secours (CODIS).

À NOTER
Les trois unités d'instruction et d'intervention de la sécurité civile (UIISC) sont spécialisées dans le combat contre les sinistres. Elles appartiennent à l'armée de terre mais sont placés sous commandement de la DGSCG.

C| Les polices municipales (PM)

- Les fonctionnaires des PM appartiennent à la **fonction publique territoriale (FPT)**, et sont à ce titre dépendants du centre national de formation de la fonction publique territoriale (CNFPT) pour leur formation initiale et continue.
- On distingue **4 catégories de fonctionnaires** de la FPT assurant des missions de sécurité :

- les agents de PM (catégorie C de la FPT) ;
- les gardes champêtres (catégorie C de la FPT) ;
- les chefs de service de PM (catégorie B de la FPT) ;
- les directeurs de PM (catégorie A de la FPT), lorsque le service compte au moins 20 fonctionnaires.

REMARQUE
L'expression « chef de service de la PM » désigne un grade et doit être différenciée du poste de chef d'un service de la PM (il peut y avoir plusieurs chefs de service dans un service de PM).

- Ces fonctionnaires servent sous l'autorité du maire, avec la qualité d'APJA (agent de police judiciaire adjoint), et assurent les missions liées à la fonction de maire (sécurité, salubrité et tranquillité publiques ; application des arrêtés municipaux ; relevé des infractions routières...).

- Dans les faits, les moyens humains et matériels mis à disposition des PM dépendent du besoin et des moyens dont disposent les communes. Il n'y a donc pas d'organisation type des PM : certaines ne comportent que quelques fonctionnaires, alors que d'autres disposent d'un personnel nombreux et d'unités spécialisées (brigades motocyclistes, unités nautiques, cynophiles ou équestres par exemple).
- Ce système de PM est très répandu dans certains pays (États-Unis par exemple), mais fait toujours l'objet de défiance en France car il peut être considéré comme une baisse ou un abandon des pouvoirs régaliens (propres à l'État) et laisse subsister un doute quant à l'indépendance, puisque ces forces dépendent d'un élu.

D| La sécurité privée

Longtemps délaissée, la sécurité privée connaît depuis plusieurs années un **essor important**. Les obligations reposant sur les organisateurs de manifestations (sportives ou musicales par exemple) ainsi que les risques d'attentats ont largement contribué à cette évolution. Aujourd'hui, le secteur de la sécurité privée emploie plus de 160 000 agents pour un chiffre d'affaires annuel d'environ 6 milliards d'euros. Une myriade de sociétés ont vu le jour et couvrent nombre de domaines (protection des habitations, sécurité de manifestations, sécurité et lutte contre le vol dans les magasins...). Cet essor a conduit à créer en 2011 le **conseil national des activités privées de sécurité (CNAPS)** qui assure **3 missions** sur l'ensemble du territoire français :

- **une mission de police administrative** (accorder les autorisations préalables d'exercice, délivrer les cartes professionnelles...) ;
- **une mission disciplinaire** ;
- **une mission de conseil et d'assistance** à la profession.

Cet organisme a un pouvoir normatif (sur le recrutement et la formation par exemple) et de contrôle important et édite tous les ans un rapport annuel de ses activités.

2 La notion de continuum de sécurité et la CORAT

A| La notion de continuum de sécurité

- Elle vise à **valoriser les polices municipales et la sécurité privée** en mettant en cohérence leur action. La gendarmerie joue un rôle majeur dans ce domaine en participant à la **formation des policiers municipaux** et en **coordonnant**

l'action des unités grâce à des conventions avec les PM. Dans certains endroits, les patrouilles de PM et leurs interventions sont suivies par le centre opérationnel de la gendarmerie (CORG).

- En matière de sécurité privée, la gendarmerie a également signé des conventions pour la sécurité de sites sensibles (centre de loisirs, sites touristiques...). Des études sont en cours pour substituer des agents de sécurité aux gendarmes pour la garde de certains édifices. L'aspect financier est ici déterminant, indépendamment du fait que les gendarmes seraient plus utiles dans d'autres missions.
- Ces évolutions s'inscrivent dans la PSQ (voir fiche 37) en renforçant le contact avec la population et ces acteurs de la sécurité et en permettant une meilleure gestion de l'intervention. Elles sont cependant complexes du fait de la diversité des PM (effectif et moyens très variables) et de l'hétérogénéité des entreprises de sécurité privée.

B| La coopération opérationnelle renforcée dans les agglomérations et les territoires (CORAT)

- Définie par une directive du ministre de l'intérieur de 2011, la CORAT vise à **renforcer la coopération entre la police et la gendarmerie**. Elle est mise en œuvre au **niveau départemental**, sous l'autorité du préfet. Concrètement, il s'agit de veiller à la continuité territoriale de l'action de sécurité, d'identifier et combattre des phénomènes de délinquance communs ou de réagir de manière cohérente à une situation urgente et exceptionnelle.
- Le commandant de groupement de gendarmerie et le directeur départemental de la sécurité publique se réunissent régulièrement pour échanger des informations et des analyses d'une part, optimiser l'emploi de **moyens spécifiques** (équipes cynophiles, police technique et scientifique...) d'autre part.
- La mise sur pied d'unités mixtes n'est pas exclue mais doit rester exceptionnelle.

FICHE 13 L'ÉTHIQUE ET LA DÉONTOLOGIE MILITAIRES

Soldat de la loi, le gendarme dispose de prérogatives spécifiques. Il incarne par ailleurs la rigueur et le sérieux, comme le montrent les différents sondages effectués auprès de la population. Conscient de l'importance de l'image de la gendarmerie, il inscrit son action dans le plus grand professionnalisme, acquis lors de la formation initiale.

1 L'éthique et la déontologie

Traditionnellement, on distingue l'éthique (ensemble des principes moraux à la base de la conduite de quelqu'un), de la déontologie (ensemble des règles et des devoirs régissant une profession, comme la conduite de ceux qui l'exercent, les rapports entre eux ou avec le client ou le public).

C'est un aspect fort de la vie du gendarme, qui imprègne l'ensemble de ses actions. « *Le corps social de la gendarmerie estime que la déontologie est consubstantielle de l'état militaire. Le respect des règles et des devoirs régissant le métier de gendarme impose, à tous les échelons, une triple responsabilité : individuelle, collective et hiérarchique* » (Général GASPARI, secrétaire général du CFMG, rapport d'activité de l'IGGN 2021).

Plusieurs textes encadrent l'action des gendarmes. L'engagement est symbolisé par le serment prêté devant l'autorité judiciaire (voir *infra*).

L'inspecteur général de la Gendarmerie Nationale (IGGN) dépend directement du directeur général et est responsable du respect des principes déontologiques de la Gendarmerie Nationale. À ce titre :

- il est référent déontologie, référent laïcité et référent lanceur d'alerte pour la Gendarmerie Nationale ;
- il commande l'inspection générale avec des services d'enquêtes spécialisés dans les enquêtes internes et des services d'audit ;
- il gère les plateformes d'appel pour les réclamations des usagers ainsi que les signalements de discriminations en interne (dispositif « stop-discri »).

De plus, les régions de gendarmerie disposent désormais de correspondants déontologues qui ont pour fonction de conseiller les commandants de région et de mener des enquêtes internes au niveau local.

2 Le Code de déontologie

Le Code de déontologie de la police et de la gendarmerie (entré en vigueur en 2014) est inclus dans le Code de la sécurité intérieure. Il est pour partie commun avec la Police Nationale.

Court, il définit les principales obligations à respecter, regroupées en chapitres :

- Principes généraux de l'action : respect du principe hiérarchique, devoir d'obéissance, obligations incombant à l'autorité hiérarchique et protection fonctionnelle pour le militaire mis en cause du fait de ses fonctions ;
- Devoirs du policier et du gendarme : secret et discrétion professionnels, probité, discernement, impartialité, agir avec dignité, non-cumul d'activité (ne pas exercer une autre profession, sauf exception) ;
- Dispositions communes à la police et la gendarmerie dans des domaines spécifiques : relations avec la population, port de la tenue, les contrôles d'identité, le respect des personnes privées de liberté, l'emploi de la force, l'assistance aux personnes, l'aide au victimes, l'usage des données à caractère personne, le traitement des sources humaines ;
- Dispositions propres à la police ou la gendarmerie ; pour la gendarmerie : l'état de militaire, le service de la Nation et le devoir de mémoire ; le devoir de réserve et les sujétions liées au code de la défense.

 # info
Code de déontologie
foucherconnect.fr/23rcgend13

IMPORTANT
Indépendamment des éventuelles punitions disciplinaires, des sanctions pénales peuvent également être décidées à l'encontre d'un gendarme en cas de manquement à ses obligations. Tout particulièrement, le fait de ne pas intervenir pour un gendarme lorsqu'une personne est en danger constitue l'état de prévarication. Il s'agit de ce qu'on appelle « l'obligation d'agir et de réagir ».

3 La charte du gendarme

La charte du gendarme (2010) définit les valeurs auxquelles le gendarme adhère :

» **Au titre de l'éthique** :

- des règles de conduite définies dans les articles 3 et 16 (honneur, discipline, disponibilité, courage, abnégation et respect des autres) ;
- et les articles 24 et 25 pour la vie privée.

» **Au titre de la déontologie** :

- respect de la liberté individuelle et de la vie privée (art 5, 6 et 9) ;
- secret professionnel et devoir de réserve (art 10 et 19) ;
- obligation de porter secours (art 14 et 15), en et hors service (le fait d'intervenir place le gendarme en position de service, même s'il agit alors qu'il se trouve en repos ou en permission).

À NOTER

Vous restez « gendarme » en toutes circonstances, même dans le cadre de la vie privée ; restez discret et évitez toute source de compromission. En caserne, faites preuve de savoir-vivre, de camaraderie et d'esprit d'équipe ; ayez le souci de la sécurité.

IMPORTANT

Le devoir de réserve perdure même si le militaire quitte la gendarmerie. Il ne peut faire état des informations dont il a eu connaissance pendant son activité de gendarme, même après avoir cessé cette activité.

4 Le Code de la défense

Ce code est particulièrement important pour les gendarmes puisqu'il comporte le statut des militaires (art L4111-1 et suivants). Il définit notamment :

- les qualités attendues d'un militaire (esprit de sacrifice…, disponibilité, loyalisme et neutralité, Art L4111-1) ;
- les droits interdits ou restreints. Ainsi, « les opinions ou croyances, notamment philosophiques, religieuses ou politiques sont libres… en dehors du service » et « ne doivent être exprimées qu'en dehors du service et avec la réserve exigée par l'état de militaire » (Art L4121-2) ;
- la nécessité de faire preuve de discrétion, de respect du secret de la défense nationale ou du secret professionnel (art L4121-2).

Il expose également les punitions que les militaires peuvent se voir infliger en cas de manquement à leurs obligations (art L4137-1 et suivants, voir fiche 4).

5 La charte d'accueil

Elle définit les obligations des unités de police et de gendarmerie en ce qui concerne l'accueil du public. Elle réaffirme notamment l'obligation de recevoir les plaintes, indépendamment du lieu de commission de l'infraction.

Charte de l'accueil du public et des victimes

Article 1 : L'accueil du public constitue une priorité majeure pour la Police nationale et la Gendarmerie nationale.

Article 2 : L'assurance d'être écouté à tout moment par une unité de la Gendarmerie nationale ou un service de la Police nationale, d'être assisté et secouru constitue un droit ouvert à chaque citoyen.

Article 3 : La qualité de l'accueil s'appuie sur un comportement empreint de politesse, de retenue et de correction. Elle se traduit par une prise en compte immédiate des demandes du public.

Article 4 : Les victimes d'infractions pénales bénéficient d'un accueil privilégié.

Article 5 : Les services de la Police nationale et de la Gendarmerie nationale sont tenus de recevoir les plaintes déposées par les victimes d'infractions pénales, quel que soit le lieu de commission.

Article 6 : Tout signalement d'une disparition de personne fait l'objet d'une attention particulière et d'un traitement immédiat.

Article 7 : Les services de la Police nationale et les unités de la Gendarmerie nationale veillent à informer le plaignant des actes entrepris à la suite de sa déposition et de leurs résultats.

Article 8 : Dans le seul but d'identifier les auteurs d'infractions, des informations relatives aux victimes peuvent être enregistrées dans certains fichiers de police judiciaire.

Toute victime peut :
- obtenir communication de ces données,
- demander, en cas d'erreur, leur rectification ou leur suppression.

Ces droits s'exercent indirectement auprès de la Commission Nationale de l'Informatique et des Libertés (CNIL) 8, rue Vivienne 75083 PARIS CEDEX 02.

Le procureur de la République territorialement compétent peut aussi être saisi.

Sur simple demande orale ou écrite, une notice détaillant les modalités pratiques de ces droits est remise aux victimes.

En cas de condamnation définitive de l'auteur, la victime peut aussi s'opposer à la conservation dans le fichier des informations la concernant en s'adressant au service de Police ou de Gendarmerie compétent mentionné dans la notice susvisée.

Le serment du gendarme

« Je jure d'obéir à mes chefs en tout ce qui concerne le service auquel je suis appelé, et dans l'exercice de mes fonctions, de ne faire usage de la force qui m'est confiée que pour le maintien de l'ordre et l'exécution des lois. »

Le serment du gendarme adjoint volontaire et du réserviste

« Je jure de bien et loyalement remplir mes fonctions, d'observer les devoirs et la réserve qu'elles m'imposent. Je me conformerai strictement aux ordres reçus dans le respect de la personne humaine et de la loi. Je promets de faire preuve de dévouement au bien public, de droiture, de dignité, de prudence et d'impartialité. Je m'engage à ne faire qu'un usage

...

légitime de la force et des pouvoirs qui me sont confiés et à ne rien révéler ou utiliser de ce qui sera porté à ma connaissance lors de l'exercice de mes fonctions. »

La charte du gendarme

Préambule

En complément de la loi relative à la gendarmerie nationale du 3 août 2009, qui réaffirme le statut de force armée de la gendarmerie tout en la plaçant dans les attributions du ministre de l'Intérieur, cette charte traduit le socle commun de valeurs qui s'impose à chaque gendarme.

Au moment où il revêt l'uniforme pour la première fois, le gendarme ne souscrit pas seulement un engagement juridique : il adhère librement à une somme de valeurs et de représentations qu'ont fait vivre avant lui les hommes et les femmes qui l'ont précédé dans la gendarmerie au service de la France.

Ce sont ces valeurs qui doivent guider son action en tous lieux et en tout temps, des missions de sécurité aux missions de souveraineté, du temps de paix au temps de guerre.

Dessinant une culture et une éthique professionnelles modernes, cette charte doit permettre à chaque gendarme de bien appréhender le sens de son action au profit de la population.

Chapitre 1er, une force armée juste et contenue

Art. 1. La gendarmerie est une force armée. Le gendarme est membre à part entière de la communauté militaire.

Art. 2. Le gendarme adhère sans réserve au statut général des militaires.

Art. 3. Le statut militaire ne se résume pas à un état juridique. Être militaire, c'est surtout adopter un comportement marqué de la manière la plus intense par le sens de l'honneur, la discipline, la disponibilité, le courage et l'abnégation.

Art. 4. Au titre de la défense et de la sécurité nationales, le gendarme contribue à la liberté et à la continuité de l'action du gouvernement et des institutions. Il peut être engagé individuellement ou avec son unité, en tout temps, en tout lieu et en toutes circonstances, notamment en période de crise ou de conflit armé, pour maintenir ou rétablir la paix ou l'ordre publics. Cette adaptation à un environnement précaire, voire hostile, exige des qualités d'endurance physique et de résistance morale, qui peuvent aller jusqu'au sacrifice ultime.

Art. 5. Le gendarme défend l'État de droit qui fonde la République et il agit dans le respect des conventions internationales, des lois et des règlements. Il refuse d'exécuter un ordre manifestement illégal et de nature à compromettre gravement un intérêt public. Il n'use jamais de sa qualité pour en tirer un avantage personnel. Le serment qu'il prête solennellement devant l'autorité judiciaire, gardienne des libertés individuelles, est le symbole fort de son engagement.

Art. 6. Le gendarme préserve la dignité humaine en luttant contre les traitements inhumains et dégradants et toutes les formes de discrimination. Les exigences d'éthique et de déontologie guident son action, notamment lorsqu'il prend des mesures coercitives ou intrusives. Par respect d'autrui, le gendarme s'interdit toute attitude, parole ou geste déplacés, quelles que soient les situations et les personnes auxquelles il se trouve confronté.

...

Art. 7. Sous la direction, la surveillance et le contrôle de l'autorité judiciaire, le gendarme accomplit les actes d'enquête, selon les conditions et modalités prévues par la loi dans le respect de la dignité des personnes. Il applique en particulier les prescriptions légales relatives aux fichiers de données à caractère personnel.

Art. 8. Le gendarme fait preuve de discernement dans l'exercice de ses fonctions par un usage mesuré et juste des pouvoirs que lui confère la loi. Il privilégie la dissuasion et la négociation à la force. Il se montre impartial lorsqu'il s'interpose entre groupes ou individus qui s'opposent ou s'affrontent. Il ne recourt à la force nécessaire que de manière graduée, proportionnée et adaptée, et à l'usage des armes qu'en cas d'absolue nécessité.

Art. 9. Le gendarme contribue à la recherche d'informations et de renseignements à destination des autorités ayant à en connaître. Hormis les cas où la loi le prévoit, il s'abstient de toute enquête sur les personnes relative à leur origine, leurs orientations sexuelles, leur état de santé, leur appartenance à une organisation syndicale, leurs opinions politiques, religieuses ou philosophiques.

Art. 10. Le gendarme, en raison de ses attributions et de ses missions, est détenteur d'informations confidentielles. Il fait preuve de discrétion professionnelle à l'égard de toutes les informations dont il prend connaissance à l'occasion de l'exercice de ses fonctions. Il respecte le secret de la défense nationale et le secret professionnel, notamment le secret des enquêtes et de l'instruction.

Chapitre 2, une force humaine

Art. 11. Dans la zone dont elle a la responsabilité, la gendarmerie a une vocation de service public dont la finalité est d'offrir aux citoyens des conditions de protection et de sécurité égales pour tous, quel que soit leur lieu de résidence ou de travail. Son maillage territorial, la disponibilité, la mobilité et la réactivité du gendarme, notamment en cas d'urgence, se conjuguent pour garantir la continuité de l'action de l'État et la permanence du service public de sécurité.

Art. 12. Dans l'exercice quotidien de ses missions, le gendarme s'inscrit dans une démarche de qualité qui le conduit à tout mettre en œuvre, quelles que soient les difficultés rencontrées, pour répondre aux demandes légitimes des autorités et de la population.

Art. 13. Le militaire de la gendarmerie en charge d'une mission de soutien est solidaire des unités de terrain, en temps normal comme en temps de crise. Par sa disponibilité et sa compétence technique, il contribue directement à leur efficacité opérationnelle.

Art. 14. Le gendarme, en service et en dehors du service, porte assistance et secours aux personnes en difficulté, tout spécialement lorsqu'elles sont en péril.

Art. 15. Le gendarme applique avec conviction les principes énoncés par la Charte d'accueil du public et d'assistance aux victimes. Il répond sans réserve aux sollicitations fondées.

Art. 16. Le gendarme est respectueux des autres. Conscient du sens accordé par la population à son uniforme et à ses fonctions, il a une tenue, une attitude et un maintien exemplaires, manifestant ainsi de la considération à l'égard du citoyen et contribuant par là-même à la crédibilité de l'Institution.

Art. 17. Le gendarme s'approprie son territoire. Par son esprit d'initiative, il développe une action de proximité au sein de sa circonscription en déclinant les instructions des échelons supérieurs, selon les spécificités locales. Il met en œuvre les directives du préfet et soutient l'action des maires dans les domaines relevant de leurs attributions en matière de sécurité publique et de prévention de la délinquance.

…

Art. 18. Le gendarme assume son rôle d'acteur de la vie locale et de la cohésion sociale. En préservant son indépendance, il saisit toute occasion pour rechercher le contact avec la population. S'adaptant à son environnement, il s'intègre dans les réseaux humains qui irriguent son territoire. Il développe des partenariats avec les acteurs publics ou privés et coopère avec ses partenaires de la Police nationale, des douanes, de l'administration pénitentiaire, de la sécurité civile et des polices municipales ou rurales. En cela, il amplifie son action au service de la sécurité des personnes et des biens.

Art. 19. Intervenant au cœur d'une société qui revendique un droit à l'information, le gendarme communique, dans les limites fixées par les autorités d'emploi et en cohérence avec les orientations de la direction générale et de ses échelons hiérarchiques. Il explique son action et sensibilise le citoyen aux politiques de sécurité. Il rassure ainsi les personnes les plus vulnérables en luttant contre le sentiment d'insécurité. Comme tous les agents publics, il respecte un devoir de réserve dans son comportement et son expression.

Art. 20. La richesse de la gendarmerie repose sur les femmes et les hommes d'active et de réserve qui la composent. S'ils contribuent à l'efficacité du service, le matériel et les équipements ne remplaceront jamais le professionnalisme et le sens de l'humain du gendarme. Celui-ci a l'obligation de porter sa compétence professionnelle au plus haut niveau en approfondissant et en élargissant sa formation tout au long de sa carrière.

Art. 21. Le militaire de la gendarmerie qui exerce un commandement a des responsabilités et des devoirs proportionnels à son rang, à son grade et à ses fonctions. Les rapports qu'il entretient avec ses subordonnés sont fondés sur une loyauté et un respect mutuels.

Art. 22. Le militaire de la gendarmerie participe au dialogue interne indispensable à la cohésion de l'institution, à son progrès et à l'adhésion de chacun au projet collectif. Ce dialogue se manifeste quotidiennement dans une écoute confiante et réciproque, et dans une circulation transparente de l'information. Il s'exprime de manière plus institutionnelle au travers des instances de concertation, au sein desquelles chacun s'investit.

Art. 23. L'esprit de corps de la gendarmerie est fondé sur le partage d'une histoire, de valeurs et de traditions communes. Membre d'une communauté humaine qui transcende la diversité des statuts, le gendarme est solidaire de ses camarades d'active ou de réserve, des personnels civils et de leurs familles, notamment lorsqu'ils sont dans l'épreuve.

Art. 24. L'efficacité de la gendarmerie est subordonnée à la coïncidence géographique des lieux de vie et de travail. L'harmonie de la vie au sein de la caserne exige l'acceptation par le militaire et sa famille de règles de vie en collectivité empreintes de respect, de convivialité et de simplicité. Elle s'enrichit des actions d'entraide et de soutien mutuel qui marquent un rejet de l'indifférence.

Art. 25. Les manifestations de cohésion interne participent de la vie de la communauté en même temps qu'elles conditionnent l'efficacité opérationnelle. La hiérarchie les soutient et promeut l'action de celles et de ceux qui se dévouent pour la communauté militaire dans un cadre mutualiste, associatif, ou au sein des instances dédiées à l'amélioration du cadre de vie.

Art. 26. Le gendarme contribue à la solidarité entre les générations en maintenant le lien avec les retraités, les veuves et les orphelins de l'Arme. Il accomplit son devoir de mémoire en participant aux cérémonies en souvenir des anciens ou des camarades ayant fait le sacrifice de leur vie.

14 LA LUTTE CONTRE LES DISCRIMINATIONS

La gendarmerie a toujours veillé au respect de la personne humaine, qu'il s'agisse d'un de ses membres, d'une victime ou d'un individu mis en cause. La lutte contre les discriminations fait ainsi partie des valeurs qu'elle intègre tant en interne que dans les relations avec la population. Elle punit sans faiblesse tout manquement dans ce domaine.

1 Un principe constitutionnel

- Le principe d'égalité a en France une **valeur constitutionnelle**. Il figure dans la devise du pays (« liberté, égalité, fraternité »), dans la Déclaration des droits de l'homme et du citoyen de 1789 et dans la Constitution de la Ve République.
- Il convient de **ne pas confondre le principe d'égalité avec l'égalitarisme**. En effet, le principe d'égalité suppose que :
  - lorsque les situations étudiées sont semblables, les individus soient traités de manière identique (ce qu'on appelle « égalité de traitement ») ;
  - lorsque les situations sont différentes, il y a une adaptation du traitement (il s'agit alors d'assurer « l'égalité des chances »).
- Au contraire, l'égalitarisme vise à assurer le même traitement quelle que soit la situation ; en définitive, cela revient à nier les particularités de chaque situation et crée donc des iniquités.

2 Les discriminations

- Une **discrimination** est une attitude de différenciation injustifiée, ou dont la justification n'est pas recevable (ou pas admissible).
- On parle de **discrimination positive** (avantage donné sans raison à une personne) ou **négative** (le fait de nuire à une personne).

- L'article 225-1 du Code pénal liste 25 critères de discrimination, dont par exemple l'âge, le sexe ou l'origine et prévoit que cette discrimination peut intervenir entre personnes physiques (des individus) ou morales (par exemple des entreprises ou associations).
- Les discriminations non prévues par la loi sont punissables pénalement, tout spécialement lorsqu'elles sont le fait d'une personne dépositaire de l'autorité publique comme un gendarme (article 432-7 du Code pénal).

ATTENTION
Les discriminations prévues par la loi sont **légales** et ne peuvent être contestées (par exemple, l'âge requis pour voter).

3 Des autorités dédiées à la lutte contre les discriminations

Tout individu s'estimant être victime de discriminations peut **déposer plainte** auprès de la gendarmerie ou de la police. Il peut également saisir des **autorités créées pour lutter contre les discriminations**.

- Le **Défenseur des droits** est une autorité administrative indépendante (AAI) ; créé par la loi du 29 mars 2011, il est nommé par le président de la République pour 6 ans (sa nomination doit être approuvée par l'Assemblée nationale et le Sénat). Il veille au respect des droits et des libertés (article 71-1 de la Constitution). À ce titre :
  - il défend les droits des usagers des services publics ;
  - il défend et promeut les droits de l'enfant ;
  - il lutte contre les discriminations et promeut l'égalité ;
  - il veille au respect de la déontologie des professionnels de la sécurité ;
  - il oriente et protège les lanceurs d'alerte.
- La **Délégation interministérielle de lutte contre le racisme, l'antisémitisme et la haine anti-LGBT (DILCRAH)**, placée sous l'autorité du Premier ministre.

4 Un dispositif propre à la gendarmerie

Outre les valeurs régissant le contact avec la population, la gendarmerie a mis en place un dispositif destiné à **lutter contre les discriminations internes**.

A| Stop discri

- Toute personne de la gendarmerie (militaire ou civil) peut contacter directement une plateforme d'appels appelée « Stop discri ». Dans les faits, cette plateforme dépend de l'inspecteur général de la gendarmerie nationale (IGGN), déontologue de la gendarmerie.
- En fonction des éléments fournis, l'IGGN peut décider de :
  - saisir les unités concernées pour recueillir davantage d'informations ;
  - procéder à une enquête interne ;
  - saisir le procureur de la République, conformément à l'article 40 du code de procédure pénale ;
  - ne pas donner suite en informant le requérant des raisons de cette décision.

B| Les référents égalité diversité

- Des **référents égalité diversité** ont été nommés à deux niveaux :
  - un référent national à la Direction générale ;
  - un référent par région de gendarmerie et gendarmerie spécialisée (incluant la garde républicaine, les écoles...).
- Ils ont pour mission :
  - d'intervenir dans les formations dispensées tant en école que dans les unités ;
  - de conseiller les commandants d'unité.
- De fait, les référents sont également contactés par des personnes estimant faire l'objet de discriminations. Ils peuvent alors orienter ces personnes vers la plateforme Stop discri ou saisir le commandement.
- Il convient de noter qu'une information sur les discriminations est dispensée à toutes les personnes désignées pour corriger des concours ou examens, ainsi qu'à l'ensemble des formateurs de la gendarmerie.

La gendarmerie crée un observatoire pour l'égalité et contre les discriminations (OGED), qui a pour mission d'établir des statistiques et de mener des études, tant sur les discriminations pouvant être observées en interne que pour celles pouvant survenir au contact avec le public (accueil, interpellations...).

Le détail de son action figure dans le bilan de l'inspection générale de la Gendarmerie Nationale 2021.

 # info
Rapport annuel 2021 de l'IGGN
foucherconnect.fr/23rcgend14

FICHE 15 LES LIBERTÉS PUBLIQUES

Il n'existe pas de définition légale des libertés publiques. On peut néanmoins les définir comme des droits et des libertés fondamentaux, reconnus par l'État, dont l'exercice est réglementé et les atteintes sanctionnées. Il peut s'agir de libertés qui touchent aux relations entre les particuliers ou avec l'État, dès lors qu'elles remplissent la définition précédente (reconnues par l'État, exercice réglementé et atteintes sanctionnées). La source principale en est le bloc de constitutionnalité (constitution de 1958 et son préambule, principes fondamentaux reconnus par les lois de la République, principes économiques et sociaux, principes ayant valeur constitutionnelle comme la continuité de l'État et du service public, charte de l'environnement de 2004). Constituent également des sources des libertés publiques certaines dispositions de textes internationaux (droits des conflits armés, droit international humanitaire...).

1 Le régime et la protection des libertés publiques

A| Le régime des libertés publiques

- Les libertés publiques sont du ressort de pouvoir législatif (article 34 de la Constitution), qui peut les **créer**, les **restreindre** (restriction du droit de grève pour assurer la continuité du service public dit « minimal » par exemple), voire les **supprimer** (interdiction du droit de grève pour les militaires par exemple).
- Le pouvoir exécutif ne peut porter atteinte à ces libertés qu'à deux conditions :
  - il ne peut interdire de manière générale et absolue une liberté publique ;
  - cette interdiction doit être indispensable au maintien de l'ordre public.
- Il dispose, en cas de situations particulièrement graves, de régimes dits « d'exception » (le code de la défense en prévoit 7) dont les principaux sont :
  - l'état de siège (art. 36 de la Constitution) ;

- l'état d'urgence ;
- l'état de crise (art. 16 de la Constitution) ;
- le plan Vigipirate.

B| Leur protection

Cette protection prend diverses formes :

» **Le recours juridictionnel** assuré par :
  - le juge judiciaire qui poursuit 4 objectifs : punir le coupable d'une atteinte aux libertés publiques, réparer le préjudice, délivrer la victime (par exemple en cas de détention illégale), empêcher le dommage (par exemple, empêcher une atteinte à la vie privée) ;
  - le juge administratif peut réparer un dommage, mais également annuler un acte portant atteinte aux libertés publiques.

» **Le recours non juridictionnel** : il s'agit de recours administratifs (recours gracieux ou hiérarchique), politiques (pétitions...) ou de l'action du défenseur des droits.

» **Le contrôle de la constitutionalité des lois**, prévu par la Constitution de 1958 et assuré par le Conseil constitutionnel. Il a été renforcé en 2008 avec la question prioritaire de constitutionalité qui permet aux citoyens de contester, lors d'un procès, une loi déjà promulguée.

» **Le recours devant les organismes internationaux** : on peut citer les différentes cours des Nations Unies (ONU), la cour européenne des droits de l'Homme ou la cour de justice européenne.

2 Les libertés publiques

A| Les libertés individuelles et la vie privée

On dénombre habituellement quatre champs concernant la liberté individuelle et la vie privée :

- **la liberté individuelle (ou sûreté)** : il s'agit de la liberté de se déplacer sans être arrêté ni détenu arbitrairement et explique l'encadrement strict des contrôles d'identité et des mesures de coercition (garde à vue...) ;
- **la liberté d'aller et venir** : elle peut s'exercer sans déclaration préalable mais peut être limitée par des exigences d'ordre public ;
- **le respect de la vie privée** : il garantit le respect de la vie privé à proprement parler, mais également le secret des communications (par courrier ou téléphone) et interdit de pénétrer dans un domicile en dehors des cas prévus par la loi ;
- **le respect de la personne** : il justifie la lutte contre les discriminations, quelles qu'elles soient, mais également la lutte contre les crimes contre l'humanité.

B| Les libertés d'expression collectives

Il s'agit des principes régissant les manifestations et rassemblement d'une part, de la liberté de la presse d'autre part.

1| Les manifestations

- Il s'agit de l'occupation de la voie publique par un groupe de personnes qui exprime collectivement une opinion.
- Toute manifestation est soumise à une déclaration préalable (art. L211-1 du code de la sécurité intérieure) au moins trois jours avant qu'elle ait lieu (art. 211-2 du CSI). Elle peut être interdite par le préfet (ou préfet de police) si des éléments font craindre un trouble grave à l'ordre public.
- Il faut distinguer la « manifestation » de « l'attroupement », définit par l'article 431-3 du code pénal, comme un « rassemblement susceptible de troubler l'ordre public ». Du fait même de sa définition, l'attroupement ne constitue pas une liberté et peut être dispersé par la force.
- Les rassemblements festifs à caractère musical sont soumis à une déclaration préalable qui mentionne les mesures prises par l'organisateur pour garantir la sécurité, la salubrité, l'hygiène et la tranquillité publiques.
- Enfin, les organisateurs de manifestations sportives, récréatives ou culturelles à but lucratif sont responsables de la bonne tenue des rassemblements et doivent indemniser l'État lorsqu'ils disposent de forces de police ou de gendarmerie à cette fin.

2| La liberté de la presse

Elle protège les entreprises de presse et les journalistes contre la censure, la soumission aux gouvernements à la dépendance à l'égard de puissances financières (atteinte au pluralisme). Pour autant, elle connaît quatre limitations par la loi :

- la protection de l'autorité de l'État (crimes portant atteinte aux intérêts nationaux par exemple) ;
- la protection de la société (par exemple, provocation à commettre des crimes et délits ou publication d'informations secrètes ou protégées comme les éléments d'une enquête judiciaire…) ;
- la protection des particuliers (diffamations, injures ou protection de la vie privée) ;
- le contrôle des publications, essentiellement pour celles destinées à la jeunesse.

FICHE 16 LA SENSIBILISATION AUX RÉSEAUX SOCIAUX

Le numérique a rapidement envahi les espaces professionnels et privés ; Smartphone, ordinateurs ou tablettes sont désormais indispensables à la vie sociale. Les réseaux sociaux sont désormais omniprésents et facilitent la mise en relation entre deux personnes ou la participation à un groupe. Pour autant, l'utilisation de ces outils présente des risques contre lesquels la prévention est le meilleur atout.

1 Quels réseaux ?

- L'expression « réseaux sociaux » fait immédiatement penser à Facebook, Twitter ou Google+. Ces réseaux, initialement conçus pour une utilisation privée, ont fortement évolué et sont aujourd'hui utilisés par nombre d'entreprises ou d'administrations. De même, les sites de partage de vidéos ou d'images (Youtube, Dailymotion, Flickr, Instagram...) ou de documents servent autant à des fins professionnelles que personnelles. À titre professionnel, LinkedIn et Viadeo sont les plus connus. Enfin, on peut citer les réseaux sociaux internes (Resogend pour la gendarmerie par exemple).
- Il faut noter que la plupart de ces réseaux évoluent afin de permettre un échange toujours plus large de données (mise en ligne de pièces jointes, de photos...). La notion de « réseaux sociaux » doit donc être interprétée largement pour englober tout site utilisant le net afin de permettre l'échange ou la mise en ligne de données personnelles ou professionnelles.

2 L'encadrement juridique

- Le militaire de la gendarmerie doit toujours conserver à l'esprit :
  - que l'oubli numérique n'existe pas ;
  - qu'il doit respecter la loi, tant dans l'exercice de sa profession que dans sa vie privée.

En effet, gardien de la loi, il lui serait immanquablement reproché de manquer à ses obligations.

- Il doit ainsi en permanence veiller au respect :
- du devoir de réserve (art. 4121-1 et 4121-2 du code de la défense) ;
- du secret professionnel (art. 413-10 et suivants du CP) ;
- du secret de l'enquête (art. 11 du CP) ;
- du droit à l'image (art. 226-1, 226-2 et 226-8 du CP) ;
- de la propriété intellectuelle (attention au plagiat, désormais facile à détecter !) ;
- des règles régissant l'image et la déontologie de la gendarmerie (code de déontologie).

3 Les règles d'utilisation

Le bon sens et le respect des règles énumérées ci-dessus incite le gendarme à :

- **dans sa vie professionnelle** : respecter les règles de droit, faire preuve de dignité et de discrétion professionnelle et rendre compte de contenus portant atteinte à l'image de la gendarmerie ;
- **dans sa vie privée** : sensibiliser la famille et les amis aux règles d'utilisation des réseaux sociaux et ne pas diffuser (ou partager) de contenus contraires aux règles de droit à sa neutralité ;
- **en tant qu'utilisateur** : vérifier les paramètres de ses comptes (confidentialité et sécurité), signaler tout contenu illicite.

IMPORTANT

Le manquement aux règles déontologiques est constitué dès lors que le militaire publie une information ne respectant pas ses obligations (manquement au devoir de réserve, propos homophobes...), **même quand il le fait sans intention de nuire ou de manière anonyme** (par exemple sous pseudonyme).

FICHE 17 LES RELATIONS HUMAINES, LES SERVICES EXTERNES ET LA PSQ

La communication est fondamentale dans le métier de gendarme, dont le rôle social (apaisement des conflits, connaissance de la population…) s'affirme constamment. La gendarmerie véhicule une image de rigueur empreinte d'humanité, image qui dépend au quotidien de l'attitude de chacun et des relations qu'il entretient au sein de la population.

1 Notions de relations humaines

A| Les relations humaines

- Elles dépendent du cadre de référence de chaque individu, défini par : l'éducation, le milieu familial, les croyances, les valeurs, les expériences et les origines.
- Les professions, les classes sociales, les milieux associatifs et religieux ont une influence sur chacun : vocabulaire, façon de s'habiller, comportement, etc.
- La communication, verbale (voix, débit, ton, vocabulaire) et non verbale (attitude, gestes, expressions du visage), permet de s'adapter à ses interlocuteurs.
- Chaque personne émet des signaux positifs ou négatifs, volontairement ou non.
- Bien communiquer suppose de ne pas penser en termes de rapport de force, d'accepter les différences et de ne pas asséner de jugement.

B| La communication

C'est le fait d'établir une relation avec autrui dans un esprit d'échange et de réciprocité, avec en amont une démarche positive et volontaire d'une ou plusieurs personnes. Cette démarche fait partie intégrante de la fonction de gendarme, celui-ci adaptant sa manière de s'exprimer en fonction de son interlocuteur (élu, contrevenant, chef d'entreprise, supérieur hiérarchique, victime…).

2 Services externes et renseignement

À SAVOIR
La fiche sur le chargé d'accueil explique le comportement à adopter à l'unité.
Nous abordons ici uniquement les services externes. Voir fiche 18.

Les militaires de la gendarmerie utilisent toutes les occasions pour faciliter le contact avec la population et recueillir du renseignement. Les éléments de communication évoqués ci-dessus prennent dans ce cadre toute leur importance.

A| Les contacts officiels

Les réceptions officielles (inaugurations, vœux, festivités de la Sainte-Geneviève – patronne des gendarmes) constituent des occasions privilégiées pour discuter avec la population, et notamment les élus et chefs d'entreprise. Il en est de même avec les associations en lien avec la gendarmerie (travailleurs sociaux...).

B| Les patrouilles et les contrôles

- Les gendarmes doivent rechercher le contact à l'occasion de leur service habituel, de jour comme de nuit. Les points de stationnement opérés lors des patrouilles en véhicule permettent notamment d'entrer en relation avec les personnes intéressées par leur environnement et souvent accueillantes pour les militaires de la gendarmerie (vigiles, commerçants, agriculteurs...).
- Les patrouilles à pied ou en vélo, outre leur aspect rassurant pour la population, sont particulièrement efficaces dans ce domaine.

C| Lors des interventions

Il est fréquent que, après les premières actions liées à l'intervention elle-même, tout ou partie des gendarmes restent sur place avec les autres acteurs (pompiers, élus, garagiste...). Ce peut être l'occasion de recueillir des informations utiles pour l'unité.

D| La réserve et les retraités

- La gendarmerie compte la réserve la plus importante des forces armées françaises. Ces personnes, par essence proches de la gendarmerie, appartiennent à des milieux très divers et sont autant de points de contact.
- De même, nombre de retraités de la gendarmerie restent proches de l'institution. Il est utile de garder le contact avec eux, soit en les faisant participer aux divers événements rythmant la vie de l'unité, soit en leur rendant visite à l'occasion du service.
- Quel que soit le mode de recueil d'une information, pensez à la partager avec vos camarades et à rendre compte des faits importants à vos chefs.

3 La police de sécurité du quotidien (PSQ)

- La police de sécurité du quotidien a été lancée en 2018. Elle correspond à la volonté du président et du gouvernement de voir les forces de sécurité se rapprocher des citoyens. La notion de quartiers difficiles prioritaires (QDP) associée à cette évolution permet aux unités concernées de bénéficier d'un renfort pour leur effectif. Volontairement souple dans sa conception, elle permet aux échelons locaux de s'adapter en fonction des caractéristiques de leurs circonscriptions.
- Elle s'appuie sur l'innovation technologique afin de supprimer la lourdeur administrative. Les gendarmes se sont ainsi vu doter de tablettes et de smartphones dits « Néogend » (nom de l'interface logicielle), sur lesquels ils peuvent procéder à la quasi-totalité des actes accomplis quotidiennement : contrôle de personnes ou de véhicules, verbalisation, prise de plaintes...
- La gendarmerie a mis en place le système QUARO (Qualité de la réponse opérationnelle). Il s'agit, pour le chef de patrouille devant intervenir à la suite d'un appel, de contacter le requérant (sauf impossibilité) afin d'optimiser la réponse opérationnelle ; de rassurer les victimes ; d'améliorer le service rendu ; de sécuriser l'intervention ; de mieux faire connaître l'action de la gendarmerie.

En octobre 2020, le gouvernement a lancé un programme baptisé « petites villes de demain », développé par l'Agence nationale de la cohésion des territoires (ANCT), qui comprend un volet sécurité.

Ce programme concerne 1 600 villes de moins de 20 000 habitants et associe pleinement la gendarmerie. Il s'agit de proposer une offre de sécurité sur mesure, en lien avec les élus. La gendarmerie décline cette offre en 7 axes :

- la prévention, incluant le développement de la vidéo protection et un dispositif de gestion des incivilités ;
- le contact avec la population (patrouilles, accueil avec des solutions mobiles...) ;
- des partenariats (avec les polices municipales notamment et la participation citoyenne) ;
- la redevabilité (dispositif de consultation et d'amélioration du service ou DCAS) ;
- une offre de protection (opérations tranquillité, présence sur la voie publique...) ;
- un dispositif de gestion des événements pour l'intervention ;
- des actions ciblées contre la délinquance.

FICHE 18 LE CHARGÉ D'ACCUEIL

Le chargé d'accueil incarne souvent le premier contact d'un usager avec la gendarmerie : il a ainsi un rôle déterminant dans le recueil de renseignements, outre l'image qu'il donne de l'institution au travers de son attitude et de sa tenue.

1 L'accueil physique

A| L'accueil de l'usager à l'unité

Vous devez agir rapidement et éviter de faire attendre la personne en :
- lui adressant une formule de politesse ;
- étant capable de discerner ce qui est prioritaire si vous êtes déjà occupé ;
- recueillant son identité ;
- faisant attention à la confidentialité de l'entretien.

B| L'écoute et l'identification de la situation

- Lors de la phase d'écoute, bannissez les attitudes pouvant bloquer la personne ou la laisser penser qu'elle n'est pas intéressante : se montrer impatient, pressé ou impoli, faire autre chose…
- À l'inverse, mettez la personne en confiance (respecter la confidentialité, la laisser s'exprimer même si l'idée est comprise, ne pas couper la parole…).
- N'adoptez pas d'emblée son point de vue : vous devez rester impartial.
- Gardez à l'esprit que votre objectif reste de discerner l'idée principale :
  - de quoi s'agit-il (problème administratif ou pénal, problème personnel…) ?
  - cela doit-il provoquer une intervention immédiate ?

- Si le problème ne vous semble pas à votre portée, rendez compte au gendarme ou gradé présent ou en patrouille.

C| Le questionnement et la reformulation

- La phase d'écoute doit vous permettre, éventuellement avec des questions (dirigées ou ouvertes), d'arriver à une synthèse de type QQOCQ :
  - Qui ? (personne concernée) ;
  - Quoi ? (faits) ;
  - Où ? (lieu précis) ;
  - Comment ? (déroulement des faits) ;
  - Quand ? (date et heure).
- Autant que nécessaire, utilisez la reformulation (« Si j'ai bien compris, vous... ») pour éviter toute ambiguïté dans les renseignements recueillis.

2 L'accueil téléphonique

Il est d'usage de dire que « le sourire s'entend au téléphone » : soyez toujours souriant et attentif à votre interlocuteur. Il sentira votre intérêt ou au contraire votre désintérêt.

A| Les formules d'accueil et de courtoisie

- « Brigade de gendarmerie de... » ou « COB de gendarmerie de..., bonjour ».
- Si l'appelant est un supérieur hiérarchique, une autorité administrative ou judiciaire, utilisez la formule « Mes respects mon... », « Monsieur ou madame + titre... », etc.
- Pour un fonctionnaire de la police nationale : « Bonjour Monsieur, Madame ».
- Proscrivez les formules montrant votre désintérêt (« C'est pourquoi ? », « Il n'est pas là, rappelez plus tard », « Je lui dirai quand je le verrai »...).

B| La technique de l'entretien téléphonique

- Comme pour un accueil physique, suivez un schéma type afin de ne rien oublier : présentation, écoute, définition de la situation (QQOCQ, voir ci-dessus) avec reformulation, résolution (action/résultat à attendre), informations complémentaires (coordonnées, voies d'accès...), salutations (prise de congé).
- La technique du double appel permet de vérifier l'origine du correspondant si nécessaire. Mettez à profit les équipements des téléphones portables (appareils photos, caméras) pour le recueil du renseignement.

C| Le traitement des appels d'urgence

- Certains appels demandent une attention particulière (incendie, accident, crime ou délit flagrant…).
- Bien que le CORG soit destinataire de la majorité des appels d'urgence (17, 112), il peut vous arriver de répondre à l'appel d'une personne en détresse ou sollicitant de l'aide.
- Pour réagir efficacement, vous devez, dès la prise du service, vous informer sur l'existence de fiches de permanence et de fiches réflexes pour les situations d'urgence.
- Dans tous les cas, ayez le réflexe QQOCQ et rendez compte immédiatement.

D| Le soutien psychologique au téléphone

- La réception et le traitement des appels téléphoniques sont des tâches délicates. Elles demandent des qualités d'écoute, d'analyse et d'organisation pour que l'usager soit renseigné, rassuré, secouru ou protégé le plus rapidement possible.
- Le soutien psychologique dépend de l'interlocuteur (âge, sexe), du moment (jour ou nuit), de la situation (passée ou actuelle), du savoir-faire du chargé d'accueil et de l'état psychologique dans lequel se trouve la victime.
- Si le chargé d'accueil perçoit que l'appelant est bloqué par son émotion, il doit aussitôt le mettre en confiance (par exemple par des questions simples) et l'amener à réfléchir pour le calmer et l'amener à coopérer et agir.

3 La charte d'accueil du public

- Prévue par la LOPSI du 29 août 2002, la charte de l'accueil du public (8 articles) a été mise en place conjointement par la gendarmerie et la police afin :
  - d'améliorer la qualité du service ;
  - de renforcer la relation de confiance avec le public et particulièrement les victimes ;
  - d'être un outil de cohésion et de valeur identitaires.
- La charte est apposée dans tous les locaux d'accueil depuis le 15 janvier 2004.

 # info
La charte de l'accueil du public
foucherconnect.fr/23rcgend05

FICHE 19 LA GESTION D'UNE SITUATION CONFLICTUELLE

Il faut avant tout prévenir les situations conflictuelles par l'action quotidienne : informer, éduquer et influencer (par la rigueur et la tenue notamment). En particulier, l'application scrupuleuse de la charte d'accueil permet d'éviter les conflits liés à la mauvaise prise en compte d'une situation par le chargé d'accueil. Dans tous les cas, le militaire doit dominer son propre stress pour rester opérationnel.

1 Dominer son stress

- Le stress est un ensemble de perturbations biologiques et psychiques provoquées par une agression quelconque sur l'organisme.
- Les **principales causes** du stress sont : les traumatismes psychiques, les sentiments et l'émotion, la fatigue, les traumatismes physiques, la maladie et les infections.

Les trois phases du stress

Phase d'alarme	Le sujet est au maximum de ses capacités, il n'est pas réceptif → l'écouter
Phase de résistance	Le sujet résiste, dépense beaucoup d'énergie et s'affaiblit → en profiter pour penser et préparer une réponse
Phase d'épuisement	Le sujet commence à être sensible aux arguments extérieurs → l'interroger et l'écouter

2 Comment réagir ?

- Plusieurs techniques simples permettent de reprendre le dessus :
  - mettre de l'espace entre vous et la personne en colère ;
  - respirer profondément ;

– se frotter les mains (cela donne une contenance) ;
– rompre physiquement le contact.

- Si vous vous sentez en difficulté, vous pouvez demander à un militaire de vous assister (expliquez-lui la situation pour éviter une aggravation ou des incompréhensions).

3 L'adoucissement

- Identifiez les motifs du mécontentement (l'institution, la société en général...).
- Demandez à la personne de parler plus doucement et moins fort (voix apaisante).
- Évitez d'employer des mots qui fâchent ou trop catégoriques (non, jamais...).
- Ne tutoyez pas.
- Ne donnez pas de réponse immédiate (prenez le temps de la réflexion).
- Calmez les esprits.
- Laissez l'autre s'exprimer, profitez-en pour recueillir des informations. Cherchez dans les textes et renseignez-vous auprès des militaires présents pour préparer une réponse étayée.

À SAVOIR
Le temps joue contre la colère de l'autre.

4 La négociation

La colère est passagère. Cependant, tant qu'elle est présente, la personne n'est pas réceptive. Il faut donc dédramatiser la situation : reformuler en clarifiant le problème, proposer des solutions, éviter de promettre quelque chose que l'on ne pourra pas tenir.

5 La médiation

En tant que chargé d'accueil, vous pouvez avoir à agir vous-même comme médiateur pour gérer des situations qui opposent deux ou plusieurs personnes sur des motifs très divers. Dans ce cas :

– écoutez les personnes, au besoin séparément ;
– ne prenez pas parti ;
– clarifiez les rôles ;
– réfléchissez à une solution ;
– reformulez aux parties votre perception des faits et leurs conséquences.

FICHE 20 L'INTERVENTION PROFESSIONNELLE

L'improvisation n'est pas de mise lors d'une intervention. Votre sécurité, celle de votre camarade ainsi que celle des quidams sont en jeu. Quatre éléments sont essentiels pour la sécurité : l'appui, les attitudes, la protection et la communication. Vous devez toujours les avoir à l'esprit. La plus petite cellule d'intervention se compose de deux militaires.

1 L'intervention graduée

- Le concept de l'intervention graduée représente une **continuité de la coercition** depuis la simple présence jusqu'à l'usage des armes en passant par l'emploi de la force.
- L'intervention se compose de **quatre phases** :
  - coercition sans contact physique ;
  - emploi de la force avec contact physique par moyens corporels ;
  - emploi de la force avec contact physique par moyen de force intermédiaire ;
  - usage des armes.
- Le gendarme cherche toujours à utiliser le niveau de force le plus faible pour accomplir sa mission et respecte les **trois principes fondamentaux suivants** : discernement (s'agit-il d'un auteur d'infraction ?), nécessité (la force n'est plus nécessaire lorsque la personne est menottée) et proportionnalité.

2 L'appui et la couverture

- L'**appui** assure la protection d'éléments du dispositif en déplacement, en étant en mesure d'appliquer des feux sur un adversaire qui les mettrait en péril. Il est fixe et permanent.
- La **couverture** permet de protéger un dispositif d'une direction dangereuse. Par définition, elle n'est pas orientée vers l'adversaire identifié (rôle de l'appui).

- En pratique, le binôme utilise le plus souvent l'appui décalé pour progresser, en respectant les points suivants :
  - contact tactile avec l'autre militaire ;
  - prise en compte immédiate du secteur dangereux ;
  - se décaler en recherchant une protection éventuelle ;
  - mise en place de l'appui ;
  - communication ;
  - déplacement et recherche de protection dans l'alignement de l'élément de tête.

3 Les attitudes (positions de tenue de l'arme)

Pour mémoire, elles sont au nombre de cinq : position d'abordage ; position de contact ; position de contact feu ; position de contact rapprochée ; position de défense rapprochée.

4 La communication

Elle est essentielle pour éviter une rupture d'appui ou des tirs fratricides. Elle se fait : verbalement (directement ou à la radio) ; par gestes ; par contact tactile.

5 Le contrôle d'un individu

Il se fait toujours en respectant la règle de la triangulation (simple ou double) :

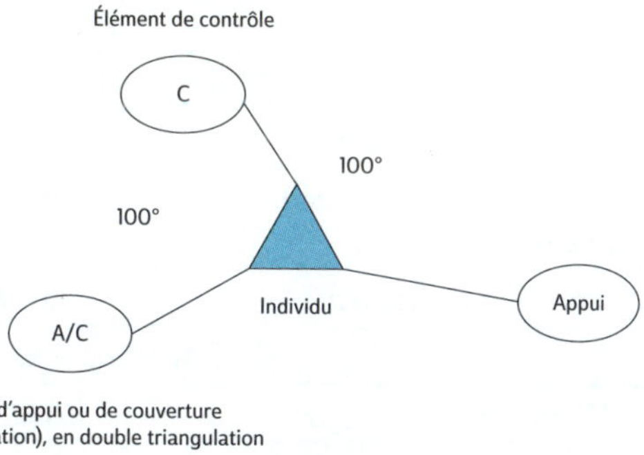

Pour l'élément de contrôle, ne jamais rester en face de l'individu à contrôler :

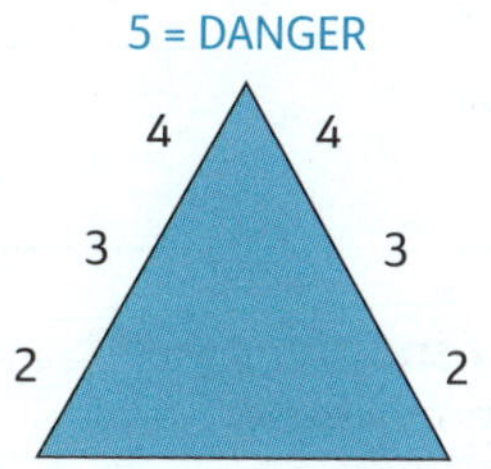

FICHE 21 LE CADRE LÉGAL D'USAGE DES ARMES

Les attentats de Paris de 2015 ont provoqué une modification substantielle du cadre légal d'usage des armes. Tous les militaires de la gendarmerie disposent désormais des mêmes droits, on ne distingue donc plus les officiers et sous-officiers de gendarmerie des autres militaires. Quatre documents régissent l'usage des armes des militaires de la gendarmerie : la Convention européenne des droits de l'homme et des libertés fondamentales (dont l'article 2 consacre le droit à la vie comme valeur fondamentale des sociétés démocratiques constituant le Conseil de l'Europe), le code pénal (CP), le code de la sécurité intérieure (CSI) et le code de la défense.

1 Le régime commun à tout citoyen

A| La légitime défense (art. 122-5 CP)

Trois conditions relatives à l'agression	
Une atteinte injustifiée	Un acte positif illégal (agression...)
Réelle et envers soi-même ou autrui	Menaçant l'intégrité corporelle
Actuelle ou imminente	En cours ou sur le point de se réaliser
Trois conditions relatives à la défense	
Nécessaire	Aucun autre moyen de se soustraire à l'atteinte
Simultanée	Réaction immédiate
Proportionnée	- Évalué en fonction de l'agression - Exclut l'usage d'une arme s'il n'y a pas de risque létal pour une personne

Si les six conditions sont respectées, la personne qui se défend « n'est pas pénalement responsable ».

- « N'est pas pénalement responsable la personne qui, devant une atteinte injustifiée envers elle-même ou autrui, accomplit, dans le même temps, un acte commandé par la nécessité de la légitime défense d'elle-même ou d'autrui, sauf s'il y a disproportion entre les moyens de défense employés et la gravité de l'atteinte. »
- Vous devez savoir que **la définition d'une arme** (art. 132-75 CP) **est extensive** : « Est une arme tout objet conçu pour tuer ou blesser. Tout autre objet susceptible de présenter un danger pour les personnes est assimilé à une arme dès lors qu'il est utilisé pour tuer, blesser ou menacer ou qu'il est destiné, par celui qui en est porteur, à tuer, blesser ou menacer. Est assimilé à une arme tout objet qui, présentant avec l'arme définie au 1er alinéa une ressemblance de nature à créer une confusion, est utilisé pour menacer de tuer ou de blesser. L'utilisation d'un animal pour tuer, blesser ou menacer est assimilée à l'usage d'une arme. »

B| L'état de nécessité (art. 122-7 CP)

N'est pas pénalement responsable la personne qui, **face à un danger actuel ou imminent qui menace elle-même, autrui ou un bien**, accomplit un acte nécessaire à la sauvegarde de la personne ou du bien, sauf s'il y a disproportion entre les moyens employés et la gravité de la menace.

C| La défense d'un bien (art. 122-5 al. 2 CP)

Les conditions légales de la légitime défense des biens sont similaires à celles de la légitime défense d'une personne ; cependant :

- l'agression est dirigée vers un bien ;
- la riposte est proportionnée à la gravité de l'infraction, non à la valeur des biens ;
- **l'homicide volontaire est exclu.**

2 Le régime particulier pour les forces de sécurité intérieures (art. L435-1 CSI)

Le code de la sécurité intérieure prévoir **cinq cas**.

- Dans l'exercice de leurs fonctions et revêtus de leur uniforme ou des insignes extérieurs et apparents de leur qualité, les agents de la police nationale et les militaires de la gendarmerie nationale peuvent, outre les cas mentionnés à l'article **L211-9**, faire usage de leurs armes en cas d'absolue nécessité et de manière strictement proportionnée :

– 1° Lorsque des atteintes à la vie ou à l'intégrité physique sont portées contre eux ou contre autrui ou lorsque des personnes armées menacent leur vie ou leur intégrité physique ou celles d'autrui ;
– 2° Lorsque, après deux sommations faites à haute voix, ils ne peuvent défendre autrement les lieux qu'ils occupent ou les personnes qui leur sont confiées ;
– 3° Lorsque, immédiatement après deux sommations adressées à haute voix, ils ne peuvent contraindre à s'arrêter, autrement que par l'usage des armes, des personnes qui cherchent à échapper à leur garde ou à leurs investigations et qui sont susceptibles de perpétrer, dans leur fuite, des atteintes à leur vie ou à leur intégrité physique ou à celles d'autrui ;
– 4° Lorsqu'ils ne peuvent immobiliser, autrement que par l'usage des armes, des véhicules, embarcations ou autres moyens de transport, dont les conducteurs n'obtempèrent pas à l'ordre d'arrêt et dont les occupants sont susceptibles de perpétrer, dans leur fuite, des atteintes à leur vie ou à leur intégrité physique ou à celles d'autrui ;
– 5° Dans le but exclusif d'empêcher la réitération, dans un temps rapproché, d'un ou de plusieurs meurtres ou tentatives de meurtre venant d'être commis, lorsqu'ils ont des raisons réelles et objectives d'estimer que cette réitération est probable au regard des informations dont ils disposent au moment où ils font usage de leurs armes.

- La loi prévoit des conditions particulières de mise en œuvre de ces droits selon les cas. On peut les récapituler ainsi :

Cas 1	Cas 2	Cas 3	Cas 4	Cas 5
Atteintes à la vie contre eux ou autrui	Ne peuvent défendre autrement les lieux qu'ils occupent	Personnes qui cherchent à échapper à leur garde	Immobiliser un véhicule	Empêcher la réitération d'un meurtre ou d'une tentative de meurtre
Menace armée	2 sommations		Ordre d'arrêt	/

3 Le cas particulier de la ZDHS

- « Constitue une **zone de défense hautement sensible** la zone définie par le ministre de la Défense à l'intérieur de laquelle sont implantés ou stationnés des biens militaires dont la perte ou la destruction serait susceptible de causer de très graves dommages à la population ou mettrait en cause les intérêts vitaux de la défense nationale » (art. L4123-12 du code de la défense).
- Si l'usage d'une arme est nécessaire, une sentinelle doit faire des **sommations** à voix haute puis procéder à l'arrestation de l'auteur de l'intrusion (décret n° 2005-1320 du 25 octobre 2005 art. 4) :

– annoncer son intention d'empêcher ou d'interrompre l'intrusion : « Halte » ;
– 2e sommation, si le ou les individus n'obtempèrent pas : « Halte ou je fais feu » ;
– 3e et dernière sommation, si le ou les individus n'obtempèrent pas : « Dernière sommation : halte ou je fais feu ».

- S'ils ne parviennent pas à se faire entendre par un appel à haute voix, les militaires procèdent aux sommations par tout autre moyen permettant de signifier sans ambiguïté l'ordre d'arrêt.

4 La méthode d'analyse

Pour vous assurer que vous pourrez faire usage de votre arme, utilisez l'acronyme **AMER** :

– **A** : **Atteinte** à l'intégrité physique de soi-même ou d'autrui ;
– ou **M** : **Menace** avec arme ;
– **E** : l'**Environnement** permet-il d'utiliser une arme ?
– **R** : l'usage d'une arme est-il l'ultime **Recours** ?

IMPORTANT

Il faut que les conditions **soit du « A » soit du « M »** soient présentes pour utiliser une arme, et non les deux simultanément.
L'analyse que vous faites (« A » ou « M ») définit le cadre juridique dans lequel vous utilisez votre arme.

FICHE 22 LES ACTES ÉLÉMENTAIRES DU MILITAIRE EN GENDARMERIE

Les missions de la gendarmerie imposent une préparation physique, mentale et tactique. La mise en œuvre simple des actes élémentaires du militaire permet de remplir efficacement une mission en toute sécurité. Les points clés dans ce domaine sont : respect des actes réflexes et élémentaires, sûreté et discrétion.

1 Observer

Observer, c'est « rechercher par la vue et l'écoute des renseignements concernant le terrain et les activités de l'ennemi, des amis et de la population ». Il faut être bien posté, observer, pouvoir alerter son chef, savoir reconnaître et arrêter un individu ou un groupe. Utilisez le moyen **mnémotechnique ESTOMAC** :

- **E (Ennemi)** : lieu (ou possibilité) de sa présence ;
- **S (Secteur de surveillance)** : limites gauche et droite ;
- **T (Terrain)** : point particulier à observer ;
- **O (consignes d'Ouverture du feu)** : uniquement en cas de légitime défense ;
- **M (Moyens d'alerter le chef)** : radio... ;
- **A (Amis)** : place des amis et moyens de reconnaissance ;
- **C (Chef)** : place du chef dans le dispositif.

2 Progresser

Progresser, c'est « avancer en utilisant le terrain pour échapper aux vues et aux coups de l'ennemi et en recherchant les indices de sa présence ». Le but est de chercher l'ennemi, s'en approcher ou l'éviter, en se posant les questions : où ? par où ? quand ?

A| Le mode de progression

Le choix du mode de progression dépend du terrain et de l'ambiance :
- marche normale, en tiroir (un pousse l'autre) ou boule de billard ;
- ramper, sur de courtes distances, pour échapper aux vues et aux coups ;
- course, pour franchir un passage dangereux ;
- exécution de bonds, pour se soustraire aux effets du feu adverse.

ATTENTION

Notamment en situation dégradée, restez vigilant et prêt à utiliser votre arme.
Attention au bruit que vous faites, surtout la nuit.

B| Le passage d'ouverture

La règle est de ne pas franchir les ouvertures si elles ne sont pas sûres. S'il est nécessaire de le faire, respectez les points clés suivants : appuis orientés dans le sens de la progression ; utiliser le pas alternatif, en position de contact rapproché, face à la zone à traiter ; sans protection balistique : présenter un minimum de surface corporelle ; avec protection balistique : présenter la protection balistique vers la zone à traiter ; tous les éléments de la cellule utilisent la même technique.

ATTENTION

S'il s'agit d'une fenêtre, passez dessous !
La rapidité d'action augmente votre sécurité.

C| L'entrée dans une pièce

- Deux techniques sont possibles : **technique combinée**, à privilégier (l'un entre en crochet, le second en direct) ; **technique en crochet** (entrée simultanée des deux en crochet).
- Une fois dans un bâtiment, la progression se fait en respectant les règles de l'appui et du passage d'ouverture. Si plusieurs cellules de militaires sont présentes, l'une prend en compte les directions dangereuses (couloirs non reconnus par exemple) pendant qu'une autre reconnaît les pièces au fur et à mesure de la progression.

3 Se camoufler

Se camoufler, c'est « se dissimuler aux vues de l'ennemi terrestre et aérien, et éventuellement de la population ». Appliquez l'acronyme **FOMECBLOT** :
- **Fond** (ne pas laisser sa silhouette se découper : encadrement d'une porte...) ;
- **Forme** (pas de forme aisément reconnaissable : képi...) ;

- **Ombre** (chercher les zones d'ombre, ne pas montrer la sienne) ;
- **Mouvement** (éviter les mouvements brusques) ;
- **Éclat** (supprimer les reflets : montre, lunette de soleil...) ;
- **Couleurs** (éviter les contrastes de couleurs) ;
- **Bruit** ;
- **Lumière** ;
- **Odeurs** ;
- **Traces**.

ATTENTION

Pensez à vous protéger ! Pour mémoire, voici le pouvoir perforant d'une arme légère : bois : 60 cm ; maçonnerie : 30 cm ; terre : 1 m ; béton armé : 15 cm.

4 Désigner un objectif

Désigner un objectif, c'est « localiser rapidement et sûrement un objectif de façon à le faire reconnaître », avec la méthode suivante :

- **1.** chercher un point de repère : fixe, caractéristique, proche de l'objectif ;
- **2.** le désigner en précisant : la direction (« devant moi telle direction... »), la distance (« à x mètres... »), l'objet (« tel objet, de telle forme, de telle couleur ») ;
- **3.** situer l'objectif par rapport au point de repère : avec le procédé de la main étalonnée ou celui du cadran solaire ;
- **4.** décrire l'objectif : nature, forme, couleur ; attitude (statique, mobile, se déplaçant de...) ;
- **5.** s'assurer que l'objectif a bien été reconnu en posant la question : « vu ? ».

5 Rendre compte

- Rendre compte, c'est « exposer à son chef dans les délais les plus brefs, avec exactitude, ses observations concernant le terrain, l'ennemi (ou adversaire) et les amis ».
- Voici les questions que vous devez vous poser : qui ou quoi ?, combien ?, où ?, par où ?, quand ?, comment ?
- Les réponses à ces questions vous permettent de définir l'adversaire à vos chefs avec le **PNVA** (**Position**, **Nature**, **Volume**, **Attitude**) et d'utiliser le compte rendu dit « 4J » : **je suis** (ma position), **je vois** (PNVA), **je fais** (action envisagée, ou « j'ai fait » si l'action est déjà accomplie), **je demande** (la conduite à tenir, des renforts, etc.).

FICHE 23 LA FOUILLE DES INDIVIDUS ET LE MENOTTAGE

L'action des militaires de la gendarmerie est strictement encadrée par la réglementation lorsqu'il s'agit de mettre en œuvre des mesures de coercition. Tout manquement dans ce domaine constitue une faute grave et, outre la mise en cause du ou des militaire(s) fautif(s), peut aboutir à des nullités de procédure.

1 La fouille des individus

On distingue 2 types d'interventions : la palpation de sécurité et la fouille.

A| La palpation de sécurité

- Définie par l'art. R434-16 du code de la sécurité intérieure (CSI), cette mesure, jamais obligatoire, a pour objet d'enlever à un individu tout objet pouvant présenter un risque pour l'individu lui-même, les gendarmes ou autrui.
- Elle peut être décidée en dehors d'une garde à vue.
- Elle peut survenir :
- lors d'un contrôle d'identité motivé par le comportement de l'individu ;
- à la suite d'une interpellation ;
- lors d'un contrôle d'identité effectué sur réquisition du procureur de la République.
- Elle est réalisée, si possible, par une personne du même sexe (obligatoirement en cas de garde à vue) et dans la mesure du possible :
- en dehors des vues du public ;
- par une palpation sur les vêtements ou au moyen d'un dispositif spécial ;
- avec une protection adaptée (gants) ;
- uniquement si cela s'avère nécessaire au niveau des parties génitales ;
- en adoptant une attitude respectueuse envers la personne.

B| La fouille

Plusieurs cas sont à distinguer.

- Dans le cadre d'une garde à vue, peuvent être menées :
  - une fouille **sécurité**, qui vise à enlever tout objet dangereux ;
  - une fouille **judiciaire**, effectuée pour les nécessités de l'enquête afin de découvrir tout indice permettant de participer à la découverte de la vérité ; si des investigations corporelles sont nécessaires, elles ne peuvent être effectuées que par un médecin requis par un OPJ.
- Dans le cadre d'un transfèrement (judiciaire ou administratif, extraction ou escorte), peut être réalisée une **fouille de sécurité des personnes transférées**, pour enlever tout objet dangereux ou susceptible de faciliter une évasion (art. D294 CPP).

2 Le menottage

Le menottage est une mesure coercitive particulièrement définie et qui ne saurait être systématique.

Il convient de savoir que :

- l'article D294 CPP définit des conditions dans lesquelles peuvent être « entravées » des personnes lors de transfèrements ou extractions ;
- seul un individu considéré comme dangereux (y compris pour lui-même) ou susceptible de prendre la fuite peut être menotté (art. 803 CPP et art. R434-17 CSI).

FICHE 24 LA PROCÉDURE RADIO ET LE RÉSEAU RUBIS

Les militaires ont coutume de dire que les transmissions constituent l'arme du commandement. Impossible en effet de coordonner une manœuvre ou de garantir la sécurité du personnel sans transmissions fiables. Cette fiabilité est garantie à la fois par le respect d'une procédure stricte et par un réseau couvrant l'ensemble du territoire.

1 La procédure radio

- Elle concerne l'emploi de tous les moyens de transmission, que ce soit une conversation entre deux personnes ou l'envoi d'un message (oral ou écrit).
- L'emploi d'une procédure permet de faciliter la compréhension, tant entre supérieurs et subordonnés qu'entre les unités, de gagner en rapidité et en sécurité. Elle s'appuie sur un langage commun avec des mots dont la définition est la même pour tous les militaires (de la gendarmerie et des autres armées) et, en cas de besoin, sur un alphabet phonétique (voir à la fin de la fiche).
- Un message doit être **complet** (pour éviter les demandes complémentaires), **clair** (pas de risques d'erreurs) et **concis** (ne pas occuper les fréquences radio inutilement). Il faut donc aller à l'essentiel !
- Les échanges se faisant en alternat (chacun parle à tour de rôle), il faut faire preuve de discipline et utiliser des termes sans équivoque : par exemple « parlez » (signifie que j'ai terminé mon message et que j'attends votre réponse), « attendez » (j'ai compris votre message et vais vous répondre), « collationnez » (répétez exactement -mot à mot- le message que je vous ai envoyé afin que je m'assure de sa bonne compréhension) ou « terminé » (transmission terminée, aucun renseignement supplémentaire à envoyer ou à demander).
- La sécurité impose de ne pas utiliser ce moyen pour transmettre d'informations confidentielles, même si le cryptage permet désormais de sécuriser les échanges.

2 Le réseau Rubis

- Il s'agit du réseau de communication de la gendarmerie, en service depuis 1986 avec de constantes évolutions. Tous les appareils utilisés par la gendarmerie départementale (y compris Neogend) s'appuient sur ce réseau.
- Les caractéristiques de ce réseau en font un atout de choix pour la gendarmerie :
  - il couvre l'ensemble du territoire métropolitain, y compris la Corse ;
  - il est géré au niveau de chaque groupement de gendarmerie départementale (un groupement couvre un département) et comprend des terminaux fixes portatifs et mobiles ;
  - l'information est chiffrée et l'emploi est sécurisé (il est impossible d'écouter une conversation avec un poste étranger au réseau) ;
  - il offre des capacités d'interopérabilité avec des valises spéciales « IBIS », « DESC », « GATEPRO »... (interopérabilité avec d'autres réseaux ou pour renforcer la couverture des moyens mobiles entre deux unités d'un groupement de gendarmerie) ;
  - l'emploi des appareils est simple (le fonctionnement ressemble celui des appareils grand public et le chiffrement est automatique) ;
  - le même appareil peut être utilisé n'importe où (itinérance totale) ;
  - le réseau offre des facilités de fonctionnement (conférence, renvoi ou transfert d'appels, rappel...).

Il comprend une partie filaire (réseau entre le centre national de supervision et les unités des groupements) et des relais radio assurant la couverture des moyens mobiles.

3 L'alphabet phonétique

Partagés par l'ensemble des militaires français, il est également utilisé dans les communications marines et a été conçu pour éviter toute méprise. Il est nécessaire de le connaître, même si son usage est moins fréquent avec la montée en qualité des transmissions. Il couvre à la fois les lettres et les chiffres, et son utilisation est normalement précédée de la mention « j'épelle » :

A – Alpha

B – Bravo

C – Charlie

D – Delta

E – Echo

F – Fox-trot

G – Golf

H – Hôtel

I – India

J – Juliette

K – Kilo

L – Lima

M – Mike

N – November

O – Oscar

P – Papa

Q – Quebec

R – Roméo

S – Sierra

T – Tango

U – Uniform

V – Victor

W – Whisky

X – X-ray

Y – Yankee

Z – Zoulou

0 – Zéro

1 – un tout seul

2 – un et un

3 – deux et un

4 – deux fois deux

5 – trois et deux

6 – deux fois trois

7 – quatre et trois

8 – deux fois quatre

9 – cinq et quatre

Exemple

« Je me rends au carrefour RD 13 avec RD 802, j'épelle Roméo Delta un tout seul, deux et un avec Roméo Delta deux fois quatre, zéro, un et un ».

« Je contrôle monsieur DURAND, j'épelle Delta Uniform Roméo Alpha November Delta ».

FICHE 25

L'INFRACTION PÉNALE ET LES JURIDICTIONS DE JUGEMENT

Il faut distinguer trois notions : la faute civile, fait dommageable causé par une faute même s'il n'est pas visé par un texte spécial ; la faute disciplinaire, acte commis en violation des règles particulières à une profession ; la faute pénale (ou « infraction »), violation d'une loi pénale. Seule la troisième nous intéresse ici.

1 La définition de l'infraction

Il n'y a pas de définition officielle. La plus couramment admise est : « L'infraction est un fait matériel résultant d'un acte de commission ou d'omission d'un individu, acte prévu et puni par la loi pénale, ne se justifiant ni par l'exercice d'un droit, ni par l'accomplissement d'un devoir, et pouvant être imputé à son auteur. » Ainsi :

- **la simple pensée coupable n'est pas répréhensible** (art. 111-3 CP) et il n'y a pas d'infraction si l'acte se justifie par l'exercice d'un droit ou l'accomplissement d'un devoir ;
- **l'infraction doit être imputable à son auteur** : une infraction ne peut être imputée ni à une personne ne disposant pas de toutes ses facultés mentales, ni à un enfant en bas âge. Ils n'ont pas conscience de leurs actes.

2 Les éléments constitutifs d'une infraction

- Chaque infraction est constituée de **trois éléments** dits « éléments constitutifs » :
  - l'**élément légal** : il n'y a pas d'infraction qui ne soit prévue par la loi pénale ; le juge ne peut pas créer d'infraction *a posteriori* (art. 111-3 CP) ;

– l'**élément matériel** : commettre un acte interdit par la loi ; l'infraction doit être « matérialisée » par un ou plusieurs actes positifs ou négatifs (comme s'abstenir de porter secours) ;

– l'**élément moral** : l'infraction doit être le résultat d'une « intention coupable » ou d'une « faute » d'un auteur conscient de ses actes.

Exemples

Les infractions les plus courantes sur la voie publique

	Élément légal	Éléments matériels	Élément moral
Vol simple	Art. 311-1 CP	- Soustraction frauduleuse d'une chose mobilière - Appartenance à autrui de la chose volée	Intention coupable
Dégradations	Art. 322-1 al. 1 CP	Dégradation ou détérioration par n'importe quel moyen : - d'un objet mobilier ou immobilier - que celle-ci cause un préjudice	
Graffitis	Art. 322-1 al. 2 CP	Tracer des inscriptions, des signes, des dessins, sur les façades, les véhicules, les voies publiques ou le mobilier urbain : - sans autorisation préalable - et que cela entraîne un dommage	
Violences sans ITT*	Art. R 624-1 CP	Commission volontaire de violences : - envers une personne - n'entraînant aucune ITT	
Captation d'images	Art. 226 al. 1 à 3 CP	Captation de paroles ou de l'image d'une personne, effectuée par un moyen quelconque : - sans l'autorisation de la personne - transmise sans le consentement de la personne - la personne se trouvait dans un lieu privé	

* ITT : incapacité temporaire de travail.

- On distingue :
  – la **faute avec intention coupable** (infraction intentionnelle), avec la volonté d'accomplir un acte interdit par la loi, ou de s'abstenir d'accomplir un acte ordonné par la loi ;
  – la **faute sans intention coupable** (infraction non intentionnelle), ayant causé un préjudice par maladresse, imprudence, inattention, négligence.

3 La classification tripartite des infractions pénales

- Fondée sur la gravité de l'acte commis, elle permet de distinguer les juridictions compétentes, les peines encourues et la prescription pénale.

Juridiction	Infractions jugées et peines maximales encourues	Composition	Compétence en fonction du lieu de...
Tribunal de police (dit « juridiction de proximité » lorsqu'il juge les C1 à C4)	Contraventions - maximum : 3 000 euros d'amende (art. 131-13 CP) - prescription : 1 an	- 1 juge unique - Le ministère public (procureur, substitut ou OMP) - 1 greffier	- L'infraction - La résidence de l'auteur
Tribunal correctionnel	Délits (et certaines C5) - maximum : 10 ans de prison (art. 131-4 CP) - prescription : 6 ans (10, voire 20 dans certains cas)	- 3 juges - Le ministère public (procureur ou substitut) - 1 greffier	- L'infraction - La résidence de l'auteur - L'arrestation de l'auteur - La détention de l'auteur
Cour d'assises	Crimes - maximum : réclusion à perpétuité (art. 131-1 CP) - prescription : 10 ans (20 dans certains cas)	- Le président et 2 assesseurs - Le ministère public (procureur général ou son représentant) - 1 greffier - 9 jurés	- Peu importe (juge tous les auteurs de crimes) - Une cour par département, temporaire ou permanente

À SAVOIR

Rappel des conditions permettant d'être désigné juré :
- être citoyen français (homme ou femme) ;
- être âgé de plus de 23 ans ;
- savoir lire et écrire en français ;
- jouir de ses droits politiques, civils et de famille ;
- ne pas se trouver dans un cas d'incapacité, d'incompatibilité ou de dispense.

- Les **voies de recours** des décisions de ces juridictions sont soit « **ordinaires** » (opposition et appel), soit « **extraordinaires** » (pourvoi en cassation et demande en révision).

FICHE 26 LA RESPONSABILITÉ PÉNALE DE L'AUTEUR

Les constatations faites par les gendarmes et les GAV ont une incidence directe sur la responsabilité pénale des auteurs d'une infraction.

1 Définition et principes

- Est **auteur d'une infraction** la personne qui commet les faits incriminés ou tente de commettre un crime ou, dans certains cas prévus par la loi, un délit (art. 121-4 CP).
- Toute personne peut être l'auteur d'une infraction (majeur ou mineur ; homme ou femme ; français ou étranger), mais :
  - nul n'est responsable pénalement que de son propre fait (art. 121-1 CP) ;
  - il n'y a pas de crime ou de délit sans intention de le commettre (art. 121-3 CP) ; c'est l'élément moral.
- Les **complices** encourent la même peine que les auteurs de l'infraction, mais on distingue le coauteur et le complice (art. 121-6 et 121-7 CP).

	Définition	Exemple
Coauteur	Commet un acte matériel entrant dans la définition légale de l'infraction perpétrée	Dans le cas d'un viol, arrache les vêtements
Complice	Participe à l'infraction par un acte particulier, mais ne réalise pas un des éléments constitutifs de l'infraction	- Complice actif : tient la personne agressée - Complice passif : fait le gué

2 Les conditions de la responsabilité pénale de l'auteur

Une personne ne peut être sanctionnée pénalement que si une infraction lui est imputable. La responsabilité pénale est entière pour les majeurs. On distingue cependant des causes d'exemption et d'atténuation.

Les causes d'exemption et d'atténuation

Faits justificatifs	Causes de non-imputabilité
- Légitime défense (art. 122-5 CP) - Ordre de la loi ou commandement de l'autorité légitime - État de nécessité - Consentement de la victime	- Troubles psychiques ayant aboli le discernement de la personne ou le contrôle de ses actes - Contrainte - Action commise fortuitement ou par erreur, l'individu étant de bonne foi

3 Le cas particulier des mineurs

Les mineurs (3 catégories d'âge : 10-13 ans, 13-16 ans, 16-18 ans) font l'objet de mesures de protection, d'assistance, de surveillance et d'éducation dans les conditions fixées par l'ordonnance n° 45-174 du 2 février 1945 modifiée, relative à l'enfance délinquante.

FICHE 27

LES AUTORITÉS DE POLICE JUDICIAIRE

La police judiciaire (PJ) consiste à constater les infractions à la loi pénale, rassembler les preuves et rechercher les auteurs (art. 14 du code de procédure pénale, CPP). C'est une des grandes missions de la gendarmerie (loi du 3 août 2009), exercée sous la direction et le contrôle des magistrats.

1 Les autorités de police judiciaire

A| Le procureur de la République

- Placé auprès du tribunal judiciaire, il dirige la police judiciaire et fait procéder aux actes nécessaires (art. 41 CPP) ; il contrôle les gardes à vue et les locaux de garde à vue.
- Il fait aux officiers de police judiciaire (OPJ, qu'il note chaque année), agents de police judiciaire (APJ) et agents de police judiciaire adjoints (APJA) les observations qui s'imposent dans l'exercice de la police judiciaire (art. 224 à 230 CPP).
- Il exerce au tribunal, lors du procès, les fonctions de ministère public en représentant la société. Il demande à ce titre l'application de la loi et propose les peines qu'il voudrait voir prononcer. Il fait exécuter les décisions de justice.
- Il est destinataire des plaintes, des dénonciations et des procès-verbaux (de la 5e classe au crime, ou de renseignements judiciaires) et adresse des demandes d'enquêtes (soit-transmis) en saisissant un service d'enquête ; le commandant d'unité (commandant de compagnie) reste libre du choix des enquêteurs devant exécuter la demande du procureur.
- Il dirige l'activité de l'officier du ministère public (OMP).

B| L'officier du ministère public (OMP)

- Le code de procédure pénale (CPP) confie normalement l'exercice des poursuites, devant un tribunal de police, à des fonctionnaires n'appartenant pas aux cadres de l'administration judiciaire, sauf pour des contraventions de 5e classe où le procureur de la République occupe obligatoirement le siège du ministère public (il peut également s'il le souhaite siéger pour les autres contraventions).
- Les commissaires et officiers de police dépendent statutairement du ministère de l'Intérieur mais, dans l'exercice de leurs fonctions du ministère public, ils sont sous l'autorité directe du procureur de la République qui leur donne des instructions quant à la poursuite à donner aux procès-verbaux de contravention.
- Dans la pratique, l'OMP est destinataire des procès-verbaux de classes 1 à 4.

C| Le juge d'instruction

- Le juge d'instruction est le magistrat qui peut être saisi par le procureur de la République (ouverture d'information) ou par la victime (partie civile). Lors d'une enquête dans laquelle il est saisi, il devient enquêteur OPJ. Il délègue une partie de ses pouvoirs aux OPJ sous la forme de commissions rogatoires.
- Il instruit à charge et à décharge.

2 Les personnels de la gendarmerie participant à la PJ

Quel que soit le statut de l'agent, la tenue et la carte professionnelle sont les moyens pour la population de reconnaître l'appartenance à la gendarmerie nationale.

ATTENTION
Il est obligatoire de pouvoir prouver sa qualité de militaire de la gendarmerie pour entrer dans les établissements de l'administration pénitentiaire (présentation de la carte professionnelle).

A| L'officier de police judiciaire (art. 16 CPP)

- Sont OPJ les officiers, les gradés et les gendarmes comptant au moins 3 ans de service dans la gendarmerie, nominativement désignés par arrêté des ministres de la Justice et de l'Intérieur, après avis conforme d'une commission (quelle que soit l'affectation de ces militaires).
- La qualité d'OPJ ne peut être exercée que si les conditions suivantes sont réunies :
  - détenir effectivement cette qualité ;

- être affecté à un emploi comportant cet exercice (art. R 15-22 et suivants CPP : gendarmeries départementales et spécialisées, offices centraux...) ;
- avoir été habilité par le procureur général (magistrat de la cour d'appel).

ATTENTION
Le procureur de la République ne peut habiliter un OPJ. Cependant, en cas de manquement, le procureur peut demander au procureur général de suspendre ou de retirer l'habilitation OPJ : le militaire reste OPJ mais ne peut plus exercer en tant que tel. Il travaille alors comme APJ.

B| L'agent de police judiciaire (art. 20 CPP)

Sont APJ les gendarmes qui ont prêté serment et ne sont pas OPJ. Ils ne peuvent exercer cette qualité que lorsqu'ils sont affectés ou détachés dans une unité ayant dans ses attributions les missions de police judiciaire.

C| L'agent de police judiciaire adjoint (art. 15 et 21 CPP)

- Sont APJA les GAV et les réservistes qui ont prêté serment auprès du tribunal de grande instance. Ils participent à l'exécution :
  - des mesures de contrainte contre les témoins défaillants ;
  - des mandats de recherche, de comparution, d'amener, d'arrêt, de dépôt et des ordonnances de prise de corps ;
  - des arrêts et des jugements de condamnation.
- De même, ils jouent un rôle important lors des missions de PJ (gel des lieux...), car leur action s'inscrit toujours dans un dispositif plus vaste et doit faciliter le bon déroulement des opérations et l'aboutissement de l'enquête.

28 LA LUTTE CONTRE LES VIOLENCES INTRAFAMILIALES

La lutte contre les violences intra-familiales (VIF) est une priorité gouvernementale. Ce phénomène touche environ 35 000 victimes en zones gendarmerie tous les ans, qu'il s'agisse de conjoints, d'enfants ou d'ascendants. Dans ce cadre, la gendarmerie a mis en place un dispositif spécifique.

1 Les brigades de protection des familles (BPF)

- **Une BPF a été créée par département**. Elles sont constituées de militaires formés aux violences intra-familiales (VIF). Ils sont dénommés « **référents VIF** ».
- Les missions des BPF sont multiples :
  - soutenir les militaires des unités dans la prise en compte des VIF (gestion des événements, conduite des enquêtes, mise en relation avec les acteurs sociaux...) ;
  - renforcer les unités lorsque des faits graves sont constatés ;
  - développer des partenariats avec les acteurs sociaux pour apporter des solutions concrètes ;
  - accompagner les victimes et leurs proches (enfants témoins des faits...).
- Chaque enquêteur des BPF doit donc connaître parfaitement les possibilités de prise en compte des personnes au niveau local : possibilité d'hébergement, coordonnées des intervenants sociaux, possibilités de transport...

2 Les intervenants sociaux en gendarmerie

- Que ce soit pour les VIF ou pour d'autres dossiers le nécessitant, la gendarmerie doit assurer l'interface avec les services sociaux. À cette fin, des intervenants ont été mis en place.
- Il s'agit de professionnels qui n'appartiennent pas à la gendarmerie mais avec lesquels des conventions ont été signées afin de leur permettre d'intervenir.
- Leur objectif, défini à l'article L. 121-1-1 du Code de l'action sociale et des familles, est double :
  - **faire de la prévention** en faveur des personnes se trouvant dans une situation de détresse sociale ;
  - **améliorer la prise en charge des victimes**.
- Ils sont ainsi particulièrement sollicités dans le cadre des VIF.
- Leurs missions consistent à accueillir les personnes vulnérables ou en détresse sociale, les personnes en situation de souffrance ayant subi des violences, les mineurs en danger ou primo-délinquants et les personnes mises en cause notamment pour les diriger vers des structures sanitaires (traitement des addictions ou des pathologies psychiatriques).
- Concrètement, ils peuvent se rendre d'initiative dans les unités ou sont contactés par les militaires. Ils se déplacent dans les brigades et ont accès aux rapports d'événements à caractère social.

3 Un nouveau dispositif expérimental

- À partir de novembre 2021, la gendarmerie teste dans 4 départements (Sarthe, Vaucluse, Pas-de-Calais et Haute-Corse) un nouveau dispositif appelé « **plainte chez autrui** ». Dans le cadre de VIF, le recueil de plainte peut se faire au sein d'un hôpital, dans une association, chez un membre de la famille ou un voisin.
- La victime compose le 17 pour alerter la gendarmerie, puis les militaires se rendent sur place avec des moyens mobiles permettant la prise de plaintes. Ce dispositif a vocation à la fois à lever les réticences des victimes à se déplacer dans une brigade, et à leur permettre de faire part de leur détresse dans un endroit connu et rassurant, plus propice au dialogue.

À NOTER

Tous les gendarmes sont formés à la prise en compte des VIF et notamment des violences conjugales dès la formation initiale en école, en théorie et en pratique. Des modules de formation continue ont également été conçus pour former les militaires déjà affectés en unités lorsque cet enseignement a été mis en place en école.

4 Le cas particulier du gendarme auteur

- Il arrive malheureusement que des militaires de la gendarmerie soient auteurs de VIF. Dans ce cas, ils peuvent faire l'objet de **poursuites pénales et disciplinaires**. Les deux sont cumulatives et peuvent conduire, dans les cas les plus graves, à une radiation des cadres (exclusion de la gendarmerie ; voir la fiche 4).
- De plus, ces militaires ne peuvent normalement plus recevoir de plainte ou entendre des personnes dans des affaires de VIF.

FICHE 29

LA MAIN COURANTE GENDARMERIE

Expérimentée en 2017 puis généralisée en 2018, la main courante gendarmerie (MCG) permet de répondre aux attentes de la population en recueillant des informations qui ne justifient pas une procédure judiciaire. Elle simplifie également le travail des gendarmes avec un formalisme moindre que celui des procédures judiciaires et un allégement des documents à transmettre aux autorités. Elle répond à des principes stricts d'utilisation.

1 Conditions d'emploi de la main courante gendarmerie (MCG)

- Elle peut être utilisée pour tout recueil d'informations, sauf :
  - dans le cadre judiciaire ;
  - si les informations concernent une enquête diligentée à la demande d'une autorité administrative ou judiciaire.
- Il revient au chargé d'accueil d'analyser les éléments afin de vérifier que la MCG peut être utilisée, de recueillir les informations, de remettre un exemplaire à l'usager et de l'envoyer au commandant d'unité pour contrôle.
- Les MCG sont vérifiées quotidiennement par le commandant d'unité (ou le gradé qu'il a désigné) qui peut clôturer la procédure ou estimer qu'il y a lieu de procéder à une exploitation complémentaire (enquête, transmission à une autorité…).
- Du fait de la mise en œuvre de la MCG, le procès-verbal de renseignement judiciaire (PVRJ), qui a vocation à informer les autorités judiciaires d'un fait, n'est désormais utilisé qu'exceptionnellement pour le suivi des décisions de justice, des recherches dans des fichiers ou des mises à jour de fichiers, ou des signalements de personnes disparues.

2 Le cas particulier des violences intrafamiliales (VIF)

Dans ce domaine, l'enquête judiciaire reste la procédure à privilégier. En l'absence d'infraction caractérisée, un PVRJ peut être utilisé. La MCG ne peut ici être utilisée qu'à deux conditions impératives :

- s'il s'agit d'une demande expresse de l'usager qui refuse de déposer plainte ;
- si aucun indice ne permet d'identifier une infraction.

Dans ce cas, le chargé d'accueil doit immédiatement rendre compte au commandant d'unité, il rédige la MCG conformément au protocole dédié aux VIF et la MCG est systématiquement transmise au parquet. Elle doit contenir les informations permettant de diligenter d'éventuelles poursuites ultérieures.

3 Schéma d'utilisation de la MCG

La MCG est un outil nouveau en gendarmerie. Le schéma suivant permet de mieux comprendre son utilisation.

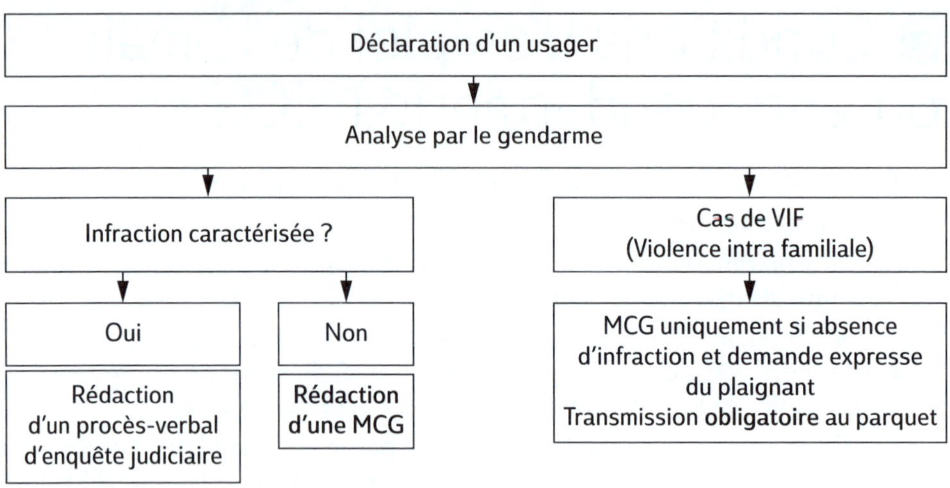

FICHE 30 LES ENQUÊTES ET LE CONTRÔLE D'IDENTITÉ

La réglementation veille à préserver les libertés individuelles. Ainsi, les possibilités de mener ou de contrôler une identité sont strictement encadrées, et le non-respect de ces prescriptions est sanctionné par une nullité de procédure.

1 Les différents types d'enquête

Outre l'enquête aux fins de recherche des causes de la mort (art. 74 CPP), très particulière, il existe trois types d'enquête en France.

Enquête	Diligentée par	Quand ?	Durée	Exemple de pouvoir d'investigation
Préliminaire	Tout OPJ et APJ (sous contrôle d'un OPJ)	À tout moment	Limite de la prescription pénale	Perquisition avec autorisation de la personne
De flagrance	OPJ	L'infraction se commet ou vient de se commettre	8 jours (16 sur instruction du procureur et selon l'infraction commise)	Perquisition et saisie à l'initiative de l'OPJ
Sur commission rogatoire (ou « information »)	Juge d'instruction, ou les OPJ attributaires de commissions rogatoires	Saisine du juge d'instruction par le procureur ou la partie civile	Limite de la prescription pénale	Tout acte nécessaire à la découverte de la vérité

2 Le contrôle et le relevé d'identité

Tout citoyen doit pouvoir justifier de son identité dans les conditions prévues par la loi.

A| Le contrôle d'identité (art. 78-2 CPP)

- Le contrôle d'identité est l'opération qui consiste à inviter une personne à justifier immédiatement de son identité en présentant un document officiel (carte nationale d'identité, permis de conduire, permis de chasser ou de pêche, passeport ou tout document probant portant photo et signature).
- Peuvent procéder à un contrôle les OPJ et les APJ (et APJA de la police nationale en attente de la qualification d'APJ) sur l'ordre et sous la responsabilité des OPJ.
- Les APJA de la gendarmerie ne peuvent contrôler une identité que sur ordre et sous la responsabilité des OPJ et uniquement sur réquisition du procureur de la République, dans trois cas : art. 78-2-2 du CPP – infraction en matière de terrorisme, législation sur les armes et les stupéfiants –, art. 78-2-3 et art. 78-2-4 du CPP – visite des véhicules.

B| Le relevé d'identité (art. 78-6 al. 1 CPP)

- Le relevé d'identité comprend les nom et prénom, âge, profession, date et lieu de naissance, sexe, filiation, situation de famille, adresse complète et numéro de téléphone.
- Les APJA peuvent relever une identité dans les conditions suivantes :
  - en matière judiciaire (art. 21 CPP) : « ...de constater, en se conformant aux ordres de leurs chefs, les infractions à la loi pénale et de recueillir tous les renseignements en vue d'en découvrir les auteurs, dans le cadre et dans les formes prévues par les lois organiques ou spéciales qui leur sont propres » ;
  - pour la sécurité routière (art. 21 CPP et 130-1-1 CR) : constater les infractions au code de la route ;
  - pour la constatation des infractions en matière de chasse et de pêche.
- En cas de refus ou d'impossibilité pour une personne de justifier de son identité, il faut rendre compte immédiatement à un OPJ (art. 78-6 al. 2 CPP).

FICHE 31

LE CADRE LÉGAL DU DROIT D'ARRESTATION

Le droit d'arrestation est la possibilité donnée par la loi d'appréhender une personne en ayant recours à la force si besoin, et en vue de la comparution de la dite personne devant une autorité judiciaire ou administrative, ou à des fins d'incarcération.

IMPORTANT

Le pouvoir d'arrêter une personne est une atteinte à la liberté fondamentale d'aller et venir (art. VII de la Déclaration des droits de l'homme et devise de la France). Ainsi, la loi permet l'exercice de ce droit mais réprime tout abus : « Le fait par une personne dépositaire de l'autorité publique ou chargée d'une mission de service public, agissant dans l'exercice ou à l'occasion de l'exercice de ses fonctions ou de sa mission, d'ordonner ou d'accomplir arbitrairement un acte attentatoire à la liberté individuelle est puni de 7 ans d'emprisonnement et de 100 000 euros d'amende » (art. 432-4 CP).

1 Le droit d'arrestation dans le cadre d'enquêtes judiciaires

A| Article 73 CPP

« Dans le cas d'un crime ou d'un délit flagrant puni d'une peine d'emprisonnement, toute personne a qualité pour en appréhender l'auteur et le conduire devant l'officier de police judiciaire le plus proche. »

- « toute personne » : évidemment les APJA, en service ou non ;
- « crime ou délit flagrant » :
  - le crime ou le délit est en train d'être commis ;
  - le crime ou le délit vient d'être commis ;
  - dans un temps très voisin de l'action, la personne soupçonnée est poursuivie par la clameur publique ;

– dans un temps très voisin de l'action, la personne est trouvée en possession d'objets ou présente des traces ou indices laissant supposer qu'elle a participé à un crime ou un délit.

B| La garde à vue

- L'interpellation d'une personne entraîne « une privation de liberté ». L'OPJ est dans l'obligation de prendre une mesure de garde à vue à l'encontre de cette personne. Il en informe immédiatement le procureur de la République ou un substitut (magistrat de permanence).
- Le temps légal de la garde à vue est de 24 heures (plus dans certains cas) ; cette mesure peut être levée à tout moment avant la fin du délai autorisé.

2 Le droit d'arrestation en vertu des mandats

- Le mandat est un acte judiciaire par lequel un magistrat donne des ordres relatifs aux personnes qu'il désire voir comparaître, faire arrêter ou détenir provisoirement.

	Ordre donné à la force publique...
Mandat d'amener	... de conduire le mis en cause devant le magistrat qui a délivré le mandat
Mandat d'arrêt	... de rechercher le mis en cause, en fuite, et le conduire en maison d'arrêt
Mandat d'arrêt européen	... d'appréhender la personne recherchée par un État membre de la Communauté européenne et de la conduire dans les 48 heures devant le procureur général territorialement compétent
Mandat de recherche	... de rechercher le mis en cause et le placer en garde à vue Il peut être décerné à l'égard d'une personne à l'encontre de laquelle il existe une ou plusieurs raisons plausibles de soupçonner qu'elle a commis ou tenté de commettre une infraction
Mandat de dépôt	... de conduire sous escorte le mis en cause jusqu'à la maison d'arrêt et donner ordre au directeur de la maison d'arrêt de le détenir Ce mandat est délivré directement par un magistrat lors de la présentation devant lui, sous escorte

- Les APJA ont un rôle majeur dans l'exécution de ces mandats grâce à l'utilisation des fichiers lors du contrôle des individus, notamment sur la route.

3 Les autres documents ou textes permettant de rechercher ou d'appréhender des personnes

Note de recherche	Rechercher la trace d'une personne ; peut être utilisée à l'égard : - d'une personne soupçonnée dont on ne possède pas l'identité exacte - d'une personne dont la culpabilité n'est pas certaine - d'un témoin à faire entendre par un OPJ sur commission rogatoire
Extrait de jugement ou d'arrêt	Copie de la partie du jugement ou de l'arrêt qui concerne la condamnation ; constitue un ordre de recherche et peut être diffusé par tous moyens
Lois spéciales	- Militaires en position irrégulière - État de siège ou d'urgence
Mesures de police	- Pour ivresse publique et manifeste - Pour un aliéné

FICHE 32 L'ALERTE, LE TRANSPORT ET LE GEL DES LIEUX

Les premiers éléments recueillis conditionnent l'efficacité d'une intervention, quel que soit l'événement considéré. Votre rôle peut ici s'avérer primordial.

1 L'alerte

- Il s'agit, pour le chargé d'accueil, de prendre les renseignements, puis, pour le premier élément d'intervention, de se mettre en action et de se rendre sur place.
- La réception de l'alerte peut se faire sous trois formes : appel téléphonique d'un quidam, appel d'une autre unité (gendarmerie, police, douanes...) ou déclaration d'une personne se présentant à l'unité.
- Dans tous les cas, les renseignements à recueillir correspondent à l'acronyme **QQOCQ** :
  - **Qui ?** (origine de l'appel) ;
  - **Quoi ?** (motif de l'appel) ;
  - **Où ?** (lieu des faits) ;
  - **Comment ?** (comment cela s'est-il *a priori* passé ?) ;
  - **Quand ?** (date et heure des faits).

2 Le transport

- La préservation des lieux à l'arrivée des premiers enquêteurs est essentielle pour la recherche des preuves. Dès l'arrivée, il faut :
  - vérifier la réalité des faits et l'existence de l'infraction ;
  - éventuellement porter secours ;
  - bloquer et geler les lieux ;
  - rendre compte ;
  - recevoir les premières déclarations des témoins (verbales).

- Vous devez en permanence savoir où se trouve le matériel et comment vous en servir pour pouvoir intervenir efficacement.

3 Le gel des lieux

- Pour protéger un lieu en établissant un bouclage hermétique, on doit :
  - interdire l'entrée dans le périmètre à toute personne étrangère aux investigations ;
  - éloigner les importuns ;
  - dans la mesure du possible, cacher les lieux du regard des badauds.
- Le gel des lieux doit être effectué dès l'arrivée sur les lieux et se poursuivre tout au long de l'intervention pour :
  - assurer la protection des traces et indices et éviter toute pollution ;
  - permettre aux enquêteurs de mener les investigations dans de bonnes conditions ;
  - préserver le secret de l'enquête (art. 11 CPP).
- Le gel des lieux ne doit cependant pas négliger les premiers éléments de l'enquête (heure d'arrivée sur les lieux ; liste des personnes présentes à l'arrivée des enquêteurs ; compte rendu aux chefs hiérarchiques...).
- Le fait de modifier l'état des lieux d'un crime ou d'un délit par un citoyen est répréhensible de 3 ans d'emprisonnement et de 45 000 euros d'amende. Toutefois, cette sanction n'est pas applicable pour les secours (pompiers, médecins...). Il convient néanmoins de sensibiliser les secours sur l'importance du gel des lieux.

FICHE 33

L'AIDE MATÉRIELLE AUX ENQUÊTEURS

Les APJA peuvent aider les OPJ et les APJ lors des investigations judiciaires.

1 Les perquisitions

- La perquisition est une **opération de police judiciaire** préparée et menée dans les formes légales pour rechercher des individus ou des objets susceptibles de servir à la manifestation de la vérité. Le résultat des perquisitions ne doit pas pouvoir être mis en doute, l'origine et l'identification des objets saisis, puis ultérieurement représentés en justice, ne pouvant souffrir de contestation.

ATTENTION
Une erreur dans les règles de procédure peut provoquer une nullité de procédure et parfois engager la responsabilité pénale de l'enquêteur.

- Dans ce cadre, il revient souvent aux APJA de veiller au respect des lieux et des personnes, notamment en interdisant aux badauds d'approcher, ou de surveiller un individu, placé ou non en garde à vue. Vous devez rester vigilant en permanence.
- Pour des raisons de sécurité, il est permis de retirer aux personnes les objets dangereux.

Acte	Objectif	Acteurs
Palpation de sécurité	Retirer les objets dangereux pour soi-même et pour la personne, par une palpation sommaire et rapide, lors d'une interpellation	OPJ, APJ, APJA ou simple citoyen (art. 73 CPP), de sexe opposé si nécessaire
Fouille de sûreté	- Rechercher et retirer tout objet susceptible de nuire ou d'être dangereux, lors d'une garde à vue ou d'un transfèrement avec un inventaire des objets licites - Indispensable pour les individus en état d'ivresse	OPJ du même sexe (ou APJ sous contrôle de l'OPJ)

Acte	Objectif	Acteurs
Fouille corporelle	Investigation sur la partie extérieure du corps pour retirer un objet des vêtements ou bagages ou constater des traces sur le corps (peut nécessiter que la personne se dévêtisse)	OPJ du même sexe, seulement en cas de flagrance (en préliminaire avec accord de la personne)

2 Les croquis

- Les APJA peuvent se voir confier la confection d'un croquis des lieux, pièce de procédure qui ne nécessite pas de détenir une qualification judiciaire particulière. Il s'agit cependant d'un document important car il est destiné à donner une représentation des faits eux-mêmes ; il est susceptible de permettre de procéder à une reconstitution, de suivre le déroulement de l'action criminelle ou de déterminer les distances qui n'auraient pas été mentionnées dans les constatations.
- Il faut toujours mentionner le nord, l'échelle et la légende.

Nom	Fonction
Plan de situation	Permet de repérer les lieux des faits sur le terrain (établi à partir d'une carte routière, de type IGN ou Michelin, avec si possible le quadrillage UTM)
Plan général des lieux	- Donne une représentation des lieux pour une localisation plus précise de l'endroit où les faits ont été commis (il peut provenir d'un relevé cadastral, d'un agrandissement d'une carte) - Le nord doit toujours être en haut de la page
Croquis d'ensemble	Donne une représentation des abords immédiats des lieux et fait l'objet d'un relevé à main levée sur le terrain. Il utilise une grande échelle
Croquis de l'état des lieux	Ce croquis est très important car il est destiné à donner une représentation des faits eux-mêmes. Il permet aux magistrats de procéder à une reconstitution et de suivre l'action criminelle par rapport aux écrits de la procédure
Croquis de détail	- Concerne la description d'une particularité dont les détails ne sont pas suffisamment mis en évidence sur le croquis de l'état des lieux (cadavre, meuble, empreinte particulière, forme d'un objet) - Il peut être établi plusieurs croquis de détail avec les signes conventionnels (voir mémento du gendarme) - Ce croquis se fait à main levée sur les lieux. La position des personnes et des objets ainsi que les dimensions utiles doivent figurer

3 Les scellés

- L'article 56 al. 4 du CPP dispose que « tous les objets et documents saisis sont immédiatement inventoriés et placés sous scellés ». Cette tâche peut être confiée à un APJ ou à un APJA. Elle requiert méthode et organisation.
- Il existe trois types de scellés :

Fermé	Pour des objets de faible volume ; ne peut être ouvert sans laisser de trace
Ouvert	Pour des objets de volume important (véhicule...) ; l'objet peut être examiné sans que le sceau soit brisé. L'étiquette est fixée à l'objet de façon qu'elle ne puisse être enlevée sans laisser de trace
Fermé provisoire	Pour des objets très nombreux nécessitant un inventaire ultérieur. Les scellés sont alors apposés sur les entrées s'il s'agit d'un local (grand nombre de pièces volées dans un garage par exemple)

- Les scellés sont établis avec de la cire, du fil, une bougie, le cachet « gendarmerie nationale » et un carton de scellés, qui doit obligatoirement comporter des mentions dans chaque cartouche et la signature de l'enquêteur et de la personne présente.
- Pour information, outre l'inventaire des objets saisis, il est établi un inventaire des pièces à conviction recueillies au cours de l'enquête.

FICHE 34

LE CONTRÔLE D'UN VÉHICULE

La liberté d'aller et venir est une liberté fondamentale. Pour autant, la réglementation impose le respect de normes afin de garantir la sécurité de tous. Les contrôles opérés par les forces de l'ordre permettent de s'assurer du respect de ces normes.

1 La base légale du contrôle

Article R233-1 du code de la route (CR)

« I. Tout conducteur d'un véhicule à moteur est tenu de présenter à toute réquisition des agents de l'autorité compétente, lorsque ces documents sont exigés par le présent code :

1° Tout titre justifiant de son autorisation de conduire ;

2° Le certificat d'immatriculation du véhicule et, le cas échéant, celui de la remorque si le poids total autorisé en charge (PTAC) de cette dernière excède 500 kilogrammes, ou de la semi-remorque s'il s'agit d'un véhicule articulé, ou les récépissés provisoires, ou les photocopies des certificats d'immatriculation dans les cas et dans les conditions prévues par un arrêté du ministre de la justice et du ministre de l'intérieur ;

3° L'original ou la copie du certificat constatant l'achèvement d'une formation de conducteur de transport par route quand celui-ci est exigé en application de l'article R. 221-6 ;

4° Dans les cas mentionnés aux II et III de l'article R. 221-8, une attestation de la formation pratique ou le document attestant d'une expérience de la conduite conforme aux conditions prévues par ces dispositions.

II. En cas de perte ou de vol du titre justifiant de l'autorisation de conduire le récépissé de déclaration de perte ou de vol tient lieu de titre pendant un délai de deux mois au plus. »

La non-présentation de ces documents est punissable d'une contravention. Il s'agit ici de vérifier la détention et la validité de documents exigés par le code de la route et non de procéder à un contrôle ou à une vérification d'identité.

2 Les documents administratifs

Les pièces afférentes à la conduite d'un véhicule

Nom du document	Conditions d'exigibilité	Points à contrôler
Attestation et brevet de sécurité routière	Tout conducteur de cyclomoteur (art. R211-2 CR)	- Nom et photo - Cachet de l'établissement - Cachet de l'auto-école (BSR)
Permis de conduire	Tout conducteur d'un véhicule pour lequel un permis est exigé (art. R 221-1 CR et suivants) : - A : motocyclette, avec ou sans side-car - B : véhicule de moins de 3,5 T et motocyclette de moins de 125 cm^3 - C : poids lourds (> 3,5 T) - D : transport en commun (plus de 8 personnes, en plus du conducteur) - E : remorques non comprises dans les autres catégories	- Identité et photographie - Validité du permis (consultation du fichier) - Date de validité (pour les catégories qui le prévoient) - Timbre sec sur la photographie

Les pièces nécessaires pour la mise en circulation

Nom	Conditions d'exigibilité	Points à contrôler
Certificat d'immatriculation	- Art. R322-1 CR (mise en circulation d'un véhicule pour la 1re fois) - Art. R233-1 CR (voir ci-dessus)	- N° d'immatriculation - Identité et adresse - Date de 1re mise en circulation et validité du contrôle technique
Assurance	- Art. L211-1 CA (obligation de s'assurer) et R211-14 CA (obligation de présenter le certificat) - Art. R233-1 CR (voir ci-dessus)	- Identité et adresse - Véhicule assuré - Date de validité - Correspondance avec le talon sur le pare-brise
Contrôle technique	Art. R323-1 (obligation) et R323-22 CR (périodicité : doit être effectué tous les 2 ans après 4 ans d'utilisation pour les voitures neuves)	Date de validité
Vignette certificat qualité de l'air, dite « Crit'air »	Art. R318-2 CR	Respect de la réglementation et absence d'interdiction de circulation le jour de contrôle

3 L'équipement du véhicule

A| À l'extérieur

- La **vérification** porte sur les éléments suivants :
  - vitre du pare-brise : transparence suffisante, aucune modification de couleur n'est acceptée (art. R316-1 CR) ;
  - pneus : sculptures apparentes et supérieures à 1,6 mm (art. R314-1 CR) ;
  - essuie-glace permettant une visibilité correcte pour le conducteur (art. R316-4 CR) ;
  - autocollant A à l'arrière du véhicule pour toute automobile conduite par le titulaire d'un permis probatoire depuis moins de 3 ans ou moins de 2 ans s'il a suivi la formation de conduite accompagnée ;
  - plaque d'immatriculation réglementaire et homologuée (art. R 317-8 CR).
- Pour les **rétroviseurs** (équipement minimal art. R316-6 CR) :
  - véhicule léger : 1 rétroviseur intérieur central et 1 extérieur gauche au minimum ;
  - véhicules à carrosserie commerciale, breaks, véhicules traînant une remorque qui dépasse leur largeur ou masque leur champ de visibilité : 1 intérieur central, 1 extérieur gauche et un 1 extérieur droit ;
  - camion, autobus et autocar : 1 extérieur à gauche et 1 à droite ;
  - moto : 1 à gauche et 1 à droite ;
  - cyclomoteur : 1 rétroviseur à gauche.

B| À l'intérieur

La **vérification** porte sur les éléments suivants :

- ceinture de sécurité pour chaque passager (art. R412-1 CR) ; pour les enfants de moins de 10 ans, le véhicule doit être équipé d'un système de retenue homologué (siège enfant, rehausseur, art. R412-2 CR) ;
- équipement d'un gilet de haute visibilité à portée de mains du conducteur. Le véhicule doit être équipé d'un triangle de pré-signalisation (art. R416-19 CR) ;
- port d'un casque homologué pour tout conducteur et passager de deux roues et quadricycle à moteur (art. R431-1 CR).

FICHE 35

LE RELEVÉ D'INFRACTION ET L'IMMOBILISATION D'UN VÉHICULE

Sont étudiées ici les possibilités offertes aux GAV pour constater les infractions ainsi que les règles relatives à l'immobilisation d'un véhicule.

1 La procédure de l'amende forfaitaire

A| Définition

- Les **infractions** sont classées en **trois catégories** (crimes, délits et contraventions, art. 111-1 CP), et les **contraventions** sont réparties en **cinq classes** : C5 (la plus grave) à C1 (art. 131-13 CP).
- Pour les C1 à C4 dont la liste est fixée par décret en Conseil d'État, l'action publique est éteinte par le paiement d'une amende forfaitaire (art. 529 CPP). Cette procédure s'applique obligatoirement lorsqu'elle est prévue par la loi. Elle ne s'applique pas aux mineurs de 13 ans, ni si plusieurs infractions sont constatées simultanément et que l'une d'entre elles ne peut en faire l'objet.
- On distingue **cinq cas** (voir tableau) : piétons, amende forfaitaire, amende forfaitaire minorée (AFM, uniquement applicable aux C2 à C4 du code de la route, sauf celles concernant le stationnement), amende forfaitaire majorée, cas « A » (contraventions graves que le procureur de la République veut voir traiter par le tribunal de police et non par la procédure de l'amende forfaitaire). Le carnet est désormais remplacé par le procès-verbal électronique (PVE).

IMPORTANT

Les APJA ne peuvent constater la C4 inhérente à la conduite d'un véhicule sous l'empire d'un état alcoolique (0,25 mg/litre d'air expiré ou 0,10 mg/litre d'air expiré pour les véhicules de transport en commun), car cette infraction impose la prise d'une mesure par éthylomètre (R130-1-1 CR).

B | Les montants et le délai de paiement

	AFM (paiement < 3 jours)	Amende forfaitaire (art. 49CPP)	AF majorée (art. R49-7 CPP)	Maxima (art. 131-13 CP)
Cas piéton	/	4 €	7 €	38 €
C1	/	11 €	33 €	38 €
C2	22 €	35 €	75 €	150 €
C3	45 €	68 €	180 €	450 €
C4	90 €	135 €	375 €	750 €
C5	/	200 €	450 €	1 500 € (3 000 € en cas de récidive)

À SAVOIR

Depuis le 1er janvier 2018, les communes peuvent faire varier le montant de la contravention de 1re classe (C1) pour les infractions relatives au stationnement.

- Les délais sont allongés de 15 jours si l'infraction a été constatée par un appareil de contrôle automatisé.
- Le paiement est effectué soit directement sur Internet sur le site amendes.gouv.fr, soit par smartphone avec l'application amendes.gouv, soit par chèque, soit (pour certaines infractions) par timbre-amende dématérialisé.

2 Le rapport d'infraction

- En gendarmerie, il est établi avec le logiciel « Icare ».
- Les GAV sont explicitement cités à l'article 21 du CPP : « les volontaires servant en qualité de militaire dans la gendarmerie (...) ont pour mission (...) de rendre compte à leurs chefs hiérarchiques de tous crimes, délits ou contraventions dont ils ont connaissance... », repris par la circulaire 3100 propre à la gendarmerie (« ... les gendarmes adjoints rendent compte de toute infraction dont ils ont connaissance sous forme de rapport adressé à leurs chefs hiérarchiques... »).
- Ce rapport, transmis à un OPJ (supérieur hiérarchique du GAV), fait foi (art. 429 et 433 CPPP), doit être précis et concis (utilisez le QQOCQ ; voir fiche 18).
- Il est toujours rédigé à la forme impersonnelle (« nous »). Faites des phrases courtes et utilisez le présent.

3 La procédure d'immobilisation

La procédure d'immobilisation est une procédure particulière pouvant être mise en œuvre par les APJA (art. R325-3 CR).

A| Le cadre juridique

- La procédure d'immobilisation est l'obligation faite au conducteur ou au propriétaire d'un véhicule de maintenir le véhicule sur place ou à proximité du lieu de constatation de l'infraction en se conformant aux règles relatives au stationnement (art. R276 et R325-2 CR), afin notamment de faire cesser sans délai une infraction qui, en raison de sa nature ou des circonstances qui l'entourent, a une incidence grave, immédiate, ou normalement prévisible sur la sécurité des usagers de la route.
- L'immobilisation ne peut être prescrite que dans les cas expressément prévus par le code de la route (art. R278 CR). Il en est ainsi, par exemple, lorsque le conducteur, ou l'accompagnateur de l'élève conducteur, est présumé sous l'empire d'un état alcoolique (dépistage positif ou refus de dépistage) ou lorsque le conducteur n'est pas titulaire du permis de conduire.
- Pendant tout le temps de l'immobilisation, le véhicule demeure sous la garde juridique de son propriétaire ou de son conducteur.

B| Les modalités d'exécution

1| La procédure

- Si l'infraction n'a pas cessé au moment où le militaire quitte les lieux du contrôle, le militaire :
  - retire le certificat d'immatriculation du véhicule si ce dernier est immatriculé ;
  - rédige une fiche d'immobilisation en trois exemplaires en y portant un numéro du registre des procès-verbaux de son unité ;
  - donne le troisième exemplaire de la fiche d'immobilisation au contrevenant ;
  - saisit l'OPJ territorialement compétent en lui remettant le certificat d'immatriculation avec le premier et le deuxième exemplaires de la fiche d'immobilisation ;
  - transmet, sous couvert de son commandant d'unité, le procès-verbal qui a motivé l'immobilisation au procureur de la République et au préfet.
- L'immobilisation ne peut être maintenue après que la circonstance qui l'a motivée a cessé.

2 | La levée de la mesure d'immobilisation

- Elle est effectuée :
  - soit par le militaire qui l'a prescrite s'il est encore présent sur les lieux lors de la cessation de l'infraction (autre personne pouvant conduire en cas de dépistage d'alcoolémie positif à l'encontre du conducteur, possibilité de réparer sur place…) ;
  - soit par l'OPJ territorialement compétent dans les autres cas (le plus souvent, il s'agit du commandant d'unité). Celui-ci constate la cessation de l'infraction et remet le certificat d'immatriculation au conducteur ou au propriétaire du véhicule. Il transmet au procureur de la République le deuxième exemplaire de la fiche d'immobilisation.
- Dans tous les cas, dès la cessation de l'infraction qui a motivé l'immobilisation, le véhicule peut circuler entre le lieu d'immobilisation et la résidence de l'autorité désignée pour lever la mesure, sous couvert du double de la fiche d'immobilisation remise au conducteur (art. R284 CR).
- Le défaut de contrôle technique constitue un cas particulier : le contrevenant doit être autorisé à circuler afin de pouvoir présenter son véhicule dans un centre de contrôle agréé (dans ce cas, la fiche d'immobilisation comporte une autorisation de circulation provisoire valable 7 jours).

À SAVOIR

Si l'infraction n'a pas cessé dans un délai de 48 heures, il est établi une procédure de mise en fourrière.

FICHE 36

L'ALCOOL ET LES STUPÉFIANTS AU VOLANT

L'alcool est la première cause de mortalité sur la route, quelle que soit la catégorie d'usagers. Les règles relatives à la répression de l'alcool au volant sont définies dans le code de la route. Le dépistage des stupéfiants est obligatoire en cas d'accident mortel de la circulation.

1 La répression de l'alcool au volant

Il existe deux mesures utilisées pour définir l'alcoolémie :

- le nombre de milligrammes par litre d'air expiré ou mg/l (utilisation d'un éthylomètre) ;
- le nombre de grammes par litre de sang ou g/l (si prise de sang).

La correspondance est la suivante : mg/l × 2 = g/l.

<table>
<tr><th>Infraction</th><th>< à 0,25 mg/l (ou 0,5 g/l)</th><th>Entre 0,25 et 0,39 mg/l</th><th>À partir de 0,40 mg/l ou ivresse manifeste</th></tr>
<tr><td>Classification pénale</td><td>Pas d'infraction</td><td>Contravention de 4e classe</td><td>Délit</td></tr>
<tr><td rowspan="2">Conséquences</td><td rowspan="2">Néant</td><td>- Amende
- Interdiction de conduire jusqu'au dégrisement</td><td>- Retrait du permis de conduire
- Convocation devant le tribunal</td></tr>
<tr><td colspan="2">- Retrait de 6 points
- Immobilisation possible du véhicule</td></tr>
</table>

ATTENTION

Pour les jeunes conducteurs et les conducteurs de transport en commun, le seuil pour la contravention est de 0,10 mg/l d'air expiré (ou 0,2 g/l de sang).

IMPORTANT

Bien différencier l'**alcoolémie**, qui est définie par des taux dans le code de la route, de l'**ivresse**, laquelle se constate dans le comportement (haleine chargée, regard fuyant, personne qui prononce des phrases incompréhensibles ou titube une fois hors du véhicule...). Les deux constituent un délit pour un conducteur.

2 Les prérogatives des APJA

- Les GAV APJA peuvent procéder à un dépistage (art. L234-3 et L234-4 al. 2 du code de la route), mais non verbaliser une alcoolémie (art. R 130-1-1), dans trois situations :
  - suite à un accident de la circulation routière (mortel, corporel ou matériel) ou à une infraction au code de la route ;
  - sur instructions du procureur de la République ;
  - sur ordre d'un officier de police judiciaire (OPJ).
- Deux cas amènent une action : le dépistage positif et le refus de se soumettre au dépistage.
- Le GAV rend compte, remet le contrevenant à l'OPJ et immobilise le véhicule (immobilisation R.325-3 du code de la route).

3 La procédure à suivre

A| Le dépistage

Il consiste à s'assurer que la personne ne conduit pas sous l'emprise de l'alcool et est effectué à l'aide d'un **éthylotest** électronique ou non. Si la personne ne peut être soumise à un dépistage (accident mortel par exemple), elle est directement soumise à la vérification.

B| La vérification

Elle consiste à apporter la preuve d'un état alcoolique et à déterminer le taux d'alcoolisation. Elle est effectuée à l'aide d'un **éthylomètre** ou d'une prise sang. Le choix du moyen utilisé dépend du militaire et non de la personne contrôlée. Le GAV ne peut procéder à une vérification ; il assiste l'OPJ dans la mise en œuvre des moyens.

IMPORTANT

Ne pas confondre « **éthylotest** » (appareil qui indique la prise d'alcool, mais ne peut déterminer le taux) et « **éthylomètre** » (appareil de mesure qui donne le taux exact d'alcoolémie).

4 Les stupéfiants au volant

Le dépistage est obligatoire en cas d'accident mortel de la circulation routière et facultatif dans les cas suivants (art. L235-2 CR) :

- accident matériel ;
- infraction au code de la route (n'importe laquelle) ;
- en cas de soupçons d'un usage de stupéfiants ;
- sur réquisition du procureur de la République ;
- pour les APJ et APJA, sur ordre d'un OPJ.

Contrairement à l'alcool, il n'y a pas de seuil ; il s'agit d'un délit dès que la consommation est confirmée.

Le dépistage se fait à l'aide de kits urinaires ou d'un test salivaire (le plus fréquent).

Il convient de rendre compte à un OPJ dès que le dépistage est positif.

FICHE 37 LA VITESSE

La vitesse est mise en cause dans la moitié des accidents mortels. On dénombre chaque année environ 4 000 morts et 79 000 blessés du fait d'accidents routiers.

1 La répression

Les limites de vitesse sont définies dans le Code de la route.

Dépassement	Point(s) retiré(s)	Types d'infraction	Autres conséquences
1 à 19 km/h	1	C3	Amende
20 à 29 km/h	2	C4	Amende
30 à 39 km/h	3	C4	Amende, possible suspension du permis
40 à 49 km/h	4	C4	Amende, rétention immédiate du permis
50 km/h et plus	6	C5	Amende, rétention immédiate du permis, saisie possible du véhicule
50 km/h et plus (récidive)	6	Délit	Amende, prison, rétention immédiate du permis, saisie obligatoire du véhicule

À noter : Le transport, la détention ou l'usage d'un détecteur de radar entraîne également le retrait de 6 points.

Cas particuliers : jeunes conducteurs (« A ») ; pneus cloutés (80 km/h).

2 Les moyens et leur implantation

- On distingue les **cinémomètres fixes** (automatiques, Mesta 208, Eurolaser et Ultralyte) et **mobiles** (SVR 2000 et Mesta 2100).
- Le Mesta 208 nécessite deux postes : poste opérateur (où se trouve l'appareil) et poste d'interception (où les contrevenants sont verbalisés).
- Pour les autres appareils :
  - soit la verbalisation est automatique avec prise de photo et il n'y a pas d'interception ;
  - soit le militaire voit le contrevenant avec l'appareil (cas de l'Eurolaser et de l'Ultralyte) et il le contrôle lui-même après avoir constaté une infraction.
- L'**Eurolaser** (communément appelé « jumelles ») et l'**Ultralyte** permettent également de relever d'autres infractions telles que l'utilisation du téléphone portable, le non-port de la ceinture de sécurité ou la non-apposition des vignettes obligatoires (assurances, Crit'air…).
-

À SAVOIR
Le terme « radar » est impropre ; il faut utiliser celui de « cinémomètre », qui désigne un appareil de mesure de la vitesse.

3 La procédure

La réglementation différencie la vitesse enregistrée par les appareils et la vitesse retenue pour la verbalisation, la différence étant au bénéfice du conducteur.

Ainsi, la vitesse lue sur l'appareil est baissée de 5 % en dessous de 100 km/h, et de 10 % au-dessus.

Concrètement, pour une route limitée à 80 km/h, si l'appareil enregistre 120, le militaire retient la vitesse de108 pour la verbalisation (120 – 12). Le dépassement verbalisé est donc de 38 km/h et le contrevenant échappe de peu à la rétention de son permis de conduire (voir tableau en début de fiche).

Hors agglomération, si le dépassement est inférieur à 20 km/h, l'infraction est requalifiée en 3e catégorie (amende moindre).

4 La mise en œuvre

- Choix de l'emplacement :
  - dangers présentés par l'axe routier ;
  - nombre d'accidents causés par la vitesse sur l'axe routier ;
  - pourcentage de contrevenants sur cet axe routier.
- Cette action répond aux exigences de la déontologie : service répressif avec mise en place discrète qui ne doit en aucun cas être édicté par des facilités de répression ou être un piège à contrevenant.
- Mise en œuvre de l'Eurolaser :
  - test de mise en route ;
  - position « 2V » du sélecteur ;
  - pointer l'anneau central sur la plaque minéralogique (pas les vitres) ;
  - presser le bouton « mesure » ;
  - éviter les oscillations !

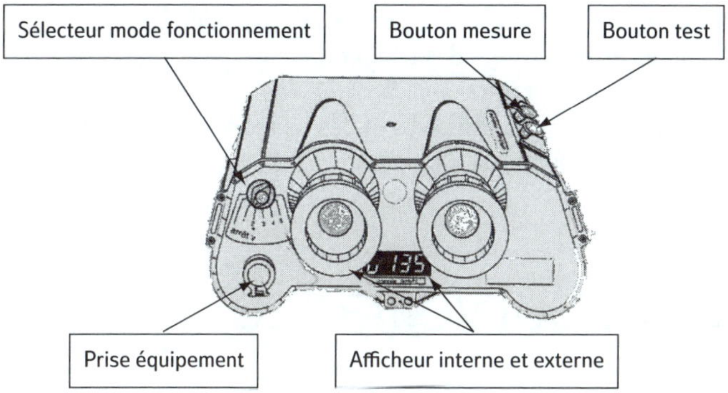

FICHE 38

LA RÉGULATION, LA SURVEILLANCE ET LE CONTRÔLE

Le gendarme est souvent présent sur les axes routiers. Cependant, la nature des moyens mis en œuvre ainsi que l'objectif poursuivi diffèrent selon les circonstances et la mission donnée et permettent de définir trois types de postes différents.

IMPORTANT

Règles particulières

- Toujours bien voir et être vu ; se placer en dehors de la chaussée et prévenir les fautes ou les erreurs des usagers.
- Réprimer immédiatement les infractions.
- Toujours veiller à la sécurité des militaires et des usagers (port du gilet, anticipation, gestes réglementaires...).

1 Le poste de surveillance

A| Définition

Stationnement temporaire, installé dans un endroit difficile ou dangereux d'un itinéraire routier ; il vise à imposer aux usagers de la route le respect des règles de circulation et à réduire le nombre d'accidents.

B| Modalités du service

- Mission à caractère **préventif ou répressif** sur les points sensibles du réseau routier, l'objectif étant d'éviter la commission des infractions.
- **Durée** variable suivant l'axe, mais de préférence brève pour être vu dans un maximum d'endroits.
- **Effectif** : en général, deux militaires.
- **De nuit**, même avec le port des gilets spécifiques, le poste de surveillance ne se justifie que si l'éclairage public permet des conditions optimales de sécurité.

2 Le poste de régulation

A| Définition

Service établi où il s'avère nécessaire :

- de réaliser l'alternance des passages ;
- d'assurer la régularité, la rapidité et la sécurité de l'écoulement du trafic.

B| Modalités du service

- Mission essentiellement **préventive** (éviter les encombrements, les accidents), mais pouvant être répressive (verbaliser les fautes de conduite graves et dangereuses) sur des lieux de perturbation (encombrement habituel ou non, accident de la circulation...). Il faut agir en alternance.
- **Durée** : le temps de la perturbation.
- **Effectif** : au moins deux militaires.
- **Attention au service de nuit** ; portez impérativement le gilet et mettez si possible en place des éclairages.

3 Le poste de contrôle

A| Définition

Dispositif doté de moyens adaptés, mis en place en un point déterminé, dont la mission est d'arrêter systématiquement certains véhicules en vue d'un contrôle particulier.

B| Modalités du service

- Mission généralement **répressive** qui peut revêtir un caractère préventif, à des emplacements visibles, éclairés de nuit et en fonction des véhicules à contrôler.
- Les emplacements sont choisis en faisant un effort sur l'absence de perturbation de la circulation (lors des interceptions, contrôles et remises en circulation). Veillez à la qualité des liaisons radio.
- **Effectifs** : variables selon l'objectif, mais suffisants pour assurer la sécurité du dispositif.
- **Durée** : variable en fonction de l'objectif.
- **Tenue**, attitude, comportement : irréprochables.

FICHE 39 ACCR : L'ALERTE ET LE TRANSPORT SUR LES LIEUX

L'efficacité de l'intervention sur un accident corporel de la circulation routière (ACCR) dépend de la qualité des renseignements pris en amont et des premières mesures prises sur place.

1 Le recueil et la transmission de l'alerte

- Vous pouvez apprendre l'événement par téléphone ou directement à l'unité, par l'usager concerné ou un témoin, par le CORG (centre opérationnel et de renseignement de la gendarmerie) ou une patrouille. Il est important de noter l'heure de la saisine, le numéro de l'appelant et de demander si les secours sont déjà sur place ou saisis des faits.
- **Recueillir rapidement les éléments** sous forme de **QQOCQ** : quoi ? (fait survenu, nombre et type de véhicules, conséquences pour la circulation) ; qui ? (nombre et état des victimes) ; où ? (précisément !) ; comment ? (selon les circonstances : chute d'un pont, etc.), quand ? (approximativement).
- **Rendre compte** (au commandant d'unité ou au gradé de permanence) et aviser les secours, les patrouilles et le CORG, puis informer si nécessaire EDF, GDF, les pompes funèbres locales (et la mairie du domicile de la personne décédée)…

2 Le transport sur les lieux

- Il s'agit de prévenir un nouvel accident, secourir les victimes, protéger les biens et les victimes, enquêter et renseigner.
- Avant de partir, assurez-vous de disposer du lot de matériel à emporter : projecteurs portatifs, torches, bâtons lumineux, éthylotests et boîtes de prélèvement

sanguin, panneaux triflash, cônes de Lubeck, dromomètre, décamètre, bombe de peinture, appareil photographique, matériel pour le croquis.

- Le code de la route accorde une priorité de passage (art. R 432-1). Cependant, les militaires de la gendarmerie doivent montrer l'exemple et ne pas prendre de risques inconsidérés. Leur responsabilité individuelle peut être engagée.
- Dès l'arrivée sur les lieux de l'accident, pensez à votre protection ! Le port du gilet est obligatoire lors d'une intervention sur la voie publique. Il ne dispense pas de la mise en place des équipements collectifs de signalisation.

ATTENTION

Ayez le réflexe du compte rendu ! (voir fiche 40).

3 La protection des lieux

La signalisation est une mesure de sécurité impérative pour le personnel et pour les usagers, mais elle n'est valable que si elle est surveillée et elle ne dispense pas de l'observation des règles de prudence.

À SAVOIR

Lorsque cela s'avère possible, il est préférable de mettre en œuvre une déviation. Il existe plusieurs types de signalisation.

Signalisation	Effets
D'avertissement ou de pré-signalisation	Avise les usagers avec des panneaux triflash (signalisation placée en amont et en aval du dispositif à une distance suffisante pour permettre à l'usager de réagir avec prudence, soit 100 à 150 mètres)
De couverture ou de conduite	- Zone d'interdiction au sein de laquelle évolue le personnel ou zone de passage obligé dans laquelle s'effectue la circulation - Rôle du personnel : aide à la circulation (sens unique ou alterné) - Moyens : cônes de Lubeck, rampes lumineuses, bâtons lumineux
De protection directe ou rapprochée	Accroît la sécurité du personnel : port des équipements de sécurité, projecteurs portatifs, torches, bâtons lumineux
D'éclairement	- Crée une zone lumineuse où le personnel est visible et lui permet d'accomplir ses missions - Moyens : projecteurs sur véhicules, éventuellement phares des véhicules (le plus souvent, la zone est éclairée par les moyens des pompiers ; cependant, cela n'est pas une obligation et les pompiers peuvent enlever leurs moyens d'éclairage dès leur intervention terminée)

FICHE 40 ACCR : LE SECOURS ET LA PROTECTION DES BIENS

En cas d'accident corporel de la circulation routière (ACCR), les principales missions de la gendarmerie sont de permettre l'accès des secours et de réunir les éléments d'enquête qui détermineront les causes de l'accident. Pour autant, le gendarme a, comme tout citoyen mais également du fait de sa qualité, le devoir de porter secours.

1 Le secours aux victimes

A| La rapidité de l'intervention

- L'accident de la circulation impose une intervention rapide : urgence de porter secours et importance de sauvegarder les traces et indices qui alimenteront éventuellement l'enquête judiciaire.
- En unité, les délais de route imposés aux militaires de la gendarmerie afin d'intervenir sur un accident ne doivent pas excéder 30 minutes (dans la théorie). Mais il ne faut pas perdre de vue que le but est d'arriver sur place et non de créer un nouvel accident.

B| L'information des services de secours

- En complément du message d'alerte émis par l'unité, il faut dès l'arrivée préciser les informations : nombre de victimes et éventuellement gravité des blessures, victimes incarcérées ou non, victimes facilement accessibles ou non.
- Pensez à faciliter l'arrivée des secours : garez votre véhicule en laissant la place pour les secours, prévoyez dès le début une place importante pour qu'ils travaillent en sécurité (coupure de route en amont et en aval si nécessaire) et balisez la zone.

IMPORTANT Vous n'êtes ni pompier ni médecin, vous ne devez sortir les victimes de leur véhicule qu'en cas de danger immédiat (incendie, inondation, risque de sur-accident important) et ne leur prodiguer des soins que dans le domaine de vos compétences (gestes simples).

- En revanche, vous devez soutenir les victimes par votre présence et vos paroles rassurantes.

C | L'information des familles

- C'est le responsable du dispositif qui apprécie le moment le plus opportun pour procéder à l'information des familles des victimes.
- Dans le cas particulier des personnes décédées, cette information incombe au maire de la commune où le décès a eu lieu, au maire de la commune de résidence de la personne décédée et, dans certains cas, au maire de l'établissement hospitalier où la victime s'est éteinte.

2 La protection des biens

- Elle concerne essentiellement les documents, valeurs, objets personnels et bagages des victimes, qui font le cas échéant l'objet d'un inventaire. Il est signé par les gendarmes et par les témoins requis à cet effet.
- Les effets personnels des blessés les suivent en général à l'hôpital. En cas d'impossibilité, ils sont déposés, contre décharge, auprès des services de la commune ou d'un membre de leur famille.
- Dans tous les cas, une victime décédée ne peut être fouillée qu'en la présence de témoins.

3 Le compte rendu

- L'établissement d'un compte rendu (CR) est primordial. Cet acte est indispensable pour la bonne gestion de tout événement, et particulièrement pour le traitement d'un accident de la circulation.
- Le compte rendu est destiné à informer l'unité et les chefs hiérarchiques des faits, et permet de prendre des décisions adaptées aux circonstances. On en distingue trois différents :
  - le **CR d'arrivée sur les lieux**, destiné à informer de votre arrivée sur les lieux de l'accident ;
  - le **CR initial**, qui informe de l'évolution de la situation ; il sert à exprimer ses besoins en matériel et personnel. Il permet de prendre acte des perturbations qui ont cessé ou d'en signaler de nouvelles ;

– le **CR final**, écrit lorsque vous quittez les lieux, afin d'informer du retour à la normale de la situation.

- Un compte rendu se prépare, notamment lorsqu'on n'a pas l'habitude d'en faire, avec une analyse de type QQOCQ. Il est ensuite établi sous la forme « **4J** » :
  – **je suis** : lieu, axe, point kilométrique (PK) ou point de repère (PR), élément particulier permettant de situer aisément le lieu ;
  – **je vois** (point de situation) : type d'accident (matériel, corporel, mortel), victimes (nombre et état), véhicules (type et nombre), conséquence sur la circulation ;
  – **je fais ou j'ai fait** : premières mesures prises ;
  – **je demande** : renforts éventuels, pompiers, dépannage, administrations et services...

FICHE 41

ACCR : L'AIDE AUX ENQUÊTEURS

Outre le gel des lieux, les APJA participent directement au recueil des éléments indispensables à la procédure.

1 Le croquis d'état des lieux

A| Les dispositions préliminaires

- Avant toute chose, assurez-vous de disposer du **matériel adéquat** (planchette rigide, feuille quadrillée format A3 (42 × 29,7 cm), crayon à papier, gomme, double décamètre, craie grasse ou bombe de peinture, appareil photographique).
- Sur place, opérez en deux temps :
  - éloignez les curieux, dégagez les abords et prévoyez si nécessaire une déviation pour travailler sereinement et en sécurité ;
  - matérialisez au sol l'emplacement des véhicules, traces, indices et points fixes (éléments durables : angle de mur, poteaux...).
- Établissez le croquis.

B| Le contenu

- Les objectifs du croquis sont de :
  - recueillir la position exacte des véhicules, victimes, traces, débris et autres indices ;
  - matérialiser le point de choc présumé ;
  - connaître et comprendre les circonstances et les causes de l'accident ;
  - permettre une éventuelle reconstitution décidée par un magistrat.
- Il faut donc faire preuve de **clarté** (accordez du soin à la présentation), de **simplicité** (n'indiquez que les éléments indispensables) et de **précision**.

- Doivent obligatoirement figurer sur le croquis :
  - la largeur de la chaussée et des accotements ;
  - la signalisation ;
  - la position des véhicules, les traces et indices, et les sens de circulation des véhicules ;
  - le point de choc présumé ;
  - les indications relatives aux axes routiers (noms, directions...) ;
  - les points fixes choisis et le nord ;
  - l'emplacement des prises de vue.

2 Les prises de vues photographiques

- Elles complètent la procédure et viennent en appui du croquis, mais elles ne sont utiles que si elles sont nettes, précises et objectives. Il faut donc impérativement les réaliser avant toute modification de l'état des lieux (interventions des secours, des dépanneurs, etc.).
- Pensez à réaliser des photos d'ensemble, montrant toute la zone, et des photos particulières des points précis (dégâts, position d'un débris...). Les photos dites « de reconstitution », prises après modification des lieux, n'ont qu'une valeur indicative.

3 Les renseignements sur les personnes impliquées

- Sont concernés le ou les conducteurs du ou des véhicules impliqués, la ou les victimes (piéton, cycliste ou occupant d'un véhicule), le ou les passagers et le ou les témoins.
- Pour chaque personne, relevez : nom (+ nom de jeune fille), prénom, date et lieu de naissance (éventuellement pays), nationalité et filiation (indiquez « feu », « feue » ou « feus » si les parents sont décédés), profession, adresse et téléphone, numéro de Sécurité sociale, pièce d'identité présentée ou trouvée (avec le numéro, la date de validité et l'autorité qui l'a délivrée) et le lien avec le conducteur.
- Pour chaque conducteur : indiquez en plus les indications portant sur le permis de conduire (numéro, date de validité, autorité de délivrance, catégories valides et restrictions éventuelles).

4 Les renseignements sur les véhicules

- Pour chaque véhicule, relevez les informations données par les documents :
  - à partir du certificat d'immatriculation : marque, type commercial, type mines, numéro d'identification, immatriculation, préfecture de délivrance et date d'établissement du certificat, date de première mise en circulation, propriétaire (nom, prénom, adresse) et mentions éventuelles (« vendu le… ») ;
  - pour le contrôle technique : lieu, limite de validité et numéro d'enregistrement ;
  - pour l'assurance : compagnie (avec adresse), numéro et limite de validité ;
  - notez si les véhicules sont classés ou non « véhicule gravement endommagé », avec retrait du certificat.
- À la suite, il convient de faire des constatations extérieures et intérieures :
  - extérieures : état des pneumatiques, feux, vitres, rétroviseurs, balais d'essuie-glace et plaques d'immatriculation ;
  - intérieures : direction bloquée ou non, utilisation et état des ceintures de sécurité, position du levier de vitesse, vitesse au compteur, présence de sièges enfants…

5 Les renseignements sur les lieux

- Ces indications doivent correspondent à celles portées sur le croquis.
- Dans un premier temps, situez l'accident (commune, lieu-dit, rue, point kilométrique…) et mentionnez les conditions atmosphériques.
- Dans un second temps, décrivez la route : appellation, vitesse autorisée, éclairage public ou non, tracé général (droite, courbe…), profil (montée, descente…), nature et état du revêtement, réglementation et signalisation.

FICHE 42 LA PRÉ-PLAINTE EN LIGNE ET LA BRIGADE VIRTUELLE

La gendarmerie évolue en permanence pour faciliter le contact avec les citoyens en proposant des services modernes mettant à profit les nouvelles technologies. La pré-plainte en ligne et la brigade virtuelle en sont de parfaites illustrations.

1 La pré-plainte en ligne (PPEL)

- Testée en 2011 puis généralisée en 2013, la pré-plainte en ligne permet aux usagers de remplir sur Internet une déclaration contenant l'essentiel des informations nécessaires au traitement d'une plainte et choisir l'unité de gendarmerie (ou le service de police) dans laquelle ils souhaitent la signer (www.pre-plainte-en-ligne.gouv.fr).
- **Elle ne peut être utilisée que pour les victimes d'atteintes aux biens ou de faits discriminatoires dont les auteurs sont inconnus.** La personne doit ensuite se présenter à l'unité choisie dans les 30 jours pour signer la plainte officielle. À défaut, les renseignements utilisés pour la pré-plainte sont effacés.
- Concrètement, la personne remplit un formulaire composé de champs à texte libre, dont le contenu correspond aux questions habituellement posées par un enquêteur lors d'une prise de plainte. Le choix de l'unité se fait par menu déroulant. Après validation de la PPEL par le plaignant, l'unité choisie reçoit un courriel avec les informations essentielles fournies par la personne dans la PPEL. L'unité contacte alors la personne par courriel ou téléphone afin d'accuser réception des informations et de fixer la date du rendez-vous. Ce contact permet également de préciser les documents à apporter lors de la venue à l'unité. Le message adressé à l'unité lors de la validation de la PPEL est transmis dans le même temps au centre opérationnel, lequel peut provoquer une intervention s'il l'estime nécessaire.
- La PPEL apporte :
  - un gain de temps pour la victime qui bénéficie également d'un accueil personnalisé dans l'unité de son choix ;
  - un gain de temps pour l'enquêteur.

Elle ne se substitue pas à une demande d'intervention urgente.

2 La brigade virtuelle

- Inaugurée en février 2018, la brigade numérique a obtenu le prix du manager public 2018. Sa création accompagne l'évolution des moyens de communication et le développement de l'informatique. Elle facilite le contact avec les citoyens et offre une capacité d'information en temps réel en étant le point d'entrée unique des sollicitations faites à la gendarmerie par Internet et en assurant le traitement des formulaires de contact et des messages privés postés sur les réseaux sociaux (Facebook, Twitter). Elle est située à Rennes mais n'a pas vocation à recevoir physiquement des usagers ni traiter les urgences qui restent de la compétence des plateformes dédiées (numéro de téléphone 17 pour la gendarmerie).
- Fonctionnant 24 h/24 et 7 jours/7, elle permet d'informer et d'orienter les usagers sur Internet. Le contact se fait principalement *via* une « Chatbox », accessible sur le site de la brigade virtuelle ou sur « magendarmerie.fr », mais aussi par un formulaire de contact. Les militaires qui la composent sont formés à ce type d'accueil avec notamment une prise en compte spécifique des personnes en situation de handicap ou des femmes victimes de violence. La brigade virtuelle n'est donc pas un simple téléservice. Armée par des professionnels, elle offre la capacité d'analyser les informations et fournir une réponse précise et individualisée. Ces militaires ont d'ailleurs accès aux mêmes fichiers (judiciaires...) et applications métier que leurs camarades affectés en unité territoriale. Elle peut aussi tout simplement orienter les usagers la contactant pour des informations sur le recrutement.
- La brigade numérique n'a pas vocation à recevoir de plainte. Pour autant, les militaires disposent d'une habilitation judiciaire et peuvent, dans le cas où les faits dont ils ont connaissance constituent une infraction pénale, transmettre ces informations à l'unité la plus à même de poursuivre les investigations.
- De même, en cas d'urgence, la brigade numérique peut saisir le centre opérationnel et de renseignements de la gendarmerie (CORG) compétent territorialement pour déclencher une intervention.
- Le respect de la réglementation relative à la protection des données amène les militaires de cette brigade à effacer :

– **les échanges avec les usagers**, dès lors que le contenu a été exploité avec une application métier ;

– **les échanges contenant des données sensibles**, conformément à la loi concernant la commission nationale informatique et libertés (CNIL) et au règlement général de protection des données (RGPD).
Ce processus est contrôlé régulièrement par le commandant d'unité.

- En plus de ces missions, la brigade numérique assure un rôle de prévention en s'engageant sur Internet (forum...) pour diffuser des messages précis. Elle essaye dans ce cadre de cibler les populations les plus vulnérables.

FICHE 43 SIGLES, ABRÉVIATIONS ET ACRONYMES UTILES

CONSEIL

Rappelez-vous qu'avant d'utiliser un sigle ou un acronyme, il faut l'écrire en toutes lettres la première fois qu'on l'utilise.

4 J : Je suis – Je vois – Je fais – Je demande

ACCR : Accident corporel de la circulation routière

AGIGN : Antennes GIGN

AMER (usage des armes) : Atteinte ou Menace avec arme – Environnement – Recours

APAVIA : Anomalie pouvant avoir valeur d'indice = alerte

APJ(A) : Agent de police judiciaire (adjoint)

ARMES : Alerte – Renseignement – Maintien de l'ordre – Enquête – Secours

Art. : Article

BTA : Brigade territoriale autonome

BR : Brigade de recherches

C1 à C5 : Contravention de 1re à 5e classe

C. Def : Code de la défense

CLNAS : Concession de logement par nécessité absolue de service

CNIL : Commission nationale informatique et libertés

COB : Communauté de brigades

COR : Commandant des opérations de recherches

CORAT : Coopération opérationnelle renforcée dans les agglomérations et les territoires

CORG : Centre opérationnel et de renseignements de la gendarmerie

COS : Commandant des opérations de secours

CP : Code pénal

CPP : Code de procédure pénale

CR : Code de la route ou compte rendu (selon contexte)

DOS : Directeur des opérations de secours

DOT : Défense opérationnelle du territoire

ESTOMAC : Ennemi – Secteur de surveillance – Terrain – Ouverture du feu – Moyens d'alerter le chef – Amis – Chef

FFOMECBLOT : Fond/Forme/Ombre/Mouvement/Éclat/Couleur/Bruit/Lumière/Odeur/Traces

GAV : Gendarme adjoint volontaire

GBGM : Groupement blindé de la gendarmerie mobile

GD : Gendarmerie départementale

GIGN : Groupe d'intervention de la gendarmerie nationale

g/L : gramme (d'alcool) par litre de sang

GM : Gendarmerie mobile

mg/L : milligrammes d'alcool par litre d'air expiré

OMP : Officier du ministère public

OPJ : Officier de police judiciaire

ORSEC : Organisation de la réponse de sécurité civile

PK : Point kilométrique

PM : Police municipale

PNVA : Position – Nature – Volume – Attitude (de l'adversaire)

PR : Point routier

PSIG : Peloton de surveillance et d'intervention de la gendarmerie

PSPG : Peloton de surveillance et de protection de la gendarmerie (centrale nucléaire)

PSQ : Police de sécurité du quotidien

QDP : Quartier difficile prioritaire

QQOCQ : Qui – Quoi – Où – Comment – Quand

QUARO : Qualité de la réponse opérationnelle

RGPD : Règlement général de protection des données

SCRT : Service central de renseignement territorial

SSI : Sécurité des systèmes d'information

VIF : Violences intra familiales

ZDHS : Zone de défense hautement sensible

Mise en page : STDI – 01 – SG/SM

PAPIER À BASE DE FIBRES CERTIFIÉES

Foucher s'engage pour l'environnement en réduisant l'empreinte carbone de ses livres. Celle de cet exemplaire est de : 1.4 kg éq. CO_2 Rendez-vous sur www.editions-foucher-durable.fr

IMPRIM'VERT

Achevé d'imprimer en France par Dupliprint - 733, rue Saint-Léonard - 53100 Mayenne
N° d'impression : 2978860F - Dépôt légal n° 16817-0/01 - janvier 2023

Les concours de la fonction publique

Concours EXTERNES (non-fonctionnaires)

Concours INTERNES (fonctionnaires déjà en poste) et 3e VOIE

Catégorie A	Catégorie B	Catégorie C
Niveau : Bac + 3, au moins Exceptions : - maîtrise (magistrats) - master (enseignants, commissaires de police nationale) - BTS-DUT, diplômes d'ingénieur, etc., pour certains concours	**Niveau : Bac ou équivalent** Exceptions : - diplômes professionnels (infirmiers, etc.) - Reconnaissance des acquis de l'expérience professionnelle (RAEP) (concours d'État)	**Niveau : Brevet ou équivalent – aucune condition de diplôme** L'accès au premier grade s'effectue avec ou sans concours (recrutement sur CV et entretien) Permet d'être fonctionnaire titulaire après la période obligatoire de stage
- Postes de direction, de conception, d'encadrement supérieur - Attachés, ingénieurs, administrateurs	Fonctions d'application et de maîtrise : cadres intermédiaires, techniciens…	Emplois d'exécution : employés administratifs, agents d'entretien, ouvriers…
24 000 postes offerts par an aux concours	5 400 postes offerts par an aux concours	3 200 postes offerts par an aux concours

La répartition par catégorie de concours dans les trois fonctions publiques

Fonction publique d'État

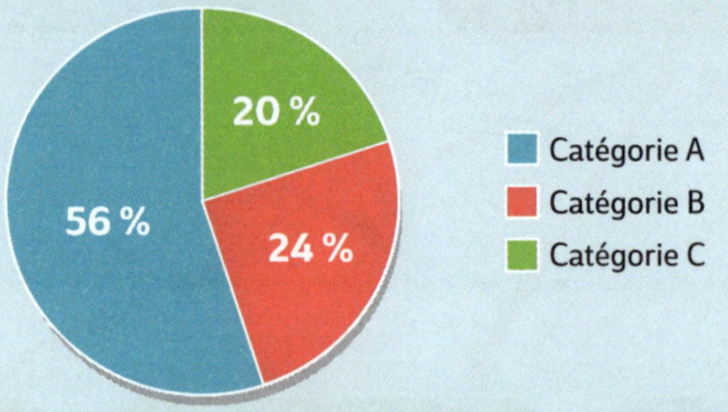

Fonction publique territoriale

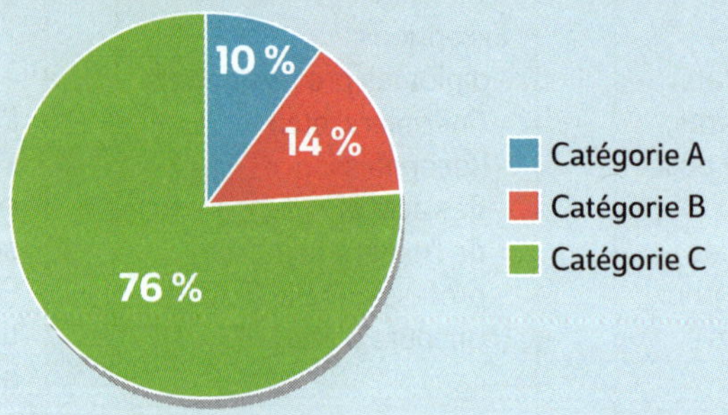

Fonction publique hospitalière

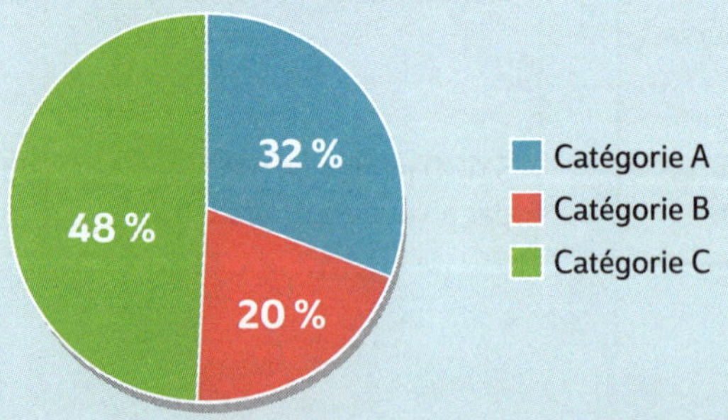

Les filières de la fonction publique territoriale

Filière administrative 23,3 %	▪ administrateur ▪ attaché ▪ rédacteur ▪ adjoint administratif…
Filière technique 46,7 %	▪ ingénieur ▪ technicien ▪ agent de maîtrise
Filière médico-sociale 14,4 %	▪ médecin ▪ psychologue ▪ infirmier ▪ éducateur de jeunes enfants ▪ rééducateur… ▪ auxiliaire de puériculture
Filière culturelle 4,4 %	▪ conservateur du patrimoine ▪ bibliothécaire ▪ professeur d'enseignement artistique
Filière incendie et secours 2,2 %	▪ sapeur-pompier professionnel
Filière police municipale 1,8 %	▪ gardien-brigadier, chef de service, directeur ▪ garde champêtre…
Filière animation 5,7 %	▪ animateur ▪ adjoint d'animation
Filière sportive 1,1 %	▪ conseiller ▪ éducateur des activités physiques et sportives
Hors filière 1 %	▪ fonctionnaire ou non-titulaire non classable dans une filière ▪ agent sur contrat de droit public ou privé

Le déroulement de carrière dans les trois fonctions publiques

Catégories hiérarchiques →

- Les corps pour la fonction publique d'État – cadres d'emplois pour la fonction publique territoriale - sont classés en 3 catégories désignées dans l'ordre hiérarchique par les lettres A, B et C.
- Le passage d'une catégorie à une autre est possible par le concours et la promotion interne.

Grades →

- Le grade permet à son titulaire d'occuper un certain nombre d'emplois.
- Les corps d'emplois ou cadres d'emplois ont 1 ou plusieurs grades selon leur statut particulier. Lorsqu'il y a plusieurs grades, ils sont hiérarchisés.
- Sauf exception, l'accès à un corps d'emplois ou cadre d'emplois se fait sur le grade le moins élevé ou grade de début de carrière.
- Au cours de la carrière, il est possible d'accéder aux grades supérieurs par examen professionnel et avancement de grade.
- Les conditions d'avancement de grade sont fixées, pour chaque corps d'emplois ou cadre d'emplois, par le statut particulier.
- L'avancement de grade n'est pas un droit. C'est au choix avec la prise en compte de la valeur professionnelle ou par la voie de l'examen professionnel.

Échelons →

- Chaque grade comprend plusieurs échelons qui forment la grille indiciaire.
- Le nombre d'échelons de chaque grade est fixé par le statut particulier.
- Chaque échelon est assorti d'une durée pour le passage à l'échelon supérieur.
- Il détermine la rémunération du fonctionnaire. À chaque échelon correspond un indice brut (dit **indice de carrière**) auquel correspond un indice majoré (dit **indice de rémunération**) auquel correspond un traitement de base.
- En principe, l'accès au grade s'effectue sur le 1er échelon.
  Au cours de la carrière, le fonctionnaire accède aux échelons plus élevés par **avancement d'échelon**.
- Les conditions d'avancement d'échelon sont fixées par le statut particulier.
- L'avancement d'échelon est un droit. C'est automatique avec l'ancienneté.

Un exemple dans la fonction publique territoriale

La filière administrative comporte 5 cadres d'emplois :
- Administrateurs (A)
- Attachés (A)
- Secrétaires de mairie (A) (en extinction)
- Rédacteurs (B)
- Adjoints administratifs (C)

→ Le cadre d'emplois des rédacteurs comporte 3 grades :
- Rédacteur principal de 1re classe
- Rédacteur principal de 2e classe
- Rédacteur

→ Le grade de rédacteur compte 13 échelons

Le recrutement dans la fonction publique d'État

1re étape Collecter les informations sur les concours ouverts ou sur les prévisions de concours	▪ Sur le portail SCORE http://www.fonction-publique.gouv.fr/score ▪ Sur les sites Internet des ministères et des établissements.
2e étape S'inscrire selon les modalités propres à chaque ministère	▪ Sur le site Internet du ministère qui recrute : - par télé-inscription (par voie télématique) ; - par téléchargement du dossier d'inscription et envoi par voie postale. ▪ En effectuant une demande par téléphone ou par courrier. ▪ En retirant un dossier auprès du ministère en vous rendant à l'adresse indiquée.
3e étape Réception de la convocation	Envoyé par courrier ou par mail, ce document vous permet de vous rendre sur le lieu d'examen. Durant les épreuves, vous devrez le présenter ainsi qu'une pièce d'identité.
4e étape Les épreuves du concours	Tous les concours ne se déroulent pas selon les mêmes modalités. D'une manière générale, ils comportent une ou des épreuves(s) écrite(s) et une ou des épreuves(s) orale(s). Certains commencent par une épreuve de pré-sélection, d'autres directement par une épreuve d'admissibilité.
5e étape Les résultats	Ils sont disponibles, selon les modalités propres à chaque ministère : - par affichage à une adresse préalablement communiquée ; - sur le site Internet du ministère ; - et systématiquement par voie postale.
6e étape L'affectation	L'administration organisatrice vous informera de votre lieu d'affectation ainsi que de la date de celle-ci.
7e étape La titularisation	Si le stage se déroule correctement, le fonctionnaire stagiaire est titularisé.

Le recrutement dans la fonction publique territoriale

1re étape Accéder à la pré-inscription	▪ L'organisation des concours et examens est confiée aux centres de gestion de la fonction publique territoriale. Il en existe un par département sauf pour les grande et petite couronnes parisiennes. ▪ Pour vous pré-inscrire sur le site du centre de gestion, vous devez disposer du logiciel gratuit Adobe Acrobat Reader et d'une imprimante connectée à votre ordinateur. ▪ Site utile : Fédération nationale des centres de gestion : http://fncdg.com
2e étape Renseigner le formulaire et vérifier la validité des informations saisies	Vous devez indiquer vos noms, prénoms, diplômes, situation, etc.
3e étape Valider la pré-inscription et imprimer le dossier	Attention : la pré-inscription ne constitue pas une inscription définitive. Le centre de gestion organisateur du concours ne validera l'inscription qu'à réception du dossier imprimé ou numérique et de l'ensemble des pièces justificatives.
4e étape Transmettre le dossier dans les délais de rigueur	▪ Il doit être transmis par voie postale ou en le déposant sur place. ▪ Il doit être daté et signé. ▪ Il doit comporter les pièces justificatives. ▪ Le dépôt du dossier doit intervenir au plus tard à la date de clôture des inscriptions fixée par l'arrêté d'ouverture du concours ou de l'examen.
5e étape Les résultats	▪ Ils sont accessibles sur le site Internet du centre de gestion. ▪ Ils sont envoyés par voie postale au candidat.
6e étape L'inscription sur une liste d'aptitude	▪ Cette inscription est valable 2 ans et renouvelable dans la limite de 4 ans. ▪ La liste d'aptitude a une valeur nationale. Le candidat peut être recruté sur tout le territoire national.
7e étape L'entretien de recrutement	Dès inscription sur la liste d'aptitude, le candidat peut : - s'inscrire à la bourse de l'emploi du centre de gestion du département dans lequel il souhaiterait être nommé ; - adresser des candidatures spontanées aux collectivités territoriales : régions, départements, EPCI, communes, autres établissements publics comme les CCAS, etc. ; - consulter les offres d'emploi sur les sites Internet et revues spécialisées.
8e étape Le recrutement	Le lauréat recruté devient stagiaire, généralement pour une durée d'un an. Cette période peut être prolongée sous certaines conditions. Si le stage n'est pas satisfaisant, le fonctionnaire peut être licencié ou réintégré dans son précédent emploi s'il était fonctionnaire auparavant.
9e étape La titularisation	Si le stage se déroule correctement, le fonctionnaire stagiaire est titularisé.

Les droits et obligations des fonctionnaires

Code général de la Fonction publique

Droits

- Principe de non-discrimination (liberté d'opinion)
- Droit de grève dans les conditions définies par la loi
- Droit à la formation
- Droit syndical
- Droit à la rémunération après services faits
- Droit à la protection juridique dite fonctionnelle de l'administration
- Droits sociaux
- Droit à la participation
- Droit de retrait en cas de menace grave et imminente

Obligations

- Obligation d'exercice
- Obligation de non-cumul d'activités, publiques et privées sauf exceptions
- Obligation d'obéissance hiérarchique
- Obligation de secret professionnel
- Obligation de discrétion professionnelle
- Obligation de réserve définie par le juge administratif
- Obligation de désintéressement
- Obligation de communiquer les documents administratifs aux citoyens

Les sanctions disciplinaires

Elles sont classées par ordre de gravité (de la moins grave à la plus grave).

	Fonction publique d'État	Fonction publique territoriale	Fonction publique hospitalière
1er groupe	▪ Avertissement ▪ Blâme	▪ Avertissement ▪ Blâme ▪ Exclusion temporaire de fonctions pour une durée maximale de 3 jours	▪ Avertissement ▪ Blâme
2e groupe	▪ Radiation du tableau d'avancement ▪ Abaissement d'échelon ▪ Exclusion temporaire de fonctions pour une durée maximale de 15 jours ▪ Déplacement d'office	▪ Abaissement d'échelon ▪ Exclusion temporaire de fonctions de 4 à 15 jours	▪ Radiation du tableau d'avancement ▪ Abaissement d'échelon ▪ Exclusion temporaire de fonctions pour une durée maximale de 15 jours
3e groupe	▪ Rétrogradation ▪ Exclusion temporaire de fonctions de 3 mois à 2 ans	▪ Rétrogradation ▪ Exclusion temporaire de fonctions de 16 jours à 2 ans	▪ Rétrogradation ▪ Exclusion temporaire de fonctions de 3 mois à 2 ans
4e groupe	▪ Mise à la retraite d'office ▪ Révocation	▪ Mise à la retraite d'office ▪ Révocation	▪ Mise à la retraite d'office ▪ Révocation

Les principes du service public

3 PRINCIPES

La continuité du service public

Le service doit être assuré régulièrement, sans interruption gênante pour l'usager (ce principe ne doit pas empêcher le droit de grève)

L'égalité en droit devant le service public

S'applique aux agents des services publics et aux citoyens.
Aucune discrimination entre les citoyens fondée sur des critères subjectifs (origine, sexe, handicap…)

L'adaptabilité du service public

Les services publics doivent s'adapter aux évolutions des besoins des usagers et à l'évolution des techniques comme le numérique

Les institutions européennes

Conseil européen
Pouvoir exécutif

- 27 chefs d'État ou de gouvernement
- Siège à Bruxelles
- Fixe les orientations générales et les priorités
- Gère les questions complexes et délicates

Commission européenne
Pouvoir exécutif

- 27 commissaires
- Siège à Bruxelles
- Gère le budget
- Représente l'Union européenne à l'international

Parlement européen
Pouvoir législatif

- 705 députés élus pour 5 ans
- Siège à Strasbourg
- Contrôle les activités des autres institutions de l'UE

Conseil de l'Union européenne
Pouvoir législatif

- 27 ministres des États membres
- Définit la politique étrangère de l'UE
- Coordonne les politiques des États membres (économie, justice, police)

Cour des comptes européenne

- Siège à Luxembourg
- Contrôle la gestion financière

Cour de justice de l'Union européenne
Pouvoir judiciaire

- Siège à Luxembourg
- Veille à l'application du droit européen

Banque centrale européenne

- Siège à Francfort
- Gère l'euro et la politique économique et monétaire
- Veille à la stabilité des prix et du système financier

Les institutions françaises

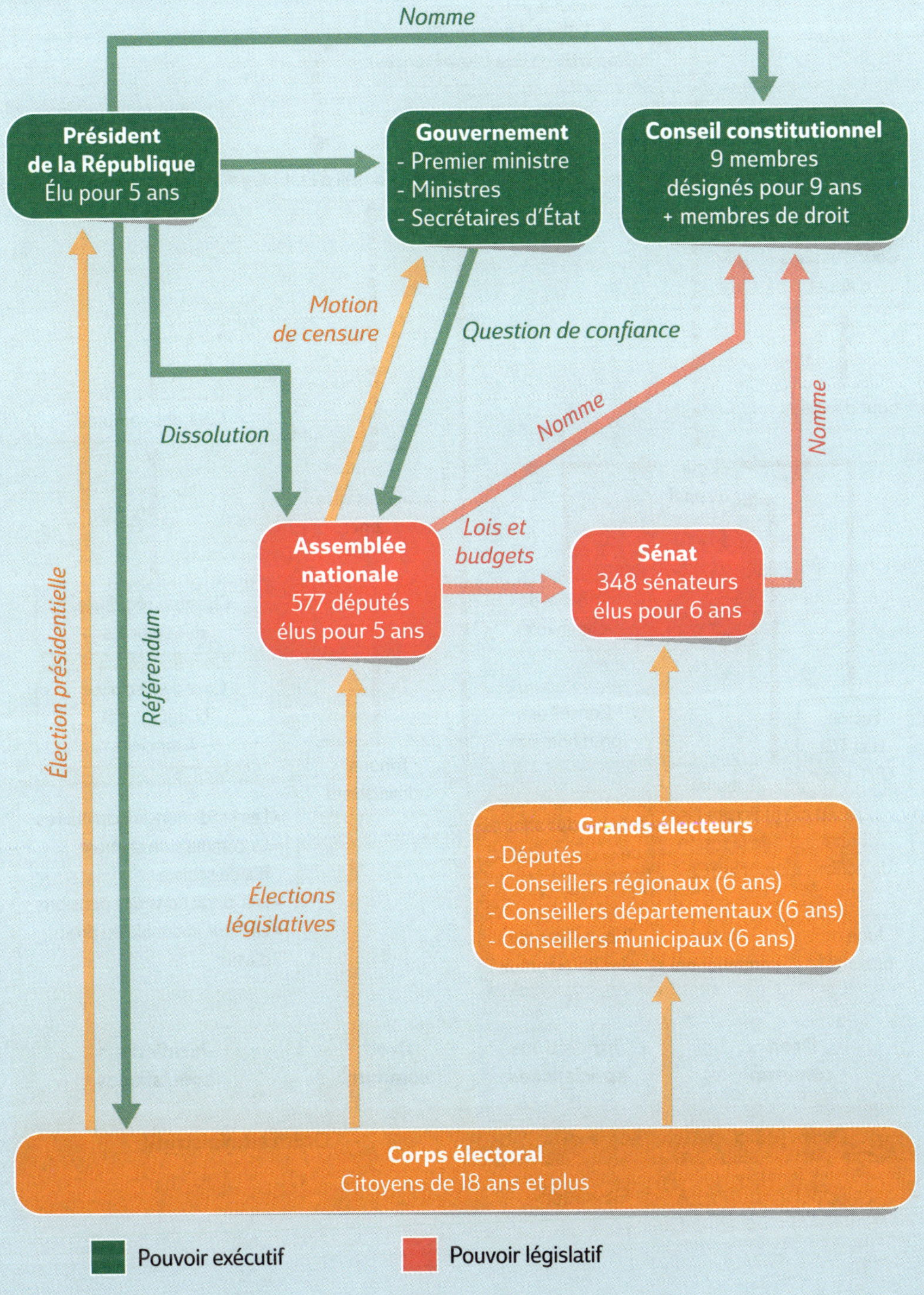

L'organisation juridictionnelle

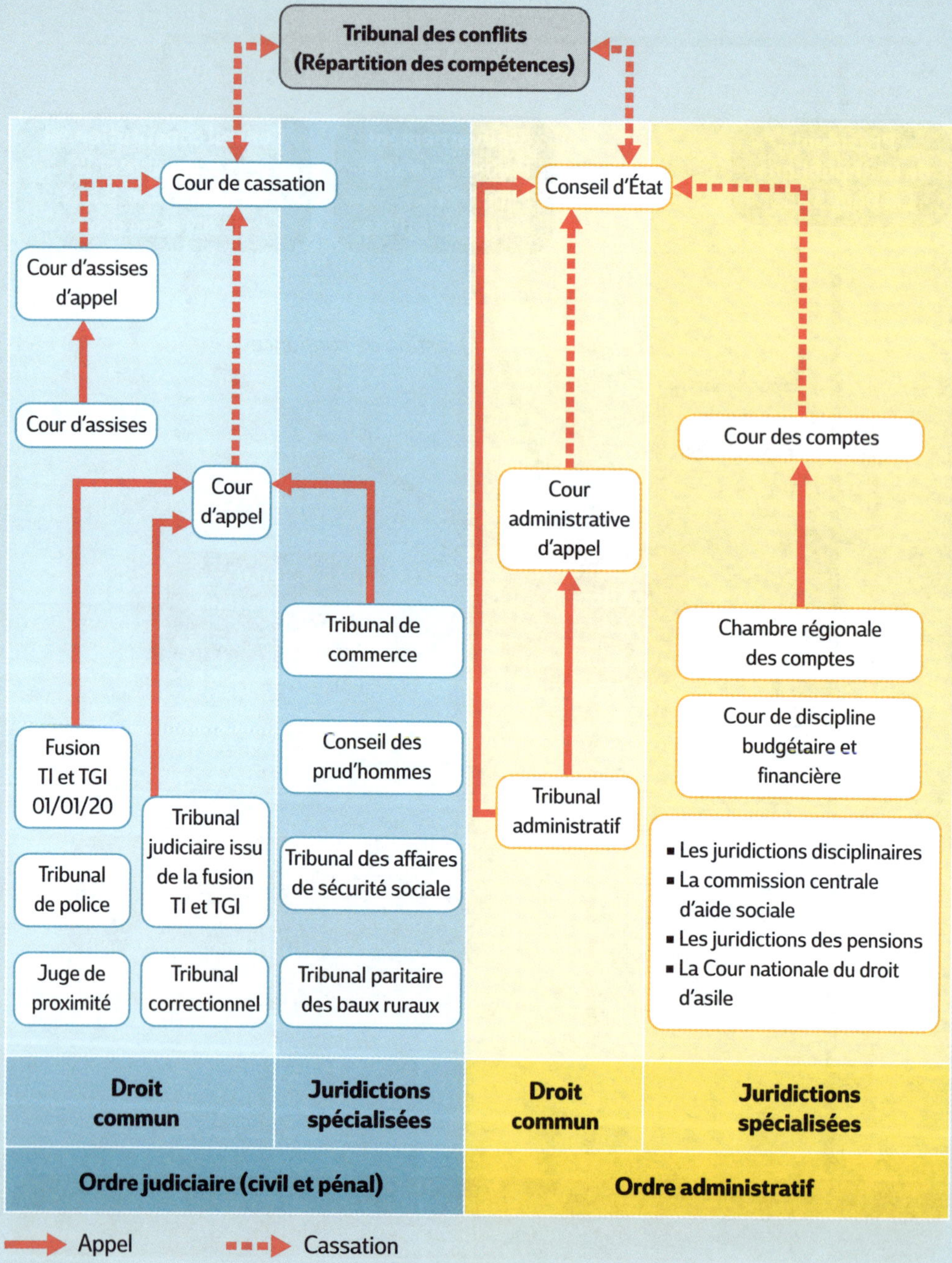

La hiérarchie des normes juridiques

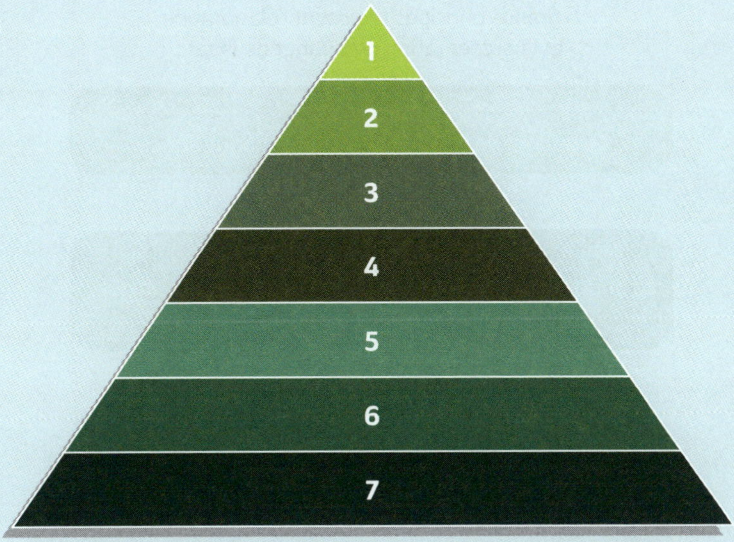

1. Bloc de constitutionnalité
- Constitution 1958
- Déclaration des droits de l'homme et du citoyen 1789
- Charte de l'environnement 2004

2. Bloc de conventionalité
- Traités internationaux
- Droit communautaire

3. Lois organiques

4. Bloc de légalité
- Lois ordinaires

5. Principes généraux du droit/ jurisprudence

6. Règlements
- Décrets
- Décrets simples
- Décrets en Conseil d'État
- Arrêtés ministériels
- Arrêtés préfectoraux
- Délibérations et arrêtés municipaux

7. Actes administratifs non décisoires sous réserve des dispositions réglementaires
- Circulaires
- Directives

L'élaboration et la présentation du budget de l'État

5 grands principes régissent l'élaboration et la présentation du budget de l'État :

Annualité
Le budget de l'État doit être voté chaque année

Unité
Le budget de l'État est retracé dans un document unique, la loi de finances

Universalité
Sauf exceptions, recettes et dépenses ne peuvent pas être liées. La totalité doit apparaître, pas de contraction des dépenses et des recettes

Spécialité
Chaque autorisation de dépense doit être précisée

Sincérité
Implique l'exhaustivité, la cohérence et l'exactitude des informations financières fournies

Documents accompagnant le projet de loi de finances

- **Bleus budgétaires :** Annexes explicatives
- **Jaunes budgétaires :** Annexes générales
- **Documents orange :** Documents de politique transversale

La réforme territoriale : la répartition des compétences

Région

- Planification économique
- Aménagement du territoire
- Éducation (lycée)
- Formation professionnelle
- Organisation de la mobilité transports…

Compétences partagées entre communes, départements et régions

- Culture
- Tourisme
- Sport
- Éducation populaire
- Promotion des langues régionales

Département

- Action sanitaire et sociale
- Développement économique
- Éducation (collège)…

Commune

- Logement
- Voirie
- Urbanisme
- Éducation (école primaire)
- Sport…

La réforme territoriale : les nouvelles régions métropolitaines

Avant la réforme territoriale
22 régions

- Alsace
- Aquitaine
- Auvergne
- Basse-Normandie
- Bourgogne
- Bretagne
- Centre
- Champagne-Ardenne
- Corse
- Franche-Comté
- Haute-Normandie
- Île-de-France
- Languedoc-Roussillon
- Limousin
- Lorraine
- Midi-Pyrénées
- Nord-Pas-de-Calais
- Pays de la Loire
- Picardie
- Poitou-Charentes
- Provence-Alpes-Côte-d'Azur
- Rhône-Alpes

Après la réforme territoriale
13 régions

- Auvergne-Rhône-Alpes
- Bourgogne-Franche-Comté
- Bretagne
- Centre-Val de Loire
- Corse
- Grand Est
- Hauts-de-France
- Île-de-France
- Normandie
- Nouvelle-Aquitaine
- Occitanie
- Pays de la Loire
- Provence-Alpes-Côte-d'Azur